벽초
홍명희
평전

벽초
홍명희
평전

강영주 지음

사계절

책 머리에

벽초 홍명희 선생과 나는 전생에 무슨 인연일까, 가끔 그런 생각을 할 때가 있다. 내가 박사논문의 일환으로 『임꺽정』을 연구한 때부터 치면 올해로 19년, 그뒤 벽초의 생애를 본격적으로 연구하기 시작한 때부터 치면 14년이 된다. 남들처럼 설령 10년, 20년 한 작가에 대해 연구했다고 해도 이것저것 다른 연구도 하고 대외활동도 하고 해외 여행도 자주 다니면서 다채롭게 인생을 살아온 게 아니다. 사전 준비며 집필에 유난히 많은 시간과 공을 들이는 기질인 나는 벽초와 『임꺽정』을 연구한 그 세월 동안 학기중에는 강의하고 방학중에는 연구에 매달리는 지극히 단조로운 생활을 했다. 그리고 벽초나 『임꺽정』과 무관한 주제로 글을 쓰는 것은 모두 포기하지 않으면 안 되었다.

이처럼 나의 학자적 생애의 정수를 쏟아부은 만큼, 벽초에 대한 연구는 나 자신의 지적인, 그리고 인간적인 성장과정과 불가분의 관계에 있다. 벽초를 연구하는 동안 나는 참으로 행복했고 많은 것을 배웠다. 문학 연구의 좁은 테두리 안에 머물러 있던 나는, 작가이자 동시에 민족 지도자로서 한국 근현대사의 격변의 한복판을 통과해 온 벽초의 삶을 연구하느라 전공 영역을 넘어서는 숱한 중요한 과제들과 맞닥뜨리는 사이에 학문적인 시야가 전에 비할 수 없이 넓어졌다.

뿐만 아니라 벽초의 폭넓은 삶의 자취를 추적하기 위해 관련 인물들을 널리 찾고 면담하는 동안, 역사서에 기술되어 있는 무미건조한 사실로서의 역사가 아니라 인간의 구체적인 삶의 연속으로서의 살아 있는 역사를 실감하였다. 또한 분단극복과 민족통일이라는 과제가 분단으로 인해 고통받아 온 사람들의 생생한 증언을 통해 구체적으로 다가오는 것을 느꼈다. 이와 아울러 벽초의 삶에 비추어 『임꺽정』의 이모저모를 곰곰이 살펴보다 보니, 전에는 미처 보지 못했던 『임꺽정』의 또 다른 매력과 탁월한 점들을 발견하는 기쁨을 맛보기도 했다.

몇 년 전에 나는 십여 년에 걸친 벽초 연구의 성과를 정리하여 『벽초 홍명희 연구』를 출간한 바 있다. 그 책에서 나는 풍부한 자료를 구사하여 벽초의 생애를 가급적 폭넓고 구체적으로 복원하고자 했다. 따라서 복잡다단한 그 시대 상황과 벽초의 정치적·사회적 활동에 관해서도 자세히 논하게 되었다. 그 결과 책의 분량이 방대해졌을 뿐 아니라, 전문 연구자가 아니면 읽어 내기 힘든 부분도 적지 않았다. 또한 학술서의 격식을 갖추다 보니 일반 독자들에게 쉽게 다가가기 어려운 인상을 주기도 했던 듯하다.

그러므로 나는 전공자들만이 아니라 일반 독자들도 즐겨 읽을 수 있는 벽초 평전을 써 달라는 제의를 여기저기서 받을 적마다 연구자로서 큰 책무를 느끼지 않을 수 없었다. 그러면서도 새로 시작한 연구에 쫓기느라 겨를을 내지 못해 스스로 안타까워하던 중, 『임꺽정』을 출간하고 해마다 '홍명희 문학제'를 추진해 온 사계절출판사 강맑실 사장의 간곡한 권유에 응해 이 책을 집필하게 되었다.

이 책에서는 벽초가 가담했던 사회운동과 정치활동에 관한 복잡한 논의는 과감하게 축소하고, 개인사와 인간적 면모에 밀착하여 벽초의 삶을 재구성하고자 했다. 그리고 벽초의 초상을 생동감 있게 그려 내기 위해 될 수 있는 대로 학술서의 엄격한 문체를 탈피하고 종종 감성적인 표현을 취하기도 했다. 책의 서두에 서론 대신 벽초와의 가상 대담을 배치하는 파격적인 방식을 시도한 것도 그 때문이다. 이를 통해 벽초를 잘 알지 못하는 독자들이 그의 삶과 인간적 면모에 대해 친근감과 사전 지식을 가지게 되기를 기대한 것이다.

나는 『벽초 홍명희 연구』를 출간한 이후에도 벽초에 관한 새로운 자료들을 간간이 접할 수 있었다. 이번에 집필한 평전에서는 도쿄 유학 시절 벽초가 부친 홍범식으로부터 받은 편지를 위시한 다수의 새 자료를 소개했으며, 그러한 자료들에 근거하여 종전의 견해를 일부 수정·보완하기도 했다. 전문 연구자만을 대상으로 한 책이 아니기에 주석은 최소한만 달았다. 더욱 상세한 논의나 구체적인 자료의 출처가 궁금한 독자들은 『벽초 홍명희와 「임꺽정」의 연구자료』와 『벽초 홍명희 연구』를 보아 주시기 바란다.

이 책을 쓰는 데에도 나는 어김없이 힘든 '산고'를 겪으면서 전문 학술서를 쓰는 것 못지않게 많은 시간과 노력을 들였다. 아무쪼록 이 책이 우리 근현대사에서 길이 기억되어야 할 존재인 벽초의 삶과 문학과 사상을 널리 알리고, 벽초와 『임꺽정』에 독자들이 더욱 가까이 다가가는 데 도움이 되기를 희망한다.

2004년 10월

강영주

벽초 홍명희 평전

차례

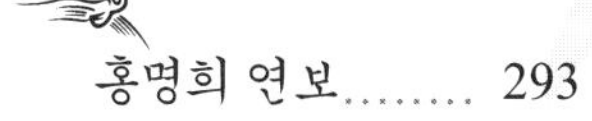

잊혀진 문호를 찾아서

–벽초와의 가상 대담

필자_ 벽초 선생님, 안녕하세요. 상명대 교수 강영주입니다. 저는 국문학자로서 우리 역사소설들을 논하다가 『임꺽정』에 깊이 매료된 나머지 선생님의 생애와 활동에 대해서도 오랫동안 연구해 왔지요.

우리 문학사상 기념비적인 거작 『임꺽정』을 쓰신 문호이자 일제강점기에 신간회운동을 이끄셨던 저명한 민족지도자인 벽초 홍명희 선생님은 1888년에 태어나서 1968년에 세상을 떠나셨으니까, 실제로 만나뵐 수는 없겠습니다. 하지만 21세기에 들어선 지금도 선생님을 흠모하고 『임꺽정』을 애독하는 수많은 팬들을 위해 선생님을 소개하는 가상 대담을 꾸며 보았습니다. 먼저, 이 특별한 만남을 허락해 주신 선생님께 감사드립니다.

벽초_ 내가 무슨 거작을 쓴 문호이며 민족지도자의 반열에 들 자격이 있겠소. 내 『임꺽정』을 쓰기는 했지만 신통치 않은 작품인데다가, 10권 가까이 쓰고서도 미완성작으로 남기고 말았는데…… 게다가 오늘날 남북한의 우리 민족이 이 모양 이 꼴인 것을 보면 나와 동지들이

해 온 민족운동도 죄다 실패였다고 하지 않을 수 없어요.

그런데 나의 생애와 문학에 대해 강교수가 그렇게 오랜 세월을 바쳐 연구해 주었다니, 과분한 일이지요. 게다가 강교수가 과대평가하는 바람에 여러분들이 나서서 나를 기린다고 해마다 '홍명희 문학제'를 개최하고, 문학비 건립이다, 생가 복원이다, 여러 가지 기념사업을 해 주시니, 당치 않고 부끄럽다는 생각까지 드는군요.

필자_(웃음) 선생님의 남달리 겸손하신 성격에 대해서는 제가 잘 압니다. 1920년대 『동아일보』에 실린 「서재인 방문기」라는 인터뷰 기사를 보면, 선생님을 당대 조선의 석학의 한 사람으로 선정하고 인터뷰하러 방문한 기자에게 선생님은 "내가 무슨 서재인이라고 할 자격이 있겠습니까"라고 하면서 인터뷰 대상에서 빼 달라고 간청하셨지요. 그래서 기자가 "아! 남을 높이고 나를 낮추시는 분!" 하고 감탄했다더군요.

아마도 선생님은 양심과 겸양을 중시하는 조선시대의 선비정신이 몸에 배신 때문이겠지요. 하지만 이제 21세기가 되었으니 옛날 선비적 겸양의 미덕은 접어 두시고, 특히 매사에 솔직한 것을 좋아하는 젊은 세대 독자들을 배려하여 제 질문에 사실대로 답해 주시지요.

벽초_그러도록 해 보지요. 강교수가 나에 대해 연구하면서 온갖 자료들을 다 뒤져 가며 내 진짜 생각을 읽어 내려고 애쓴 눈물겨운 사연을 잘 압니다. 그러니 내 본성과는 달리 다소 자기 자랑에 가까운 이야기가 섞이게 되더라도 솔직하고 객관적으로 이야기해 보도록 노력해보리다.

필자_그럼 선생님의 삶과 사상, 문학에 관해 차례차례 여쭤 보겠습니

벽초 홍명희

다. 선생님은 어마어마한 가문 출신이시라고 들었는데요. 맞습니까?

벽초_나는 일찍부터 우리 민족이 봉건 잔재를 철저히 청산해야 비로소 제대로 발전할 수 있다고 믿는 사람인데, '어마어마한 가문' 출신이라니까 듣기가 거북하군요. 어쨌든 사실대로 이야기하자면 우리 집안은 소위 노론 명문가인 풍산 홍씨 가문입니다. 우리 증조부가 이조판서를 지낸 효문공 홍우길 선생이고, 조부 홍승목 선생도 병조참판을 지내셨지요.

이런 가문 출신이라는 것이 나라는 사람을 형성하는 데 일정한 영향을 미쳤다는 것은 부인할 수 없는 사실이겠지요. 그러나 나는 이제 우리나라에서는 혈연을 찾고 반상(班常)을 구별하고 족보를 중시하는 봉건시대의 행태는 없애야 한다고 생각합니다.

필자_선생님은 괴산에서 태어나 유년 시절에 한학을 수학하셨지요? 어려서부터 신동이라고 소문이 자자했고, 장성하신 뒤에도 주변의 다른 학자나 문인들이 혀를 내두를 정도로 기억력이 좋으셨다는 이야기를 많이 들었습니다. 그래서 선생님을 천재라고 했던 모양이지요?

벽초_나는 다섯 살 때부터 집에서 독선생을 모시고 한문 공부를 했는데, 글을 한번 읽으면 안 잊어버리니까 다음날 선생님이 시키시면 죄다 외우곤 해서 칭찬을 많이 받았지요. 여덟 살 때부터 글모듬을 하여 한시를 짓기 시작했고요. 그러나 내가 남들보다 기억력이 좀 낫고 글재주가 조금 있었을지는 모르지만, 그렇대서 천재라는 건 과장이겠지요.

필자_벌써 겸양의 병이 도지셨습니다. (웃음) 선생님은 열세 살 때 집안의 주선으로 여흥 민씨 집안의 규수와 결혼하셨지요. 너무 어린 나이라 지금으로서는 상상이 잘 안 가는데요.

벽초_혼인 당시에 내가 열세 살이고, 신부는 나보다 세 살 위인 열여섯이었지요. 요즘 열세 살이면 초등학교 6학년인가요? 그러나 그때는 같은 나이라도 지금 아이들보다 정신연령이 높았고, 또 양반 집에선 으레 조혼을 했기 때문에 별로 이상하지도 않았어요. 후에 우리 집사람이 두고두고 한 이야기를 들어 보면 혼인하던 날 열세 살 먹은 신랑이 어찌나 의젓했던지 처갓집 식구들이 깜짝 놀랬다지요. (웃음)

필자_선생님이 겨우 열여섯 살일 때 장남 기문씨가 태어났지요? 홍기문 선생은 부친의 영향을 받아 후에 뛰어난 국학자가 되었습니다만, 그 이전에도 두 분은 세간의 화젯거리가 될 만큼 부자간에 격의 없이 지내셨다면서요?

벽초_기문이하고 나하고는 열다섯 살 차이니, 막말로 형제와 같은 부자였습니다. (웃음) 그런데 내가 원래 봉건시대의 가부장적 권위주의를 싫어해서 옛날식 법도를 따지지 않았고, 또 기문이가 장성한 후에는 부자가 같이 세상 이치나 학문에 대해 토론을 많이 했는데, 논쟁을 하다 보면 이 녀석이 속이 타서 담배를 피우러 나가는 바람에 자주 이야기가 끊어지곤 한단 말야. 그래서 내가 기문이에게 내 앞에서 같이 술도 먹고 담배도 피워도 된다고 허락해서 그렇게 지냈지요. 그것 때문에 서울 북촌의 고루한 양반들로부터 양반의 체통을 어지럽힌다고 비난을 받기도 했어요.

필자_선생님은 유년 시절 한문을 배우신 다음 1901년에 상경하여 신학문을 공부하셨지요? 당시 학교 분위기는 어땠습니까?

벽초_내가 혼인한 다음 해에 서울에 올라와 중교의숙이라는 데에 들어갔습니다. 그때는 신학문의 초창기라 학교에 다니는 사람이 극히 드물었거니와, 요즈음으로 치면 초등학교 과정이라 해도 나이든 학생들이 흔했어요. 그래서 쉬는 시간이면 두루마기 입고 갓 쓴 늙은 학생들이 복도에 나와 담배들을 피우느라고 담배 연기가 자욱하곤 했지요. (웃음)

필자_중교의숙을 졸업한 후 선생님은 일본 유학을 떠나셨지요? 도쿄〔東京〕 유학 시절 학업성적이 아주 우수하셨다는데, 공부를 열심히 하셨습니까?

벽초_5년 동안 도쿄에 유학하여 다이세이〔大成〕 중학교에 다녔습니다. 유학 시절 초기에는 공부를 열심히 했는데, 하다 보니까 평소에 열심히 안 해도 성적이 잘 나오더라고요. 게다가 책 읽는 재미에 빠져서 학과 공부는 게을리하고 나중에는 밤 새워 책을 읽느라고 결석도 잦았어요. 그래도 시험 때 공부를 조금 하면 성적은 잘 나와서, 대개 전교 1등이었지요.

필자_도쿄 유학 시절부터 시작해서 평생 동안 선생님은 엄청나게 많은 책을 읽으셨다지요? 어느 잡지에 보니까 선생님을 조선 제일의 독서가라고 했던데요.

벽초_도쿄 가서 처음 어떤 여관에 들었는데, 심심하길래 책이 있거든 좀 빌려 달라고 했더니 그 주인이 잡지 나부랭이를 몇 권 갖다 주더군요. 거기 소설 같은 것이 있어서 읽어 보았는데 꽤 재미있더라고요. 어려서부터 『삼국지』 『수호지』 같은 중국 소설들을 많이 읽었는데, 이건 근대소설이니까 색다른 맛이 느껴졌어요.

그때부터 문학서, 사상서, 자연과학서 할 것 없이 흥미로워서 닥치는 대로 책을 읽었지요. 밤을 새워 책을 읽으니 같은 방 친구들이 수면 방해가 된다고 불평하고, 뒷간에서 책을 읽느라 시간을 끄니 같은 하숙집 친구들이 화장실이 급하다고 불평도 많이 했지요. (웃음)

필자_도쿄에서 선생님은 후일 학계와 문단에서 이름을 떨치게 되는 유명한 인물들과 친교를 맺으셨지요?

벽초_도쿄에서 며칠 머물던 여관을 떠나 처음 정한 하숙집에서 먼저 와 있던 호암 문일평 군을 만나게 되어 눈물겹도록 반가웠지요. 그 다음에 만난 친구가 춘원 이광수 군이었고, 이어서 육당 최남선 군도 알게 되었지요.

필자_춘원의 글을 보면 당시 벽초는 자기의 '문학적 지도자' 였다고 했던데요? 벽초 홍명희, 육당 최남선, 춘원 이광수, 이 세 분을 '조선 삼재(三才)' 즉 조선의 세 천재라고 일컫는 말이 이때부터 생겨난 거겠지요?

벽초_당시 나는 춘원과 마찬가지로 중학생이었지만, 아무래도 나이도 많고 유학 전에 공부도 더 많이 했으니까, 또 내가 집에서 학비를 넉넉히 받아서 책을 많이 사 볼 수 있었으니까, 내가 본 책은 반드시 춘원에게 빌려 주어 읽어 보라고 권하곤 했지요.

그 후에 육당을 알게 되어 친해졌고, 내가 귀국 전에 육당과 춘원을 소개시켜 주어서 서로 알게 되었지요. 당시 우리 세 사람은 문학에 대한 열정이 대단해서 우리가 조선의 신문학을 건설해야 한다고 기염을 토하곤 했지요. 그러나 우리 세 사람을 '조선 삼재' 라고 한 건 비아냥거리는 말이라면 모를까, 당치 않은 이야기지요.

필자_육당과 춘원은 자부심이 지나치게 강해서 '내가 조선의 신문학을 창시했다', '내가 조선 제일의 천재다' 라는 것을 늘 의식하고 과시하는 식인데, 선생님은 유달리 겸손하셔서 '내가 무슨 문학을 제대로 했나', '조선 삼재란 얼토당토 않은 과장이다' 이러시니, 후세의 학자들이 문학사를 쓰거나 역사를 정리할 때 혼란을 일으키기 쉽지 않겠습니까.

벽초_그럴까요. 허허. (웃음)

필자_그런데 선생님은 졸업시험을 안 보고 귀국하셔서 중학교를 중퇴하신 셈이 되었다지요? 왜 진학을 포기하셨습니까?

벽초_민족적 울분 때문이었지요. 내가 도쿄에 유학한 것이 을사조약 직후부터 한일합병 나던 해 봄까지였으니까요. 게다가 나는 조선인인 주제에 유별나게 공부를 잘 한다고 해서 일본 학생들 사이에서 질투를 많이 받았지요. 일본에 유학하면서 난생 처음 인간에게 '증오'라는 감정이 있다는 걸 실감하게 되었습니다.

그러저러한 이유로 나는 '그까짓 졸업은 해서 무얼 해?' 하는 심정이 되어서 졸업시험도 안 치른 채 귀국하고 만 거지요. 그러나 다이세이 중학교에서는 평소에 성적이 좋다고 해서 후에 졸업장을 보내 주기는 합디다.

필자_벽초 선생이 학업을 중단하고 귀국하시던 해 일제가 나라를 강점하고 부친 홍범식 선생께서 순국하셨지요? 그 이야기를 좀 자세히 들려 주시지요.

벽초_그때 우리 아버지는 금산군수로 계셨는데, 을사조약 이후로 늘 비분강개하면서 나라 일을 걱정하시곤 했습니다. 그러다가 급기야 일본이 한국을 집어삼키려 한다는 소식을 듣고는, 관리로서 나라를 구하지 못하니 속히 죽는 것만 같지 못하다고 유서를 써 놓고 객사 뒤뜰에서 목을 매어 자결하시고 말았습니다.

필자_부친 홍범식 선생이 순국하셨을 때 장남인 선생님은 큰 충격을 받으셨겠지요? 부친의 순국은 선생님의 삶에 어떤 영향을 미쳤다고 생각하십니까?

벽초_선친이 순국하시던 해 내 나이가 스물세 살이었습니다. 세상 이치를 알 만치 알고, 감수성이 예민하던 청년 시절이었지요. 나라가

망한 것만도 견디기 어려운 충격인데, 그 통에 우리 아버지까지 돌아가시니, 나는 말 그대로 눈앞이 캄캄했습니다.

선친은 자결하실 때 남긴 유서에서 "너희들은 어떻게 하나 조선사람으로서의 의무와 도리를 다하여 잃어진 나라를 기어이 찾아야 한다. 죽을지언정 친일을 하지 말고 먼 훗날에라도 나를 욕되게 하지 말아라"라고 당부하셨습니다. 나는 평생 동안 이러한 선친의 유언을 좌우명 삼아 살아왔습니다. 일제 말 놈들이 갖은 회유와 협박을 다 해도 내가 끝까지 친일을 하지 않고 버틸 수 있었던 것은, 우리 아버지의 유언을 따르려 한 덕분일 겝니다.

필자_ 부친이 순국하신 후 선생님은 중국으로 건너가 동제사(同濟社)에 가입하는 등 독립운동을 하셨지요? 그때 상하이〔上海〕에서 존경할 만한 민족운동가들과 동고동락하며 함께 활동하신 걸로 아는데, 어떤 분들이 계셨습니까?

벽초_ 예관 신규식 선생, 백암 박은식 선생, 단재 신채호 선생이 계셨지요. 우리 동년배의 벗들로는 담원 정인보, 호암 문일평, 그리고 후에 해방정국에서 함께 활동한 안재홍, 조소앙, 김규식 선생 등이 같이 있었습니다.

필자_ 벽초 선생의 가까운 동지나 친구분들은 모두 우리나라 독립운동사, 사상사, 문학사에 뚜렷한 발자취를 남긴 걸출한 인물들이군요. 그분들 중에서 누가 선생님과 가장 절친한 사이셨는가요?

벽초_ 내 평생 가장 가까운 벗은 한학자 담원 정인보 선생이라 할 수 있을 게요. 우리 두 사람은 일제 말 창동에서 이웃으로 은둔하여 지조를 지키며 살았고, 사돈을 맺기도 했지요.

필자_그럼 선생님의 동지나 친구분들 중에서 누가 가장 뛰어난 분이라고 생각하시는지요?

벽초_단재 신채호 선생이 가장 뛰어난 분이었다고 봅니다. 우리 또래 중에 재주 있는 사람도 많으나 다른 사람들은 기억력이 좋다거나 글을 잘 짓는다거나 하여 그저 능재(能才)라고밖에 생각되지 않는데, 단재는 천재라고 할 만하단 말이야. 아무튼 천재적 안광(眼光)이 있으니까.

단재와 나는 그 시절 중국에서 만나서 헤어졌으니까 서로 사귄 시일은 짧으나 사귄 정의(情誼)는 깊어서 나의 일생에 충심으로 경앙하는 벗이 단재였습니다.

필자_그후 벽초 선생께서는 남양으로 가서 몇 년 동안 계셨다지요? 왜 가신 건가요?

벽초_화교들이 동남아에서 큰 돈을 벌어 중국 혁명에 자금을 대는 것을 보고, 우리도 남양에 진출하여 독립운동을 위한 물적 기반을 마련할 수 있을까 해서 가 본 거지요. 사업에 크게 성공하지는 못하고 돌아왔지만, 싱가포르는 당시 동양에서 가장 서구화된 곳이었으니까, 진기한 체험을 한 셈이었지요. 나는 19세기 말에 시골의 양반가에서 태어나 유년 시절을 보냈지만, 그뒤 서울을 거쳐 도쿄, 상하이, 싱가포르 같은 국제적 대도시에서 생활한 것이 나를 근대적인 인간으로 형성시키는 데 결정적인 역할을 했다고 봅니다.

내가 싱가포르에서 찍은 사진 중에 동지들과 함께 위아래 흰 양복에 백구두를 신고 있는 것을 보셨지요? '벽초' 하면 옛날 사람, 양반 출신, 한학자라고 하여 한복 두루마기 입은 모습만 떠올리는 건 나에 대한 편견이라고 전에 강교수가 이야기한 적이 있는데, 맞는 이야기입니다. 나를 그저 전통사상의 영향 아래에서만 살아온 인물로 간주하는 것은 나라는 사람을 일면적으로 이해했다는 점에서 섭섭한 일이지요.

필자_선생님은 귀국 후 3·1운동 때 괴산 만세시위를 주도하셨지요? 애초에 서울에서 3·1운동을 주도한 분들 중에는 아는 분들도 많이 계셨을 텐데, 왜 이른바 민족지도자 33인 중에 들지 않고 뒤늦게 괴산에서 지역 단위의 만세운동을 주도하게 되셨는지요?

벽초_그 무렵 나는 귀국한 지 몇 달 안 된데다 괴산에 있었기 때문에, 서울에서 비밀리에 그런 움직임이 있다는 연락을 미리 받지 못했습니다. 그러나 고종황제의 국장(國葬)을 보려고 상경했다가 서울에서 만세운동이 격렬히 일어나는 것을 보고, 재빨리 돌아와 괴산 만세시위를 주도한 것입니다. 그것이 충청북도에서는 최초의 만세시위로, 연이어 다른 고을들로 시위가 퍼져 나갔지요.

필자_선생님은 3·1운동으로 옥고를 치르고 나온 뒤 동아일보 편집국장, 시대일보 사장, 오산학교 교장 등을 지내셨지요. 그리고 여러 사상단체에 가입 활동하다가 신간회 결성에 주도적인 역할을 하셨는데요. 신간회를 결성하게 된 동기는 무엇인가요?

벽초_아시다시피 3·1운동 이후 각 분야에서 여러 단체들이 결성되고 사회운동이 활발하게 일어났어요. 넓게 보면 다 민족해방운동인데, 소위 말하는 민족주의와 사회주의로 분열되어 있어서, 무슨 일이든지 될 듯 될 듯하다가는 안 되곤 했습니다. 그래서 좌우의 분열 대립을 지양하고 민족협동전선을 이루지 않으면 안 되겠다는 공감대가 형성되어, 신간회 결성을 서두르게 된 것이지요.

필자_선생님은 해방 후 민주독립당이라는 정당을 창당하고 당 대표가 되셨는데요. 겸손한 학자요 문인이신 선생님의 평소 기질로 보아 정당 당수로 나선 것은 의외로 느껴졌습니다. 민주독립당의 정치노선은 어떤 것이었습니까?

벽초_민주독립당의 노선은 신간회 노선이나 매한가지였지요. 우리 민족이 좌와 우로 분열되지 말고 단합하여 통일된 민주국가를 건설하자는 것이지요. 말하자면 중간파인데, 당시 정국에서는 중도 우파 정당으로 간주되었습니다.

나는 본래 정치에는 야심도 없고 기질도 영 안 맞아서 정치에 뛰어들고 싶지는 않았어요. 그런데 좌우 대립이 극심해서 그대로 가면 남북한에 각각 단독정부가 수립되어 분단이 고착화될 조짐이 역력했어요. 그러니 어떻게든 우리 민족이 좌우로 남북으로 갈라지는 것을 막아야 할 텐데, 주위에서 내가 좌우 양 진영에 다 통하고 신간회 지도자였던 명망이 있으니 중간파 정당의 대표로 적임자라고 하도 강권하는 바람에, 어쩔 수 없이 나서게 된 것이지요.

필자_남북연석회의를 성사시키고, 특히 주저하던 김구·김규식 선생을 평양의 남북연석회의에 참가하도록 영향을 미친 분이 선생님이었다고 알고 있는데, 사실인지요?

벽초_그렇습니다. 백범 김구 선생이나 우사 김규식 선생이나 다 애국자시고 당시 정국에서 가장 양심적인 지도자들이셨지만, 좌익들과 대립해 있다 보니 북측과 대화하는 데 많이 주저되셨던 것 같습니다. 그러나 우리 지도자들이 한 번이라도 직접 만나 무릎을 맞대고 민족의 장래에 대해 논의해 보지 못하고 그대로 분단국가가 수립되고 만다면 후손들에게 볼 낯이 없지 않느냐고 내가 거듭 호소했지요.

북측에 이용당하고 선전의 도구가 되는 한이 있더라도 우리는 애국적 충정에서 남북연석회의에 참가해야 한다고 그때 나는 굳게 믿고 있었고, 또 지금도 그때 생각이 옳았다고 믿고 있습니다.

필자_벽초 선생의 사상에 대해 민족주의다, 사회주의다, 공산주의다, 여러 주장이 있습니다. 선생님께서는 자신의 사상에 대해 스스로 어떻게 규정하십니까?

벽초_나는 좌우의 대립을 지양하는 민족통일전선 노선을 평생 일관되게 견지했다고 자부합니다. 나는 전 세계 피지배계급의 해방을 추구하는 사회주의적 이상을 인류의 궁극적 목표로 간주하기는 했지만, 그 도정에서 우리 민족의 해방과 통일 독립을 우리 시대의 최우선적인 당면 과제로 보았지요. 그러한 의미에서 강교수가 나의 사상을 '진보적 민족주의'라고 이름 붙였는데, 대체로 맞다고 봅니다.

우리가 신간회운동을 할 때 좌우 양 진영의 단합을 주장하는 인사들은 흔히 사회주의자와 민족주의자의 관계를 같은 경부선 열차를 탄 승객으로 비유하곤 했습니다. 즉 사회주의자들이 부산까지 가는 승객이라면 민족주의자들은 대구까지 가는 승객이다, 그러니까 양자는 서로 목적지는 다르나 같은 기차를 타고 있음을 잊지 말아야 한다는 것이지요. 그때 민족주의자들이 사회주의자들에게 농담으로 "부산까지 갈 것 없이 대구에서 다같이 내립시다" 하면 사회주의자들도 웃으며 "그럽시다" 하고 대답하곤 했지요.

나더러 "그러면 당신은 대구까지 간 다음에 부산까지 더 갈 거냐

사계절출판사에서 간행된 홍명희의 『임꺽정』

안 갈 거냐" 하고 따진다면 나는 답하기 곤란한 심정이었어요. 나는 우리 모두가 무사히 대구까지 가야 한다는 문제에 골몰한 나머지 대구에 일단 도착하고 난 후에 부산까지 계속 갈 건지 말 건지에 대해서는 끝까지 생각해 보질 못했으니까요.

필자_그럼 이제 문학 이야기로 들어가 보겠습니다. 선생님은 1928년부터 10여 년에 걸쳐 『조선일보』에 『임꺽정』을 연재하셨지요. 『임꺽정』은 요즘 젊은이들도 한번 책을 잡으면 놓기 어려울 정도로 재미있다고 하는데, 연재 당시 독자들 사이에 인기가 대단했다지요? 그래서 선생님이 투옥되셨을 때 독자들의 성화에 못 이겨 일제 당국에서 특별히 옥중 집필을 허용하기까지 했다면서요?

벽초_글쎄요, 『임꺽정』이 인기가 있었는지 어땠는지는 모르지만, 내가 신간회운동으로 바빠서 하루라도 소설 연재를 빼먹을라치면 신문사로 전화가 걸려 오고 투서가 날아 오고 독자들의 불평이 많았지요.

그러나 그 '옥중 집필'이란 과장된 이야기입니다. 내가 신간회 민중대회사건으로 검거되어 경기도 경찰부 유치장에 갇혀 있을 때, 조선일보사에서 당국에 교섭하여 며칠간 유치장에서 집필을 계속할 수 있었던 거지요. 그러니까 '유치장 집필'인 셈인데, 조선일보 기자를 지낸 파인 김동환 군이 멋있게 표현하느라 '옥중 집필'이라고 뻥을 친 것입니다. (웃음)

필자_식민지시기 대부분의 역사소설가들은 왕이라든가 지배층의 인물을 주인공으로 내세웠는데, 왜 유독 선생님은 백정을 주인공으로 한 역사소설을 쓰셨는지요? 그리고 또 대부분 주인공의 전기 형식으로 소설을 전개해 나갔는데, 『임꺽정』에서는 왜 주인공 임꺽정의 일대기가 아니라 청석골 일곱 두령들의 이야기를 두루 다루고 있는지요?

벽초_그분들하고 나하고는 역사관이 서로 달랐기 때문이겠지요. 나는 진정한 역사는 궁중비화가 아니라 민중의 생활사요, 역사란 소수의 고독한 영웅이 이끌어 가는 것이 아니라 이름 없는 민중들의 삶으로 이루어지는 것이라고 생각했습니다. 그래서 『임꺽정』에서는 그 시대를 폭넓게 그리고, 여러 인물들을 주인공과 마찬가지로 비중 있게 그리려 한 것이지요.

필자_임꺽정이 백두산에서 야생녀 운총과 만나 혼인하게 되는 대목을 보면, 일체의 봉건적인 인간관계를 초탈한 두 사람 간의 가식 없는 애정이 생생하게 그려져 있습니다. 이 대목을 두고 어느 문학비평가는 "남녀간의 사랑이 이렇게 아름답고 천의무봉하게 묘사된 예를 보지 못했다"며 감탄하기도 했지요. 선생님은 조혼한 부인과 해로하셔서 자유연애를 맛보지 못하신 것으로 알고 있는데, 어떻게 그리 절실하게 연애 장면을 그릴 수 있으셨을까요? 혹시 선생님의 생애를 연구해 온 제가 미처 찾아내지 못한 숨은 러브 스토리가 있으셨던 것은 아닌가요?

벽초_아닌게 아니라 내가 『임꺽정』을 연재할 때 집안에서도 그런 오해를 받은 적이 있습니다. 소시 때에 당해 보도 못한 연애 장면을 땀을 빼다시피 하고 이리 궁리 저리 궁리 해서 쓴 것인데, 아 어느 날인가 내가 방에서 듣자니까 둘째 아들 기무가 하는 말이 "어머니, 아버님이 집에서는 대범하시기 짝이 없으시지만 밖에서는 실없는 일을 많이 하시는 모양이지요!" 합디다그려. 그때에 내 아내의 급히 나온다는 대답이 걸작입니다. "아, 참, 그렇드라 얘. 아마 다른 여자와 그렇게 해 보신 일이 있기에 그럴듯하게 잘 쓰시는 것이지?" 하는 것이 매우 의심에 싸인 말투였어요. 내가 밖에 나간 줄들만 알고 크게 맘 놓고 떠들다가 그만 내 기침소리에 혼들이 났지요.

그런데 이런 일화가 세간에 알려져, 짓궂은 젊은 문인들은 내게 늦바람이 났다고 '만풍(晩風)선생'이라는 별호를 붙이기까지 했다오. (웃음)

필자_『임꺽정』에서 또 한 가지 특이한 것은 작가가 절대로 주인공을 미화하거나 이상화하지 않고 있다는 점이지요. 소설을 쓰면서 이렇게 등장인물과 거리를 둘 수 있는 비결은 어디에 있습니까?

벽초_나는 작가로서 천박한 이상주의를 아주 싫어하는 리얼리스트입니다. 그래서 임꺽정을 영웅적인 풍모가 있으면서도 다른 한편 인간적인 약점을 지닌 인물로 그리고자 했습니다. 그래야만 살아 있는 인물처럼 생생하고, 자연스럽게 민중 속에서 떠오르는 진정한 민중적 영웅으로 느껴질 수 있다고 보았지요.

나는 작가가 소설 속에서 주인공을 그린다면서 한껏 미화된 자기의 얼굴을 그려 놓고 도처에서 주인공의 편을 드는 것을 치기 어린 자기애(自己愛), 나르시시즘의 발로라고 봅니다. 그래 가지고는 현실을 엄정하게 그릴 수 없지요.

필자_선생님께서 『임꺽정』을 쓰실 때 가장 뚜렷이 의도하고 깊이 유념하신 것은 무엇이었습니까?

벽초_'조선 정조(情調)'를 그리려 한 것이지요. 요즘 말로 하면 조선적인 감정, 분위기, 맛, 이런 뜻이 되겠는데요. 우리 문학은 고전문학의 경우는 중국 문학, 현대문학의 경우는 일본이나 서양 문학의 영향을 지나치게 많이 받아서 우리의 정조와 유리된 경우가 많았지요. 그래서 나는 『임꺽정』만은 사건이나 인물로나 묘사로나 정조로나 모두 남에게서는 옷 한 벌 빌려 입지 않고 순조선(純朝鮮) 거로 만들려고 하였습니다.

특히 1930년대에 들어서서는 이렇게 조선 정조에 일관된 작품을 쓰는 것이 민족운동이 어려워진 시기에 내가 소극적으로나마 우리의 민족의식을 보존하는 데 기여할 수 있는 방법이라고 생각하여, 그 점에 더욱 유념하고자 했지요.

필자_그래서 『임꺽정』은 근대 리얼리즘 소설이면서도 구수한 옛날이야기의 한 대목같이 친숙한 느낌을 주는 거겠지요. 하지만 작가가 의도한다고 해서 다 그리 되는 것은 아닐 텐데, 그토록 우리말 어휘가 풍부하고, 조선시대 각 계층의 일상생활을 여실하게 묘사하고, 특히 풍속 묘사를 탁월하게 하실 수 있었던 비결은 무엇일까요?

벽초_우선 내 출생과 성장과정의 덕을 보았겠지요. 나는 조선조 말에 양반가에서 태어나 식구가 수십 명이나 되는 대가족 속에서 성장했습니다. 그러니까 옛날 우리 집의 구조나 가재도구, 살림의 규모, 일상생활, 손님으로 드나들던 사대부들의 모습, 이런 것들이 조선시대의 생활을 그리는 데 도움이 되었겠지요. 또 워낙 대가족 속에서 생활했으니까 집안 어른들은 물론 머슴이나 종들에게서도 옛날이야기를 즐겨 들었는데, 그런 이야기들이 『임꺽정』에서 여러 계층의 대화를 재현하는 데 큰 도움이 되었을 겝니다.

그리고 나는 어려서부터 『성호사설(星湖僿說)』과 같이 다양한 지식들을 소개한 책이라든가 한문으로 된 야담집들을 즐겨 읽었어요. 소설을 쓰다 보니까 나도 모르는 사이에 그런 책에서 읽은 우리말 어원이라든가, 풍속이라든가, 삽입할 이야기라든가, 그런 것들이 자연스럽게 떠오르곤 합디다.

필자_『임꺽정』을 읽어 보면 선생님이 천재적인 재능을 가진 작가라는 것을 절감하게 됩니다. 그런데 왜 『임꺽정』 이외의 다른 소설을 일절 안 쓰셨는지요?

벽초_나는 만해 한용운 선생처럼 문인이기에 앞서 민족운동가요. 좋은 시대에 태어났었던들 나도 문학에 전념할 수 있었을 것을, 나라도 없는 놈이 어느 한가한 틈에 문학을 골똘히 할 수도 없고 해서 못 하고 말았지요. 나중에라도 우리 민족이 통일되고 사회가 제대로 바로잡히면 나도 좋은 작품을 하나 써 보려고 했는데, 내 평생 그런 날은 오지 않고 말았군요.

필자_선생님은 1948년 남북연석회의 끝에 북에 남으셨고, 북에서 1968년 타계하실 때까지 부수상, 최고인민회의 상임위원회 부위원장, 과학원장, 조국평화통일위원회 위원장 등 고위직을 역임하셨습니다.

그로 인해 남한에서는 선생님의 존재가 잊혀지다시피 했을뿐더러 『임꺽정』도 금서가 되어 오랫동안 전설적인 명성만 남아 있었습니다. 그러다가 1980년대 중반 사계절출판사에서 금기의 사슬을 깨고 『임꺽정』 전질을 다시 출판하여 비로소 남한의 독자들이 널리 읽을 수 있게 된 것이지요. 이처럼 『임꺽정』이 금서가 되었다가 새로운 세대의 독자들에게 다시 읽힐 수 있게 된 데 대해 선생님은 어떤 감회를 느끼시는지요?

벽초_글쎄, 내가 월북하여 북에서 어떤 지위에 있었건 간에 나는 나고 『임꺽정』은 『임꺽정』인데, 나 때문에 금서가 되었다니 꺽정이에게 미안하기도 하고 우리 현대사의 아픔을 말해 주는 것 같아 서글프기 짝이 없었습니다.

여러분이 『임꺽정』을 읽어 보셔서 아시겠지만, 『임꺽정』은 계급투쟁을 고취하는 살벌한 작품이 아니라 조선시대 민중들의 삶을 구수하게 그린, '조선 정조'를 가득 담은 작품이지요. 그런데 나의 정치적 행적 때문에 『임꺽정』까지 오해를 받아 가슴 아프던 중, 사계절사에서 위험을 무릅쓰고 출판하여 새로운 세대의 독자들과 만날 수 있게

고향 괴산에 세워진 벽초 홍명희 문학비(글씨 신영복, 제작 안규철)

해 주어 고맙기 짝이 없었지요.

필자_선생님은 북에서 말년을 보내셨는데, 자신이 태어나서 오랜 세월을 사신 이곳 남녘 땅, 특히 고향 괴산을 생각하면 어떤 심정이십니까?

벽초_말년에 20년 동안 북에서 살면서 정말 고향이 그리웠습니다. 내 고향 괴산에 찾아가 우리 아버지 묘에 성묘하고, 숱하게 많은 느티나무 아래에서 고향 사람들 만나 술 한잔 하고 싶었지요. 제월대 앞 괴강에서 옛날처럼 낚시도 한번 해 보고 싶었습니다.

청주의 도종환 시인이 지은 「벽초 생각」이라는 시가 있지요? 내 오늘 고향 생각이 간절하니, 그 시나 한번 낭송해 주시우.

벽초 생각

괴강에 뜬 별들 잊었을까
제월리 사람들에게 다 나누어 주고 간
끝이 안 보이던 땅쯤이야 잊었겠지만
손등만 한 야산도 형제끼리 칼부림 송사하는
남쪽 사람들 사는 곳쯤이야 잊었겠지만
느티나무 근처에 모여 살던 사람들이야 잊었을까
제월대에 앉아 쉬다 강물로 내려가
물소리와 함께 가던 밤바람이야 잊었을까
아아, 저 밤강물에 몸을 씻던 별들이야 차마 잊었을까

필자_끝으로, 선생님의 생애를 스스로 평하라면 어떻게 말씀하시겠습니까?

벽초_내가 말년에 자식들 앞에서 이런 말을 한 적이 있습니다. "나는 『임꺽정』을 쓴 작가도 아니요, 학자도 아니다, 홍범식의 아들, 애국자이다. 일생 동안 애국자라는 그 명예를 잃을까 봐 그 명예에 티끌조차 묻을세라 마음을 쓰며 살아왔다"고요. 이것이 내 생에 대한 자평이라고나 할까요?

필지_지금까지 자상하게 대담에 응해 주신 벽초 선생님께 다시 한 번 감사드립니다. 그러면 이제부터 본격적으로 선생님의 삶의 행적을 찾아 길을 떠나겠습니다.

명문 양반가의 후예

풍산 홍씨 가문의 장손으로 태어나다

괴산(槐山)은 내륙지방인 충청북도 한가운데 자리잡은 협중의 작은 고을이다. 아름드리 느티나무가 도처에 숲을 이루고 있어 느티나무산이라는 뜻의 괴산이라 불리게 된 이곳은 산수가 빼어나고 물이 맑으며, 철도와 고속도로가 비켜가는 곳이어서 비교적 조용하고 고즈넉한 느낌이 남아 있는 고장이다.

괴산읍 중심가인 동부리(東部里) 동진천(東津川) 북쪽 대로변에 있는 마을은 조선조 때 신산역(伸山驛)이 있던 마을이라 역말(驛村)이라 불렸는데, 후에 지명을 한문으로 고칠 때 좋은 마을을 상징하는 뜻으로 인산리(仁山里)라 이름하였다.

이 인산리 한복판에 울창한 느티나무 숲을 뒤로 하고 퇴락해 가는 수백 년 된 고가(古家)가 있다. 옛날 조그만 읍내에서는 흔히 보기 어려운 대저택이었던 이 집은 연전에 집을 수리할 때 영조 때인 18세기

괴산 인산리의 홍명희 생가. 수백 년 된 고가로, 충청북도 민속자료 제14호로 지정되어 있다.

초에 없은 기왓장이 발견되기도 한 유서 깊은 고가이다. 현재 행정구역상 괴산읍 동부리 450-1로 되어 있는 이 고가가 바로 홍명희의 생가이다.[1)]

홍명희는 1888년 7월 2일(음력 5월 23일) 이 인산리 고가에서 홍범식(洪範植)과 은진 송씨 간의 장남으로 태어났다.[2)] 그의 자는 순유(舜

1) 그간 '홍범식 · 홍명희 생가 보전을 위한 모임'이 꾸려져 다방면의 노력을 기울인 결과, 이 고가는 현재 충청북도 문화재로 지정되어 대대적인 복원 공사에 들어가 있는 상태이다.
2) 『풍산홍씨족보』 4, 상편, 풍산홍씨 대동보소(大同譜所), 1933, 40쪽. 서울 종로구 계동 38

兪)이고, 청년 시절에는 가인(假人·可人), 장년 이후에는 벽초(碧初)라는 호로 더 널리 알려졌다.

홍명희의 가문은 풍산(豊山) 홍씨 추만공파(秋巒公派)로서, 당파상 노론에 속하는 명문 사대부가였다. 조선 후기 그 가문에서는 특출한 인물들이 헤아리기 어려울 정도로 많이 배출되었다. 선조의 부마인 홍주원(洪柱元), 영조 때 이조판서로서 세손 정조의 사부였던 홍상한(洪象漢), 사도세자의 장인으로서 영의정을 역임한 홍봉한(洪鳳漢), 정조 때 이조판서를 지냈으며 당대의 저명한 학자였던 홍양호(洪良浩), 순조 때 좌의정을 지냈으며 여한(麗韓) 10대 문장가의 한 사람으로 고평되는 홍석주(洪奭周) 등은 그중 두드러진 예이다. 또한 사도세자의 비(妃)로서 『한중록(恨中錄)』을 남긴 혜경궁 홍씨는 그 가문이 배출한 여성 문인이라는 점에서 특기할 만하다.

그러나 홍명희의 직계 조상들은 고조 홍정주(洪定周)까지 몇 대에 걸쳐 문과 급제자를 내지 못하다가, 증조 홍우길(洪祐吉)에 와서야 문과에 급제한 후 영달의 길로 들어서게 되었다.

홍명희의 증조부인 효문공(孝文公) 홍우길(1809~1890)은 42세 때인 1850년 증광(增廣) 문과에 장원급제한 뒤, 경상도와 평안도 관찰사, 한성부 판윤(判尹), 이조판서 등 철종과 고종 양대에 걸쳐 오랫동안 여러 요직을 역임한 인물이었다. 또한 그는 시서화(詩書畵)에 모두 뛰어났으

번지에 본적을 두고 있는 홍명희 일가의 호적에는 홍명희의 생모가 홍범식의 재취인 조경식으로 되어 있고 홍명희의 생년월일도 1887년 5월 25일로 기재되어 있으나, 이는 명백한 오류이다. 한편 북한 애국열사릉에 있는 홍명희의 묘비에는 그의 생일이 7월 3일로 되어 있다. 1888년 음력 5월 23일은 양력 7월 2일인데, 손자 홍석중 역시 조부의 생일은 양력으로 7월 2일이라고 하였다.

며, 홍석주·홍길주(洪吉周)·김정희(金正喜)·박규수(朴珪壽)·조면호(趙冕鎬) 등 당대의 저명 문인 학자들과 널리 교유하였다.

홍우길은 부인 연안 김씨가 아들을 낳지 못하고 세상을 떠나자 스무살 연하인 평산 신씨를 재취로 맞이하였다. 재취한 이후 부인 신씨와의 사이에서 아들을 잇달아 얻었으나, 모두 아기 때 여의고 말았다. 그는 일찍이 슬하에 딸 셋과 서자 하나를 두었으며, 서자 승철(承澈)은 무과급제 후 현감을 지냈다. 그러나 적자가 없었으므로, 3대 독자였던 홍우길은 대를 잇기 위해 족제(族弟) 우필(祐弼)의 차남 승목(承穆)을 양자로 들였다.

홍우길 일가는 조상 대대로 서울 북촌에서 살았고 선산은 경기도 파주에 있었다. 고관으로서 순탄한 관직생활을 하던 1860년경에 홍우길은 괴산 제월리(霽月里)에 선산을 새로 마련하면서 노후의 근거지로 삼고자 서울 집과 별도로 인산리의 저택을 사들였다.

『승정원 일기』에 의하면 1866년 당시 평안감사로 재직중이던 홍우길은 연로한 부친을 봉양하고자 한다는 이유로 상소를 올리고 사직하였다(그의 후임자가 바로 박규수로, 그해 제너럴셔먼호사건을 겪게 된다). 홍우길의 부친 홍정주는 이듬해 타계하여, 제월리 산수동 선영에 안장된 홍씨 가문의 첫 조상이 되었다. 홍우길은 그 후에 다시 출사하여 함경도 관찰사, 이조판서 등을 역임하였다.

홍명희의 조부인 홍승목(1847~1925)은 원래 감역(監役)을 지낸 홍우필의 차남으로 태어났으나, 족부(族父) 홍우길의 양자로 들어갔다. 홍우필은 홍우길과 10촌간으로, 풍산 홍씨 집성촌인 전라도 나주에 살고 있었다.

홍승목은 대를 이어 가문의 영화를 지속하고자 한 양부의 기대에 어긋나지 않게 정실인 해평 윤씨와의 사이에 범식과 정식(貞植) 남매를 두었다. 그리고 뒤늦게 소실 신씨와의 사이에서 관식(筦植)·용식(用植)·태식(台植) 세 아들과 두 딸을 두었다. 소실 신씨는 본래 관디 침모(벼슬아치의 관복을 짓는 침모)가 데리고 들어왔던 어린 딸이 장성하여 소실이 된 것이라, 그 소생들은 모두 조카인 홍명희보다 연하였다.

홍승목은 29세 때인 1875년 별시(別試) 문과에 급제하였다. 그후 그는 조선조 말까지 대사간(大司諫)·대사성(大司成)·병조참판·중추원 찬의(贊議) 등을 역임하였다. 그런데 그는 한일합병 직후인 1910년 10월부터 1921년 4월까지 조선총독부의 중추원 찬의를 역임하는 등 친일 행적을 남겼다.[3)]

홍명희의 부친인 홍범식(호 일완〔一阮〕)은 1910년 금산군수로서 경술국치(庚戌國恥)를 당해 비분 끝에 자결한 인물로 유명하다. 1871년 괴산 인산리에서 홍승목의 장남으로 태어난 그는 18세 때인 1888년 성균시(成均試)에 급제하였다. 그후 갑오개혁으로 과거제가 폐지되자, 문과를 거치지 않은 채 내부주사(內部主事)·혜민원(惠民院) 참서관(參書官)을 거쳐 태인군수에 임명되었다가, 1909년 금산군수가 되었다.

홍범식은 부모를 효성스럽게 섬기고 형제들을 우애로써 대하며, 학문을 좋아하고 글재주가 뛰어났다. 또한 그는 천성이 인애로워 부인과 같이 부드러웠으나, 불의를 보면 용납할 줄 모르고 의(義)를 사모하는

3) 그로 인해 홍승목은 2006년 9월 11일 '친일반민족행위 진상규명위원회'로부터 친일반민족행위자로 결정되었다.(친일반민족행위진상규명위원회, 『2006년도 조사보고서 Ⅱ : 친일반민족행위결정이유서』, 2006, 403~409쪽)

지절(志節)을 갖추었다. 홍명희는 그 성품과 자질 면에서 이러한 부친을 많이 닮았을 뿐 아니라, 부친이 일제의 침략에 항거하여 순국한 충격적인 사태로부터 평생에 걸친 심대한 영향을 받았다.

홍범식이 성균시에 합격한 1888년 바로 그해에, 열여덟 살 동갑인 부인 송씨와의 사이에서 아들 명희가 태어났다. 손이 귀한 집안이었던 만큼, 5대 독자 범식에게서 그토록 일찍 장손을 보게 된 것은 온 집안이 기뻐할 만큼 경사스럽고 기특한 일이었다. 그러나 안타깝게도 산모 송씨는 산후 탈이 병이 되어 3년을 내리 앓다가 아들 명희가 세 살 되던 해 세상을 떠나, 제월리 산수동 선영에 안장되었다.

선산 아래 있는 제월리 365번지 고택은 예전에는 홍명희의 생가로 잘못 알려져 있었으나, 본래 홍씨가의 묘막(墓幕), 즉 산지기집이었다. 홍명희 일가는 증조 대부터 60년간 인산리 고가에서 대가족을 이루며 살고 있다가, 홍범식의 순국 이후 경제적으로 점차 몰락한 위에 홍명희를 비롯한 집안의 장정들이 만세사건으로 투옥된 1919년 인산리 저택을 처분하고 제월리 묘막으로 이사해 간 것이다.

아직까지 등기부에 홍명희의 소유로 되어 있는 이 집은 묘막이라 해도 상당히 규모가 커서 홍씨가의 대갓집다운 면모를 짐작케 해 준다. 6·25전쟁 후 오랫동안 빈 집으로 방치되었던 탓에 안채는 허물어지고 사랑채만 남아 있는데, 현재 홍명희의 서계(庶系) 당질인 홍면(洪勉) 일가족이 거주하고 있다.

홍명희 일가는 1920년대 이후 주로 서울에서 살았지만 계모 조씨 등 일부 가족은 제월리 집에 남아 있었으며, 홍명희 자신도 가끔 내려와 머물렀다. 그 뒷동산에는 홍명희의 고조 홍정주, 증조 홍우길, 부친 홍범식의 묘가 함께 자리잡고 있으며, 인근의 산등성이에는 조부 홍승목과 계모 조경식의 묘가 있다.

마을을 에돌아 괴강이 흐르고 괴산팔경의 하나로 꼽히는 제월대가 있는 이곳 제월리에서, 홍명희는 식민지시기의 고단한 서울생활에 지쳐 고향을 찾을 때면 종종 낚시질을 하기도 했다고 한다. 이러한 연고로 홍명희 서거 30주년이자 『임꺽정』 연재 시작 70주년이 되는 1998년 제월대 광장에 그의 문학적 위업을 기리는 '벽초 홍명희 문학비'가 세워졌다.

한학을 익히며 신동으로 소문나다

홍명희가 태어나고 자라난 인산리 고가는 대지가 1000평이 넘는 대저택이었다. 현재는 각각 별개의 가옥처럼 보이는 안채와 사랑채만 남아 있지만, 예전에는 이 안채와 사랑채로부터 큰길 쪽으로 수십 보 떨어진 자리에 솟을대문이 나 있고, 좌우로 길게 행랑채가 늘어서 있었다. 그리고 그 바깥쪽에는 주인댁이 출입할 때 하마(下馬)하던 자리가, 안쪽에는 커다란 연못이 있었다. 집 뒤에는 울창한 느티나무 숲이 있어, 도깨비가 나온다는 이야기가 무성하였다.

홍명희의 유년 시절 이 고가에는 4대에 걸친 대가족에 종들까지 수십 명에 달하는 식구들이 살고 있었다. 집안에는 홍우길이 왕년에 임금으로부터 하사받은 안경과 지팡이가 있어, 가족들의 큰 자랑거리였다. 충청감사나 고을 원이 부임해 오면 으레 첫 번째로 부임 인사차 들르는 곳이 이 집이었다.

집안에는 일 년 내내 제사도 많았거니와, 손님이 끊이지 않아 예기치 않았던 손님들을 위해 늘 조석을 넉넉하게 장만해야 했다. 그러니 부녀자들은 손님 접대로 분주하여 새벽에 일어나도 10시나 되어야 아침을 먹을 수 있었고, 점심은 잘해야 오후 3시, 저녁은 한밤중에 먹기가 예사였다. 수십 명의 식구들이 겨우내 먹을 것이라 해마다 김장을 하는데 한 달씩 걸리곤 하였다.

이러한 대갓집의 장손으로 태어난 홍명희는 일가족의 사랑과 기대를 독차지하며 자라났다. 그러나 그가 태어난 지 얼마 안 되어 집안에는 상사가 잇달았다. 홍명희가 세 살 되던 해 생모 송씨가 요절한 데 이어 증조부 홍우길이 노환으로 타계하였다. 여섯 살 되던 해에는 조모 윤씨가 세상을 떠났다.

조부 홍승목은 상처한 뒤 재취하지 않고 소실 신씨와 함께 주로 서울에서 생활하였다. 스무 살의 젊은 나이에 홀로 된 부친 홍범식은 상처한 이듬해 한양 조씨 조경식(趙璟植)을 재취로 맞아들였다. 그 사이에서는 홍명희보다 여섯 살 아래인 성희(性憙)를 위시하여 도희(道憙)·교희(敎憙)까지 세 아들과, 인희(仁憙)·숙희(琡憙) 두 딸이 태어났다.

이들 중 도희와 교희는 요절했으나, 성희는 이복형인 홍명희와 의기가 투합하여, 3·1운동을 비롯해서 시대일보사 경영, 신간회 활동, 해방 후 민주독립당 운영 등 많은 사회활동을 함께 하였다.

네 살 때 새어머니가 생겼지만 홍명희는 증조모와 대고모 손에서 자라났다. 증조모란 홍우길의 재취인 정경부인 신씨로서, 홍명희는 증조모를 '할머니'라 부르며 증조모의 귀염 속에 파묻혀 지냈다.

금지옥엽으로 태어났으나 일찍 어미를 잃은 명희는 아기 때부터 유달리 몸이 약하고 병이 잦아서, 신씨부인은 밤잠을 편히 잔 날이 드물 정도로 애를 쓰며 키워야 했다. 그러한 까닭에, 예전에 손자 범식, 이후에는 증손인 명희의 형제들, 그리고 고손 기문(起文)에 이르기까지 여러 후손을 키운 신씨부인이었으나, 유달리 증손 명희를 사랑하였다.

홍우길의 세 딸 중 증조모와 함께 홍명희를 키우다시피 한 대고모는 그 중 둘째딸로서, 남편은 교관을 지낸 광산 김씨 김수현(金守鉉)이었다. 홍명희는 이 대고모 내외를 '꼬까어머니', '꼬까아버지'라 불렀는데, 서너 살 무렵 대고모가 집안 경사에 새옷 입은 것을 보고 꼬까옷 입었다고 하여 지어 낸 호칭이었다.

아들이 없어 양자를 들였던 대고모 내외는 홍명희를 친아들처럼 귀여워하여, 유년 시절 홍명희는 '할머니'와 '꼬까어머니'가 있는 까닭에 어머니 없는 것이 슬픈 줄 모르고 자랐다. 홍씨 일가는 워낙 대가족이었을뿐더러 당시 양반가에서는 아이들이 할머니 손에 자라는 것이 흔한 일이었으므로, 일찍 생모를 여의었다고 해서 홍명희의 성격에 특별히 그늘이 드리우지는 않았던 것 같다.

홍명희는 일곱 살 위인 고모 정식과는 동기간처럼 함께 자랐다. 어린 그가 고모와 '이년 저년'하고 싸워도 어른들은 나무라지 않고 웃고 내버려둘 정도로, 그 시절 홍명희는 집안에 무서운 사람이 없이 자랐다.

그에게 오직 하나 엄격하고 무서운 어른은 부친 홍범식이었다. 홍범식은 장남 명희와 열일곱 살 차이니 나이로 보아서도 아들 귀여운 줄 모르기 쉬웠을 것이요, 설령 마음이 있다 하더라도 층층시하의 양반가에서 드러내 놓고 아들을 귀여워할 수도 없었을 것이다.

증조모 신씨의 말에 의하면, "어려서 클 때 어떻게 셈이 바르고 어떻게 영악하였는지 모른다"는 홍명희는 당시 양반가의 자제들이 대부분 그러했듯이 어린 나이에 한학 수업을 받기 시작하였다. 홍씨가는 여자인 정식에게도 독선생을 두어 글과 글씨를 가르쳤을 만큼 교육열이 높은 집안이었다. 홍명희 역시 독선생을 두고 글을 배웠다. 청원군 강정리에 살던 증조모 신씨 친정 오라버니의 손자 신지수(申芝秀)가 홍명희와 동갑이어서, 괴산에 와서 지내며 함께 공부를 하였다.

홍명희는 다섯 살 되던 해에 입학한다고 비로소 천자문을 배우기 시작했으나, 그 이전에 이미 조부가 종이쪽에 써 주는 것으로 '천지일월(天地日月)' '부모형제(父母兄弟)' 같은 간단한 한자는 알고 있었다. 여덟 살 되던 해에 『소학(小學)』을 배우고 한시 짓는 법을 익혔다.

이러한 유년기의 한학 수업에서 이미 홍명희는 비상한 기억력과 뛰어난 글재주를 드러내었다. 여덟 살 무렵 생모의 몸종으로부터 세상을 떠난 생모 이야기를 듣고 다섯 자 자모듬으로 "파리는 해마다 생겨나는데 우리 어머니는 왜 안 돌아오시나(蒼蠅年年生 吾母何不歸)"라는 시구를 지어 어른들을 놀라게 했다.[4]

후일 대고모부는 홍명희의 장남 기문에게 "너의 어른이야 참 비상한 재화(才華)시그려. 여남은 살 때 우공(禹貢)을 일곱 번 읽어서 곧 외웠으니까"라고 말하곤 했다고 한다. 난삽하기 짝이 없는 『서경(書經)』

4) 홍명희, 「자서전」 제1회, 『삼천리』 1929년 6월호(임형택 · 강영주 편, 『벽초 홍명희와 『임꺽정』의 연구자료』, 사계절, 1996, 21쪽 : 이하 『벽초자료』로 약칭). 『삼천리』 창간호부터 연재되던 홍명희의 「자서전」은 제2회(1929년 9월호)까지 실린 후 필자 홍명희가 신간회 민중대회사건으로 투옥됨에 따라 중단되고 말았다.

「우공」 편을 이내 암송했을 정도로 일찍부터 발휘되기 시작한 홍명희의 유명한 기억력은 일생 동안 주위 사람들을 놀라게 하였다.

십대 때 조부의 사랑방에서 어른들이 한담하는 것을 곁에 앉아 듣고 있던 홍명희는 손님들이 가고 난 뒤 조부에게 '아까 아무개 대감께서 말씀하신 옛날 상소문에서 ○자는 ×자를 잘못 아신 게 아닌가' 하고 여쭈었다. 홍승목이 그 말을 듣고 혹시나 하여 책을 찾아 보니 과연 그 대감이 착각한 것이라, 나이 어린 손자 명희의 기억력에 탄복해 마지않았다고 한다.

이러한 홍명희의 특출한 기억력은 성인이 된 후에도 여전하여, 세간에서 수재로 알려져 있던 벗 최남선(崔南善)이나 정인보(鄭寅普)도 홍명희의 기억력에 관한 한 탄복을 금치 못하였다. 자신들은 책을 찾아 확인해 보고서야 아는 내용을 홍명희는 그냥 술술 외우곤 했다는 것이다.

한편 홍명희는 열한 살 무렵부터 중국의 고전소설들을 탐독하기 시작하였다. 처음 대고모부 집에서 『삼국지(三國志)』 한 질을 빌려다 놓고 첫 권부터 두서너 권은 집안 노인 한 분과 같이 배우면서 보았고, 그 다음부터는 혼자서 보았다.

그 뒤로는 소설 읽기에 반하다시피 하여 『동주열국지(東周列國誌)』 『서한연의(西漢演義)』 등을 탐독했으나, 그의 집에는 소설책이 별로 없을뿐더러 어른들이 보면 경서(經書)를 읽지 않고 소설 나부랭이나 읽는다고 꾸중을 듣게 되므로 몰래 보아야 했다. 뒤이어 서울에서 학교에 다닐 때 『수호지(水滸誌)』 『서유기(西遊記)』 『금병매(金甁梅)』 등 많은 중국 소설들을 빌려다 보았다.

이렇게 홍명희는 명문가의 장손으로 태어나 인산리 고가에서 수십 명의 대가족과 함께 생활하는 동안 조선시대 양반 사대부가의 전통적이고 귀족적인 생활문화에 철저히 젖어 있었다.

한국 근대작가들 중에는 최상층 양반 가문 출신이 극히 드물었다. 게다가 조선조 말에 그런 가문에서 태어나 왕조 시대의 분위기를 고스란히 체험하며 성장한 세대의 작가는 홍명희가 거의 유일하였다. 그러므로 그가 역사소설 『임꺽정』에서 조선시대 양반가의 풍속과 일상생활을 유례가 드물 정도로 생생하고 구체적으로 묘사할 수 있었던 것은 이 같은 그의 출신과 성장 환경에 크게 힘입은 것이다.

후일 홍명희는 신교육을 받고 다방면에 걸친 폭넓은 독서를 계속하여 서양의 근대문학과 신사상에 정통한 지식인이 되었다. 그러나 다른 한편 그는 유년 시절부터 쌓은 한학 소양을 바탕으로 평생토록 한문책을 가까이 하여 동양의 문(文)·사(史)·철(哲)에 두루 조예를 갖춘 한학자이기도 하였다.

식민지시기에 신교육을 받은 대부분의 지식인·문인들은 일본으로부터 서양의 근대 사상과 문학을 일방적으로 받아들여 우리 전통 문화에 대해 무지했던 것이 사실이다. 이와 달리 홍명희는 그처럼 든든한 뿌리를 가지고 있었기에 민족 주체적 입장에서 전통적인 것과 근대적인 것을 바람직하게 통합한 지식인으로 성장해 갈 수 있었다.

『임꺽정』이 서양 근대문학의 성과를 충분히 섭취하여 근대소설로서 높은 예술성을 성취하고 있으면서도 한편으로는 중국과 조선의 고전문학의 전통을 계승하여 민족문학적 색채가 농후한 작품이 된 것은 그 덕분이라 할 수 있다.

조혼하여 열여섯 살에 득남하다

홍명희는 열세 살 되던 1900년 참판 민영만(閔泳晩)의 딸 민순영과 혼인하였다. 여흥 민씨 삼방파(三房派)에 속하는 그의 처가는 명성황후 민씨의 일족으로서, 장인 민영만은 을사조약 당시 자결한 민영환(閔泳煥), 호조판서와 내부대신을 지낸 민영달(閔泳達)과 6촌간이었다.

후일 민순영이 장남 기문에게 두고두고 되풀이했다는 말에 의하면, 홍명희는 그렇게 이른 나이에 혼인했음에도 불구하고 "열세 살 먹은 어린 신랑이 어떻게 점잖고 비범하였던지 외갓집 상하(上下)가 깜짝들 놀래었다"고 한다. 당시에는 양반가 자제들이 여남은 살 때 조혼하는 것이 일반적인 풍습이었거니와, 일찍부터 신동으로 소문난데다가 조숙했던 홍명희는 명문가의 후손답게 남달리 의젓한 태도를 보여 처갓집 식구들의 탄복을 자아냈던 모양이다.

서울에서 시집온 민순영은 홍명희보다 세 살 위인 열여섯 살이었다. 이들은 당시의 관습대로 부모의 뜻에 따라 명문가 출신 간에 전형적인 조혼을 한 것이다.

민순영은 별로 미인도 아니고, 더욱이 다정하고 자상한 홍명희와 달리 다소 쌀쌀맞은 성격이었다. 그 대신 그녀는 염색이나 다듬이질 등 가사에 남달리 솜씨가 빼어났을뿐더러 매우 총명한 여성이었다. 결혼 후 그녀는 신학문을 공부한 남편으로부터 적지 않은 계몽을 받은 듯, 주변의 부인들에게 『삼국지』나 『나파륜(拿破崙, 나폴레옹)전』을 이야기해 주기도 하였다. 심지어는 그리스의 철인 디오게네스에 대해서도 알고 있을 정도였다.

홍명희와 부인 민순영. 뒤에 서 있는 이는 차남 기무이다.

홍명희는 후에 일본 유학을 하는 등 신학문과 신사상의 세례를 받았음에도 불구하고, 부모의 뜻에 따라 조혼한 부인 민순영과 평생 의좋은 부부로 지냈다. 후일 차남 기무(起武)는 자기 부친이 평생 외도를 모르는 사람이라며 "세상에 우리 어머니처럼 행복한 여자는 없다"고 말하곤 하였다. 민순영도 유달리 남편을 경애했지만, 홍명희 역시 당시의 가부장들이 일반적으로 몹시 근엄했던 것과 달리 자제들이 보는 앞에서도 부인을 아끼는 태도를 숨기지 않았다.

이광수(李光洙)를 비롯한 동시대의 많은 지식인·문인들이 조혼한 전처를 버리고 신여성과 재혼한 것과 달리, 홍명희는 구여성인 민순영과 해로하였다. 이에 대해 '칠거지악(七去之惡)을 범하지 않는 한 소박을 놓을 수 없는 양반가의 법도 때문이었다'든가, '자유연애의 세례를 받지 못한 점에서 홍명희는 역시 전근대적인 인간형에 속한다'고 보는 견해도 있을 수 있다.

그러나 단지 양반가의 법도 때문이라면 부인을 소박하지도 않겠지만 아끼고 위해 주지도 않았을 것이다. 홍명희는 미모의 신여성은 아니라도 현숙하고 총명한 부인 민순영이 나름대로 마음에 들었던 듯하다.

이와 아울러 후일 홍명희가 다른 여성에게 관심을 두지 않은 중요한 이유는, 국권을 상실한 우리 민족의 처지를 생각할 때 한가하게 신여성과의 자유연애 같은 개인사에 몰두하는 것을 스스로 용납하지 않았기 때문이다.

중국에서 독립운동에 가담하고 있던 젊은 시절에 쓴 일기에서 홍명희는 어느 날 길을 가다가 아름다운 이국 여성에게 일순 눈길이 쏠렸음을 고백하면서, '나라를 잃고 나라를 되찾고자 타국에 와 있는 내게 미인이 눈에 들어오다니 스스로 용서할 수 없다. 이 두 눈을 뽑아 버리고 싶다'고 자책하는 심정을 토로한 적이 있었다.[5)]

후일 「청춘을 어찌 보낼까」라는 글에서 그는 민족해방운동에 헌신해

5) 이 '일기'는 홍명희가 월북할 때 사돈이자 절친한 벗인 정인보의 집에 맡긴 책과 자료들 속에 들어 있었다고 하는데, 유감스럽게도 현전하지는 않는다(정인보의 셋째딸 정양완의 증언). 1941년 현상윤과의 대담에서 홍명희는 남양 시절 "내 진실한 고백을 써 보려고" 시도한 "노트"가 있다고 언급한 바 있거니와, 정인보가에 맡긴 일기란 바로 이 노트가 아니었을까 한다.

야 할 조선의 청년 남녀들이 연애 문제로 시간과 정력을 허비하는 것을 비판함은 물론 죄악시하기까지 하는 견해를 피력하기도 하였다. 경술국치와 그로 인한 부친의 순국 이후 그는 민족의 독립을 위해 헌신하는 수도승 같은 자세로 살고자 했던 것 같다.

장남 기문(호 대산〔袋山〕, 1903~1992)은 홍명희가 열여섯 살 되던 해에 태어났다. 손이 귀한 가문에서 일찍 태어난 장손 명희가 부친이 그를 낳았을 때보다 더 이른 나이에 아들을 낳으니, 홍씨 가문에서는 더할 나위 없이 큰 경사였다. 기문이 대여섯 살쯤 되었을 때 서울의 자택에서 찍은 것으로 추측되는 홍씨 일가의 대가족 사진에는 "본손과 지손이 5대에 걸쳐 화락하고 효성과 우애로 온 집안이 번창하네(本支五世樂 孝悌一家肥)"라 적혀 있어, 일가의 화락과 번창을 자축하고 있음을 볼 수 있다.

기문이 태어나자 불과 서른세 살에 조부가 된 홍범식은 아들 명희에게 준 하서(下書)에 『시경(詩經)』에서 따온 구절을 인용하여 "아직 사리를 모른다 하겠지만 너도 이제 자식을 본 몸이니라(雖曰無知 亦旣抱子)"라는 말로 훈계를 하였다. 후일 홍기문이 국어학자로 성장하여 『조선문법연구』를 출간할 때 그 서문에서 홍명희는 "나와 기문은 나이 15, 6세밖에 틀리지 않는, 망발로 형제와 같은 부자다"라고 서두를 떼면서 부친의 이 편지 구절을 인용하였다.

층층시하에서 이른 나이에 아들을 둔 홍명희는 기문이 어릴 때는 시시로 꾸중을 하고 매를 드는 엄부(嚴父)로 군림했으나, 기문이 장성한 후에는 부자간에 파격적일 정도로 격의 없이 지냈다. 그래서 홍명희와 홍기문은 부자간이지만 친구처럼 어떤 이야기든 서로 기탄 없이 하고,

맞담배를 피울 뿐 아니라 담배가 없을 때에는 서로 달라고 해서 피우기까지 한다고 하여 세간의 화젯거리가 되었다.

아우 성희와 마찬가지로 장남 기문 역시 식민지시기 신간회 활동, 해방 후 민주독립당 창당 등, 홍명희와 시종 정치적 운명을 함께하였다. 뿐만 아니라 그는 부친의 학자적 자질을 이어받아 후일 저명한 국학자가 되었다.

차남 기무(본명 기은(起殷))는 홍명희가 일본 유학을 마치고 돌아온 뒤인 1910년에 태어났다. 기무는 기문에 비해 사회적인 활동이 두드러지지는 않았으나, 난형난제(難兄難弟)라 해도 좋을 만큼 지적으로 뛰어났다. 그런 까닭에 홍명희는 "준재(俊才)인 두 아드님을 두어 이 두 아드님이 도리어 춘부장의 패기를 돋우어 드리는 형편"이라는 말을 들었다.

기무는 후에 부친의 절친한 벗이자 한학자로 유명한 정인보의 사위가 되었다. 그런데 그는 총명하고 박학다식했음에도 불구하고 옛날 선비 식으로 눈이 너무 높아서 월북 후에도 별다른 저술을 남기지 못한 채 일찍 세상을 떠나고 말았다. 그래서 홍명희는 "기문이는 되로 받아서 말로 팔아먹는데 기무는 말로 받아서 되로 팔아먹지도 못하는구나"라고 탄식했다고 한다.

홍명희가 중국과 남양에서 수 년간 체류하다가 돌아온 뒤인 1919년 삼남 기하(起夏)가 태어났다. 그러나 기하는 부친이 3·1운동으로 인한 옥고를 치르고 나온 직후 가정적으로 가장 어렵던 시기에 돌이 갓 지난 나이로 사망하였다.

그후 홍명희는 쌍둥이인 딸 수경(姝瓊)과 무경(茂瓊, 1921년생), 그리고 막내딸 계경(季瓊, 1926년생)을 두었다. 홍수경과 홍무경은 일제 말 이화여대 전문부를 졸업하면서 부친의 지도를 받아 각각 조선의 의복제도와 혼인제도를 고찰한 졸업논문을 썼다. 해방 후 『조선 의복·혼인 제도의 연구』라는 제목의 공저로 출판되기까지 한 이 논문들은 최근 들어 학계의 각광을 받고 있는 전통 생활사 분야의 선구적인 업적이라 할 수 있다.

신문학과 근대사상의 세례

서울 중교의숙에서 신학문을 접하다

홍명희는 열네 살 되던 해인 1901년 상경하여 이듬해 중교의숙(中橋義塾)에 입학함으로써 처음으로 신학문을 접하게 되었다. 홍씨 일가는 괴산 인산리 자택 이외에 서울 북촌에도 상당히 넓은 집을 소유하고 있었고, 조부 홍승목은 그 무렵 궁내부(宮內府) 특진관(特進官), 시강원(侍講院) 첨사(詹事) 등을 지내며 서울에서 생활하고 있었다. 부친 홍범식 역시 때마침 내부주사에 임명되어 벼슬살이를 시작하게 된 관계로 서울에 머물고 있었다.

신교육의 초창기였던 당시에는 완고한 양반 가정에서 자녀들을 학교에 보내는 경우가 극히 드물었다. 그런데 마침 조부 홍승목과 잘 아는 사이이던 중교의숙의 숙감(塾監, 교장)이 조부에게 신교육의 필요성을 역설하면서 신동으로 소문난 장손 명희를 자기네 학교에 입학시키라고 적극 권유하였다. 게다가 시세(時勢)의 변화를 아는 개명 관료였

대한제국시기의 홍명희 일가. 앉아 있는 이가 홍명희의 증조모 신씨. 중앙에 관복 입은 이가 조부 홍승목, 뒷줄 맨 왼쪽이 홍명희, 세 번째 양복 입은 이가 부친 홍범식, 맨 오른쪽이 홍명희의 처 민순영, 두 번째가 계모 조경식, 네 번째가 고모 홍정식, 앞줄 맨 왼쪽이 아우 성희, 네 번째가 장남 기문, 맨 오른쪽이 막내 누이 숙희, 두 번째가 누이 인희이다.

던 부친 홍범식이 말을 거들어 홍명희는 북촌 명문가의 자제로서는 이례적으로 신식 학교에 다니게 된 것이다.

중교의숙은 3년제로, 오늘날의 초등학교 과정에 해당하는 학교였다. 그러나 그 시절의 학교는 규모가 작아 학생수가 많지 않았고, 입학하는 학생들은 예닐곱 살 먹은 어린아이부터 스무 살 넘은 장정에 이르기까지 나이차가 심하였다. 그러므로 이미 장가들어 상투 틀고 망건을 쓴 열다섯 살의 홍명희가 그러한 학교에 다니는 것이 특별히 어색하지는 않았다.

홍명희가 매일 아침 학교에 간다고 인사드리면 조부는 말없이 2전

5리 백동(白銅) 한 닢씩을 주었다. 그렇게 받은 용돈으로 홍명희는 주로 담배를 사 피웠다. 당시 학교에는 처자 있는 나이든 학생들이 많아, 쉬는 시간이면 복도에 학생들이 피운 담배 연기가 자욱했다.

학교에 다녀오면 조부는 간간이 그를 사랑으로 불러들여 학교에서 무엇을 배우는지 아뢰도록 하였다. 그가 분부에 따라 일어책을 낭독하거나 아라비아 숫자를 써 보이면, 조부는 영특한 손자가 신기한 새 학문을 익힌 것이 재미나 "그게 다 무엇인고" 하며 웃었다. 간혹 조부가 기분이 안 좋을 때는 "메돝 잡으려다 집돝 놓치겠다. 글이나 읽을 걸 그러는가 보다" 하며 못마땅한 얼굴을 하는 경우도 있었다.

평소 호감을 가지고 있던 중교의숙의 숙감이 권하는데다 아들이 간청하는 바람에 장손 명희에게 신교육을 시키도록 허락하기는 했으나, 고루한 양반들의 말대로 쓸데없는 것을 가르치느라 시간 낭비를 하는 것은 아닌가, 신교육을 시킨다고 하다가 도리 모르고 경망스러운 인간을 만드는 것은 아닌가, 일말의 불안이 없지 않았던 것이다. '메돝(산돼지) 잡으려다 집돝(집돼지) 놓치겠다'는 조부의 뼈 있는 농담에서, 서구와 일본의 근대문명을 받아들이되 전통적인 학문을 아울러 지켜 나가려는 홍씨 집안의 개화관을 엿볼 수 있다.

홍명희가 중교의숙에 다니며 신학문을 익히던 무렵은 우리나라에서 처음으로 근대적인 학교 교육이 시작된 시기였다. 1894년 갑오개혁 이후 반포된 소학교령에 따라 근대적인 학교의 설립이 활발해졌는데, 이 학교들은 정부에 의해 설립된 관·공립학교와 민간에 의해 설립된 사립학교로 나뉜다. 그중 사립학교를 기독교계 학교와 민족계 학교로 나눌 때 홍명희가 다닌 중교의숙은 민족계 학교에 속한다.

중교의숙은 군부대신을 지낸 수구파의 거물 민영기(閔泳綺)가 1899년에 세운 시무(時務)학교를 이듬해 전 이조판서 심상훈(沈相薰)이 인수하면서 개명한 것이었다. 그에 따라 처음에는 법학 위주로 되어 있던 교과과정도 바뀌어, 일어·산술·물리·역사·법학 등을 포함한 다양한 과목을 가르쳤다.

홍명희는 그곳에서 초보적인 수준의 근대학문을 배웠으며, 일어과를 선택하여 일본어를 특히 중점적으로 배웠다. 그는 본래 두뇌가 비상하기도 했지만 재학 당시 학과 공부를 착실히 하여, 성적이 매우 좋았다. 중교의숙에 입학하던 해 첫학기에 차석을 했을 뿐, 만 3년간 수석을 내놓은 일이 없었던 것이다.

이와 같이 홍명희가 서울에서 생활하면서 중교의숙에 다니던 시기는 이른바 광무(光武)개혁기에 해당한다. 1897년 고종은 국호를 대한제국으로 고치고, 황제에 즉위하면서 광무 연호를 사용하기 시작하였다. 대한제국은 열강 간의 세력균형 속에서 자주독립을 지켜 나가기 위해 내정개혁을 단행하고 상공진흥정책을 추진하였다. 그에 따라 전등·전차·전화·전신 사업이 개시되고 철도가 부설되는 등 경제적·기술적인 면에서 눈에 띄는 발전이 이루어졌다.

또한 당시는 애국계몽운동이 본격적으로 전개되기 직전인 시점이었다. 따라서 아직 활발하지는 않으나마 학교 교육이 확대되어 가고, 근대적인 신문들의 영향력도 점차 증대해 갔다. 『황성(皇城)신문』과 『제국신문』 등이 발행되고 있었으며, 1904년부터는 『대한매일신보』가 나와 국민 계몽과 애국사상 보급에 큰 몫을 담당하였다.

당시 홍명희가 제국주의 침략에 맞서 부국강병의 근대국가를 추구하던 한국의 정치적 상황과 시대적 과제에 대해 어느 정도 정확한 인식을 지니고 있었는지는 분명치 않다. 그러나 조부와 부친이 대한제국의 개명 관료였고 그 자신 개화의 중심지인 서울에서 학교에 다니고 있었으므로, 같은 연배의 젊은이들 가운데서는 그러한 역사적 변화를 누구보다 예민하게 감지하고 있었을 것이다.

또한 충청도 산골에서 태어나 자란 홍명희는 서울에서 생활하는 동안 여러 면에서 새로운 문화적 체험을 하게 되었다. 그 무렵 서울에는 근대적인 문물이 속속 도입되면서 진기한 볼거리가 많이 생겨났다. 예컨대 홍명희가 상경하던 해인 1900년에는 한성전기회사가 서울 종로에 민간 가로등을 설치하여 최초로 전등이 밝혀졌고, 한강철교가 준공되어 경인철도가 개통되었으며, 신식 군악대가 창설되었다.

홍명희가 1920년대에 저술한 『학창산화(學窓散話)』 중의 '활동사진'이라는 항목을 보면 "활동사진을 처음으로 우리나라에 수입하기는 그 전 전기회사다"라고 하면서, 약 20년 전에 동대문전기회사 재목 적치장(積置場)에 호기심 많은 관객들이 재목 토막을 타고 앉아서 '원숭이의 물장난' '무도(舞蹈)하는 여자' 같은 유치한 활동사진을 보고 경탄하여 마지않던 모습을 소개하고 있다. 이는 1903년에 한성전기주식회사에서 활동사진을 상영한 광경을 묘사한 것인데, 아마 홍명희도 당시 구경꾼의 한 사람으로서 그 활동사진을 보았던 모양이다.

홍명희는 천성적으로 새로운 문물에 대한 호기심이 왕성하여, 그 세대 양반 출신의 지식인으로서는 예외적일 만큼 진취적인 안목과 취향을 가지고 있었다. 이러한 그가 신문물을 본격적으로 접하게 된 것은 바로 서울에서 신학문을 처음 공부하던 이 시기부터였던 것이다.

1905년 봄 홍명희는 중교의숙을 졸업하고 귀향하였다. 서울에서 학교에 다니는 동안 홍명희는 생활과 의식의 양면에서 커다란 변화를 겪었다. 어느덧 나이도 열여덟 살이나 되었고, 그간 장남 기문이 태어나 처자를 거느린 어른이 된 셈이었다. 20세기에 들어서 조금씩 근대적인 면모를 갖추어 가는 수도 서울에서 대도시생활도 체험했으며, 신학문을 배워 서양의 근대국가와 그 문물에 대해 초보적이나마 일정한 식견을 지니게 되었다.

그런데 학교를 마치고 다시 괴산에 내려와 생활하게 되니, 고루한 시골 양반가인 집안도 집안이려니와, 시골생활이 말할 수 없이 갑갑하게 느껴졌다. 유년 시절에는 괴산 외에 더 좋은 곳이 없고 자기 집 외에 더 좋은 집이 없는 줄로 알았던 것이, 서울생활에서 문견이 넓어지면서 점차 생각이 달라지게 되었던 것이다.

부친 홍범식은 지향 없는 시골생활에 생기를 잃고 시간을 허송하는 아들이 보기에 안타까웠다. 옛날 같으면 과거 공부에 매진했겠지만, 과거가 폐지되어 자신도 문과를 거치지 않고 관직생활을 시작한 참이었다. 홍범식은 아들에게 노느니 우선 사전(四傳) 『춘추(春秋)』나 읽으라고 달랬다. 그 말에 선뜻 다시 한문 공부를 시작한 홍명희는 50여 권이나 되는 사전 『춘추』를 끝까지 읽느라 『춘추』에 진저리가 났다.

이때 홍명희가 통독한 50여 권의 사전 『춘추』란 『춘추』의 「좌씨전(左氏傳)」 「공양전(公羊傳)」 「곡량전(穀梁傳)」과 아울러 남송의 호안국(胡安國)이 지은 「호씨전(胡氏傳)」을 말한다. 우리나라에서 한학 수업을 하는 이들이 대개 「좌씨전」 정도를 읽는 데 그쳤던 데 비해, 그는 상당히 깊이 있는 경전 공부를 한 셈이다.

그런데 당시 우연히도 같은 동리에 일본인 부부를 초청해 양잠 기술을 전수받고 있던 집이 있었다. 서울에서도 일본사람 구경하려면 진고개에 가야만 하던 시절이라, 괴산 같은 시골에서는 이 일본인 내외가 사람들의 구경거리가 될 만큼 희귀한 존재였다. 홍명희는 명색이 중교의숙 일어과 졸업생이었지만, 당시까지 일본인과 대화해 본 적이 별로 없었다. 그래서 그 일본인 부부가 기술 전수를 마치고 갈 무렵 부친의 허락을 받고 그들을 집으로 초빙하여 일어회화를 배웠다. 몇 달 동안 함께 기거하면서 집중적으로 개인교습을 받고 났더니, 일어 실력이 부쩍 향상되었다.

그러다가 급기야는 일본 유학을 결심하게 되었다. 일본인 부부와 같이 지내게 된 뒤로 도쿄에 가면 공부하기 좋다는 말을 노상 듣다 보니, 갑갑한 괴산에 엎드려 있느니 일본에 가서 공부나 할까 하는 생각이 들었던 것이다. 그러나 일본 유학을 가겠다고 하면 층층시하에 허락맡기가 힘들 것 같아, 때마침 귀국하는 일본인 부부를 따라나서 여행을 다녀오겠다고 떠났다가 가능하면 일본에 눌러앉아 공부를 하리라 마음먹었다.

그런데 일본 여행을 허락해 달라는 홍명희의 청에 대해, 부친은 뜻밖에도 일본에 가서 잠깐 구경만 하고 오느니 몇 해 동안 공부를 해 보라고 권유하는 것이었다. 부친은 그에게 일본에 유학 가서 법률을 배워 가지고 오라고 하였다. 갑오개혁으로 과거제가 폐지된 이후 한국에서는 정치학·경제학·법학 등을 전공하면 관계(官界)로 진출하기가 매우 유리했으므로, 홍범식은 장남이 법학을 전공한 후 조부와 부친의 뒤를 이어 관계로 나아가기를 바랐던 것이다. 그런 기대를 가진 부친이 증조모와 조부의 허락까지 맡아 주었으므로, 홍명희는 쉽사리 뜻을 이루게 되었다.

도쿄 다이세이 중학교에 유학하다

홍명희가 어렴풋이나마 세계에 대한 지식을 갖게 된 것은 유년 시절부터였다. 그의 유년 시절 인산리 고가에는 당시 시골집으로서는 드물게 이마두(利馬竇, 마테오 리치〔Matteo Ricci〕)의 「곤여전도(坤與全圖)」(세계지도) 병풍이 있었다. 어린 홍명희는 "조그만 땅이 왜국(倭國)이다", "큰 덩이가 중원(중국)이다" 하고 붓장난으로 병풍에 먹칠을 하면서 조선 이외에 여러 나라가 있는 것을 알게 되었다.

또한 홍명희는 어린 시절 증조모로부터 임진왜란 때 승병을 일으켜 왜적을 물리친 사명당(四溟堂) 이야기를 듣고 감명을 받았다. 그후 일가 어른의 저작이라고 주위에서 권하여 홍양호의 『해동명장전(海東名將傳)』을 읽었다. 따라서 이웃에 일본이라는 나라가 있어 옛날에 조선을 침략했다는 사실과 아울러, 사명당과 이순신(李舜臣)을 위시한 많은 애국 명장들이 왜적을 물리치고 나라를 지켰다는 사실을 알았다.

조선조 말에 시골에서 태어나 자란 홍명희가 유년 시절부터 희미하나마 세계 지리와 역사에 대한 지식을 가졌던 것은 홍씨 가문이 그만큼 개명한 집안인 덕분이었다. 어린 시절 그는 집안 어른들로부터 일상적으로 유익한 고사(故事)를 들을 수 있었고, 집안에는 도서관을 방불케 할 만큼 책이 많았다. 더욱이 그 시절 「곤여전도」를 소장한 것은 조선 후기 실학의 세례를 받은 학자 집안에서나 볼 수 있는 일이었다.

이처럼 홍명희는 유년 시절부터 일본의 존재를 알았고 중교의숙 일어과를 졸업하기까지 했으나, 일본 유학을 하게 된 것은 의외의 일이었다. 여기에는 물론 그의 남다른 학구열과 호기심이 작용했겠지만, 우연히 괴산 같은 시골에 양잠 지도차 일본인 부부가 와 있어 그들을 만날 수 있었던 행운도 크게 작용하였다.

당시까지도 머리 길러 상투를 틀고 있던 홍명희는 일본 유학을 앞두고 집안 어른들의 허락을 받아 단발(斷髮)을 감행하였다. 그리고 1906년 초 귀국길에 오른 그 일본인 부부를 따라 부산으로 가서 윤선(輪船)을 탔다. 배로 현해탄(玄海灘)을 건너 오사카〔大阪〕에 도착하여 그곳에서 3, 4일간 묵은 다음, 기차를 타고 도쿄에 도착하였다.

도쿄에서는 신교역(新橋驛) 앞 여관에서 며칠 묵다가 본향구(本鄕區)의 옥진관(玉津館)이라는 여관 겸 하숙집으로 옮겨 그곳에서 반 년 넘게 하숙생활을 하였다. 그 뒤로는 당시 유학생들이 흔히 그랬던 것처럼 몇몇 동료들과 함께 집을 얻어 밥 짓는 하녀를 두고 공동생활을 하였다.

홍명희가 일본 유학을 떠나기 전까지만 해도 재일 한인 유학생들은 관비 유학생이 주류를 이루었으나, 1905년경부터는 사비 유학생이 급격히 늘어났다. 애초에 홍명희는 당시 학부(學部)에서 선발하여 보내는 관비 유학생이 되어 일본으로 가려 했으나, 집안에서 허락하지 않아 사비 유학을 하게 된 것이었다.[6)]

대지주이자 고위 관료 집안이었던 홍씨가에서는 그에게 넉넉하게

6) 「그들의 청년학도시대—홍명희씨」, 『조선일보』 1937년 1월 5일자. 학부는 대한제국시기 교육에 관한 일을 맡아 보던 관청이다.

매월 25원씩 학자금을 보내 주었다. 게다가 방학 때 간간이 일시 귀국하면 50원이나 100원쯤 목돈을 타 오곤 했으므로, 그는 다른 데 낭비하지 않는 대신 마음껏 책을 사 볼 수 있었다.

홍명희는 우선 도요〔東洋〕 상업학교 예과 2학년에 편입하여 다니면서 영어·수학 강습소에 다니고 광물·식물 개인교습을 받는 등 착실히 진학 준비를 하였다. 그러다가 1907년 봄 보결시험에 합격하여 다시 다이세이 중학교 3학년에 편입한 뒤, 1909년 말까지 그곳에서 수학하였다.

출국 전에 부친도 그에게 법학을 전공하라고 권유했었지만, 일본에서 홍명희가 만난 한국인들도 대부분 가급적 단축된 경로로 대학의 법과나 정경과(政經科)에 들어가라고 권유하였다. 그것이 귀국 후 출세를 보장하는 가장 빠르고 확실한 길이었기 때문이다. 그러나 그는 일본어를 철저하게 배우고 신학문을 기초부터 다지기 위해 중학교에 입학한 것이다.

그는 보결시험을 준비하던 도요 상업학교 시절과 다이세이 중학교에 편입한 직후의 첫 학기에는 공부를 매우 열심히 하였다. 그러나 그 후부터는 독서에 탐닉하여 결석이 잦고 학과 공부는 등한히 했는데, 그럼에도 불구하고 석차가 항상 1, 2등일 정도로 성적이 좋았다.

그리하여 심지어는 그의 학업성적이 뛰어나다는 사실이 일본 신문에 보도된 적도 있었다. 『만조보(萬朝報)』 1909년 6월 4일자에는 다음과 같은 내용의 기사가 교복을 입은 홍명희의 사진과 함께 실렸다.

한인 수재

일본에 체류중인 한인들 사이에 수재라는 소문이 높은 홍명희(22세)

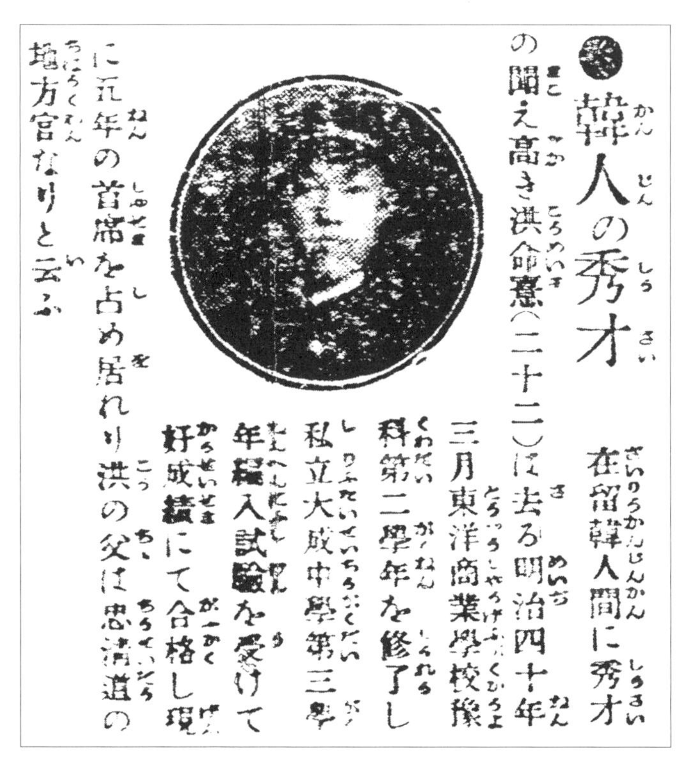

韓人の秀才

在留韓人間に秀才の聞え高き洪命憙(二十二)は去る明治四十年三月東洋商業學校豫科第二學年を修了し私立大成中學第三學年編入試驗を受けて好成績にて合格し現に五年の首席を占め居れり洪の父は忠清道の地方官なりと云ふ

도쿄 다이세이 중학교 재학시 일본 신문에 '한인 수재'라고 소개된 홍명희의 사진과 관련 기사

는 지난 메이지〔明治〕 40년 3월 도요 상업학교 예과 2학년을 수료하고, 사립 다이세이 중학 제3학년 편입시험을 보아 좋은 성적으로 합격하여 현재 5학년의 수석을 차지하고 있는데, 홍의 부친은 충청도의 지방 관리라고 한다.[7]

7) 이 점에 대해서는 필자가 『벽초 홍명희 연구』(창작과비평사, 1999, 41쪽)에서 언급한 후, 하타노 세츠코 교수가 『만조보』의 자료를 찾아 더욱 소상하게 밝혔다. 홍명희가 『만조보』에 소개된 것은 "3년에서 1번으로 4년에 승급하였을 때"라고 한 그 자신의 회고와 달리, 5학년 때인 1909년의 일이었다(波田野節子, 「洪命憙の東京留學時代」, 『新潟大學言語文化硏究』 第6號, 2000. 12, 132面). 『만조보』의 기사 중 '충청도'는 '전라도'의 오류이다.

당시 태인군수로 재직중이던 부친 홍범식은 일본인 순사가 보여 준 『만조보』에 아들을 칭찬하는 기사가 실린 것을 보고 몹시 기뻐하였다. 후일 홍명희는 자신은 별로 대수롭지 않게 여기던 학업성적으로 인해 부친을 기쁘게 해 드린 이 일화를 소개하면서, "이것은 나의 종생(평생) 잊히지 아니할 자랑의 하나이다"라고 하여 부친을 추모하는 심정을 드러내었다.

다이세이 중학교에 다니던 홍명희는 이처럼 성적은 좋았으되 실상은 학교 공부를 게을리한 대신, 광범한 독서, 특히 문학서적 탐독에 빠져들었다. 3학년 2학기 말 휴가 때 우연히 고서점에 들어가서 책을 사기 시작한 이후, 그는 놀라운 열정으로 독서에 탐닉하였다. 하루나 이틀에 책 한 권씩을 독파할 정도로 독서에 몰입하니, 책을 읽느라 밤을 지새우기 일쑤였다. 밤을 새우고 낮잠을 잔다고, 또 뒷간에서 책을 읽느라 시간을 끈다고 하숙집 동료들의 불평이 자자하였다.

어느 날 저녁 홍명희가 투르게네프의 소설 『부초(浮草)』(원제 『루딘』)를 사다가 처음 몇 페이지째 읽고 있을 때 몇몇 유학생들이 같은 방을 쓰는 동료를 찾아왔다. 아는 처지라 부득이 독서를 중지하지 않을 수 없게 된 홍명희는 책이 보고 싶어 좀이 쑤시는데, 그 친구들은 기염을 토하느라 갈 생각을 안 하였다. 참다 못해 홍명희는 용변이 급한 양 한 손에 램프를 들고 한 손에 책을 들고 뒷간으로 들어갔다. 그곳에서 소설이 재미있어 조금만 더, 조금만 더, 하다가 한 권을 다 읽고 말았다. 그러고 나서 일어서려니 한참 동안 오금이 붙어 고생했거니와, 하숙방에 돌아와 보니 방문객들은 다 가고 자리를 깔고 누워 있던 동료가 '전무후무한 굉장한 뒤를 본 모양'이라고 조롱하는 것이었다.

이와 같은 광적인 독서열은 그 이후 평생 동안 계속되어, 홍명희는 조선 지식인들 사이에서 제일의 다독가(多讀家)로 손꼽힐 정도였다. 그가 후일 『소년』 지를 비롯한 몇몇 잡지에 서양 문학작품의 번역문을 실은 것이나, 저서 『학창산화』에서 문학·역사·철학·사회과학·자연과학 등 다방면에 걸친 동서고금의 이색적인 지식들을 소개할 수 있었던 것도 유학 시절부터 시작된 이러한 폭넓은 독서에 힘입은 것이었다.

당시 일본은 러일전쟁에 승리한 후 국제적인 지위가 현격히 격상되고 경제와 산업이 비약적으로 발전함으로써 천황제 국가가 비로소 내실을 갖추게 된 상황이었다. 국민들 사이에서는 언론 자유와 의회제 등 민주주의적인 제도에 대한 요구가 높아지고 있었으며, 개인주의적 자유주의적 풍조가 널리 퍼져 가고 있었다.

한편 일본 문학사에서 이 시기는 근대문학의 확립기요 자연주의의 전성기로 일컬어진다. 또한 러일전쟁을 전후하여 급속하게 러시아에 대한 관심이 높아지면서, 러시아 문학이 활발하게 번역 소개되던 시기였다. 그리고 사상 면에서는 자본주의 발달에 따른 사회모순의 심화로 말미암아 사회주의에 대한 관심이 일기 시작하던 시기였다.

고국에서 한학을 수학하고 중교의숙 일어과를 졸업한 위에 일어회화까지 익혀 남달리 유학 준비를 튼실히 해 온 홍명희는 독서를 통해 당시 일본 문단과 사상계의 조류를 민감하게 받아들였다.

유학 시절 홍명희는 다양한 분야의 서적들을 두루 탐독했으나, 독서의 중심은 단연 문학서적들이었다. 그는 러시아 문학에 심취한 나머지 당시 활발하게 일역(日譯)되고 있던 러시아 문학작품들을 거의 빠짐없이 수집 탐독하였다.

그리고 영국의 낭만주의 시인 바이런(G. G. Byron)의 작품들도 애독하였다. 이때 홍명희는 바이런에 심취한 나머지, 바이런의 작품 「카인」에서 따와 자신의 호를 가인(假人)이라고 짓기까지 하였다.

당시의 일본 작가들 중 그가 가장 큰 관심을 갖고 있던 작가는 메이지 문단의 독보적인 존재로 평가되던 소설가 나쓰메 소세키〔夏目漱石〕였다. 그와 아울러 시마자키 도손〔島崎藤村〕, 다야마 가타이〔田山花袋〕, 도쿠토미 로카〔德富蘆花〕, 마야마 세이카〔眞山青果〕, 마사무네 하쿠초〔正宗白鳥〕 등 주로 일본 자연주의 작가들의 작품을 즐겨 읽었다.

당시 일본에서 자연주의 소설은 풍기를 문란케 한다는 이유로 발매 금지되는 경우가 흔했다. 그로 인해 발매 금지된 책들에 유별난 애착과 호기심을 갖게 된 홍명희는 급진적인 사상서에도 자연스럽게 접하게 되어, 그 시기에 이미 러시아 무정부주의자 크로포트킨(P. A. Kropotkin)의 『빵의 약탈』까지 읽었다.

후일 홍명희는 '침통하고 사색적인' 러시아 문학이 자신의 기질에 맞다고 술회한 적이 있다. 이처럼 당시 그가 러시아 문학에 탐닉한 것은 그 속에 함축되어 있는 사회현실에 대한 깊은 관심과 진지한 인생 탐구의 정신, 그리고 거기 흔히 등장하는 인생에 패배한 허무주의적 인간상에 끌렸기 때문이었을 것이다.

바이런이나 일본 자연주의 작가들의 작품은 이른바 악마주의적 성향으로 인해 홍명희에게 깊은 영향을 끼쳤던 것으로 보인다. 바이런은 정치적 압제를 규탄하는 이상주의를 노래하기도 했지만, 다른 한편 비사회적인 인물을 내세워 기존의 도덕관과 가치관을 통렬히 풍자·비판했는데, 주로 그 점에서 당시 일본의 청년 독자들에게 폭발적인 인기를 얻었다.

낭만주의의 연장선상에서 출현했던 일본 자연주의 문학 역시 기존 도덕에 대한 도전이라는 점에서 바이런의 문학과 일맥상통한다. 일본 자연주의 작가들은 특히 인간의 애욕을 적나라하게 파헤쳐 '현실 폭로의 비애'를 보여줌으로써 인생의 진실을 있는 그대로 드러내고 기존 도덕에 대한 도전을 표현하고자 하였다.

나쓰메 소세키는 자연주의적 시류에 동화되지 않고 독자적인 문학 세계를 개척한 작가로 평가된다. 그의 작품은 일본 사회가 서구적 근대화로 치닫게 됨에 따라 빚어진 윤리적인 갈등, 즉 서구적 개인주의와 전통적인 가치관 간의 갈등을 문명비평적이고 풍자적인 작풍으로 그려냈다. 홍명희는 나쓰메 소세키의 이러한 문제의식에 깊이 공감하였다.

그 무렵 홍명희는 일본 유학으로 늦깎이 중학생이 되면서 뒤늦게 사춘기를 맞게 된 셈이었다. 따라서 그는 바이런과 일본 자연주의 작가들의 작품에 드러난 반항정신에 공감하는 한편, 나쓰메 소세키가 제기한 개인주의의 문제에 크게 공감하게 되었던 것 같다.

후일 「청춘을 어찌 보낼까」라는 수필에서 홍명희는 일본 유학 시절에 '실없는 생각을 적은 것'이라는 단서를 달아, 옛날 자기 글의 한 구절을 인용 소개하였다. 그 글에서 홍명희는 우리 조선 청년의 생활 내용이 남달리 '고담(枯淡)하고 공소(空疎)' 한 가장 큰 이유는 어른들의 '간섭·유린(蹂躪)이 심한 것'이라고 하면서, "청년들이 고통을 면할 수단으로 '후레자식 구락부(클럽)' 같은 것을 모으면 어떠할까. 이것이 일종 묘안이 아닐까?"라고 자문하고 있다.

고국에서 홍명희는 명문 사대부가의 장손으로서 일찍 처자를 두고 전통적인 신분제도와 가부장제의 압력에 눌려 지낼 수밖에 없었다. 그러다가 단신으로 도일하여 유학생활을 하다 보니, 태어나서 처음으로 한껏 자유로운 생활을 누리게 된 위에 광범한 독서를 통해 서구와 일본의 자유주의적인 문화를 맛보게 된 것이다. 그 결과 '후레자식 구락부'를 공상한 데에서도 엿볼 수 있듯이 내면적으로나마 철저하게 전통을 부정하는 과정을 겪게 된 것으로 보인다.

한편 러일전쟁 이후 일본에서는 사회주의에 대한 관심이 대두되었으나, 극히 일부 지식인들이 초보적인 사회주의 사상에 접한 데 지나지 않았다. 게다가 1920년대 일본에 유학하여 좌익사상의 세례를 받은 한국의 첫 세대 문인들도 실은 정통 맑스주의 서적이 아니라 민중운동의 이념을 피력한 서양 소설들을 통해 사회주의에 접근한 것이었다. 이에 비추어 볼 때 홍명희가 1900년대에 이미 크로포트킨의 무정부주의 사상에 접했다는 사실은, 급진사상의 수용에서도 매우 앞섰음을 말해주는 것이라 하겠다.

일본 유학 시절에 홍명희는 후일 우리나라 근대문학사와 사상사에 뚜렷한 자취를 남긴 인물들과 만나 깊은 우정을 나누었다.

도쿄에 도착한 직후 난생 처음 고국을 떠나 차별과 외로움을 뼈저리게 느끼고 있던 홍명희는 옥진관의 하녀로부터 이 집에 당신과 같은 한국사람들이 하숙하고 있다는 말을 듣고 눈물겹도록 반가웠다. 그때 하숙집에서 처음으로 만난 고국 사람이 호암(湖巖) 문일평(文一平)이요, 그 다음에 만난 사람이 춘원(春園) 이광수였다.

후일 저명한 민족사학자가 된 문일평은 의주 출신 부호의 자제로서, 1906년 당시 홍명희와 동갑인 열아홉 살이었다. 그는 홍명희보다 한

해 전 도쿄에 도착하여 일본어를 배우고 진학 준비를 한 후, 1907년 중학과정인 메이지〔明治〕 학원 보통부에 편입하였다. 따라서 학교는 다르지만 홍명희와 같은 학년으로 학창생활을 하였다.

당시 문일평은 역사와 정치에 대해 깊은 관심을 지니고 고국의 정세에 대해 비분강개해 마지않는 지사형의 청년이었다. 그는 홍명희와 동갑인데다가 비슷하게 유복한 가정 출신이며, 한학을 수학한 위에 신학문을 공부하려는 박학다식한 유학생이었으므로, 홍명희와 여러 면에서 의기투합하였다.

홍명희가 이광수를 처음 만난 것은 옥진관 부근 공중목욕탕에서였다. 이광수의 회고에 의하면, 목욕탕에 갔더니 '이마에 망건 자국이 허옇게 난 청년 한 분'이 곁에서 몸을 씻고 있는데 암만 보아도 조선사람 같아 성명 3자를 물었더니 "나는 홍명희요" 하더라는 것이다.

홍명희보다 네 살 아래였던 이광수는 어린 시절 고아가 된 후, 우여곡절 끝에 일진회(一進會) 유학생으로 선발되어 1905년 도쿄에 도착하였다. 이듬해 다이세이 중학교에 입학했으나 학비가 끊겨 중도에서 귀국한 뒤, 1907년 재차 도일하여 문일평과 같은 메이지 학원 보통부 3학년에 편입하였다. 후일 이광수는 유학 시절 홍명희와의 교우에 대해 다음과 같이 회상하였다.

> 홍명희 군을 만난 것이 을사년경이라고 기억되는데 군이 19세 내가 15세 때인가 합니다. 그후 4년간 군과의 교유는 끊긴 일이 없는데 그는 문학적 식견에 있어서(나) 독서에 있어서나 나보다 늘 일보를 앞섰다고 생각합니다. 바이런이나 나쓰메 소세키나 또는 체호프, 아르체이바셰프

등 러시아 작가의 작품에 내가 접하기는 홍군의 인도에서입니다. 홍군은 예나 이제나 누구에게 무엇을 권하거나 지로(指路)하는 태도를 취하는 일이 없거니와 홍군이 말없이 책을 빌려 주는 것으로 나의 지도자가 되었다고 생각합니다. (……)

홍명희 군은 비록 나와 같은 학년의 중학생이지마는 나이도 나보다 4년이나 위일뿐더러 한학의 소양이 있는데다가 재조가 출중한 이라 문학서를 탐독함이 심히 많았고, 또 그때에 아직 가세도 그리 빈한치는 아니하였던지 사고 싶은 책을 살 자유가 있었던 듯하였습니다. 그런데 홍군이 나를 사랑하는 품이 자기가 산 책은 반드시 나에게 주어서 읽게 하였습니다. 바이런의 「카인」「해적」「마제바」「돈주안」 등은 우리 두 사람의 정신을 뒤흔들어 놓은 듯합니다.

홍군은 나와 문학적 성미(性味)가 다른 것을 그때에도 나는 의식하였습니다. 홍군이 좋아하고 추장(推奬)하는 나가이 가후〔永井荷風〕의 「프랑스물어(物語)」「아메리카물어(亞米利加物語)」 같은 것은 내 비위에 맞지 아니하였고 도리어 톨스토이 작품같이 이상주의적인 것이 마음에 맞았습니다. 홍군은 당시 성(盛)히 발매금지를 당하던 자연주의 작품을 책사를 두루 찾아서 비싼 값으로 사 가지고 와서는 나를 보고 자랑하였습니다. 그때에 동경에서는 일로전쟁(러일전쟁) 직후로 자연주의가 성행하고 악마주의적 사조가 만연하던 때인데 이것은 문학에서뿐 아니라 청년들의 실천에서까지 침윤되었습니다.[8)]

---

8) 이광수, 「나난한 반생의 노정」, 『이광수 선집』 제8권, 우신사, 1979, 447쪽. 이 글에서 이광수가 홍명희와 알게 된 해로 기록한 을사년은 1905년이지만, 홍명희가 19세, 이광수가 15세이던 해는 병오년인 1906년이다. 더욱이 이광수는 같은 글에서 자신이 도일한 해를 을사

홍명희와 이광수는 나이도 차이 나고 더욱이 출신 계층과 성장과정이 현격히 달랐지만, 이국에서 만난 동포 유학생이자 문학적 열정을 같이하는 젊은이로서 이내 서로에게 이끌렸던 듯하다. 문일평은 홍명희에게 역사와 정치에 대한 관심을 나눌 수 있는 벗이기는 했지만, 아무래도 문학적 감수성과는 거리가 멀어, 문학에 대한 관심과 취미를 공유할 수 있는 벗은 되지 못하였다. 반면에 감수성이 예민하고 문학소년적 기질이 다분한 이광수는 한창 문학에 탐닉해 있던 홍명희에게 더욱 가까운 벗이 되었던 것이다.

그런데 이광수의 고백에서 드러나듯이 두 사람은 대등한 우정을 나누었다기보다는, 홍명희가 당시의 이광수로서는 따라가기 어려운 높은 수준에서 그를 정신적으로 지도하는 그런 관계였던 것 같다.

한편 이광수가 이 시기에 이미 두 사람의 문학적 취향이 서로 달랐다고 한 것은, 나중에 이들이 각기 특색 있는 역사소설의 경지를 개척해 나간 사실을 이해하는 데 시사하는 바가 크다. 후에 이원조(李源朝)는 작가로서 홍명희와 이광수를 각각 우리 문단의 대표적인 사실주의자와 이상주의자로 규정했거니와, 이러한 두 사람의 문학상의 본질적인 차이가 흥미롭게도 학창 시절의 독서 취향에서부터 이미 드러났던 것이다.

도쿄 유학 시절 홍명희가 교분을 맺었던 또 한 사람의 중요한 인물은 육당(六堂) 최남선이다. 홍명희보다 두 살 아래였던 최남선은 서울에서 부유한 중인 집안의 차남으로 태어나 유년 시절부터 한문을 배웠으며, 한때 경성학당에서 신학문을 공부했다.

년이 아닌 갑진년이었다고 하여 착오를 일으키고 있으므로, 이들 두 사람이 처음 만난 것은 1906년 초였다고 보아야 할 것이다.

그는 일찍이 1904년 황실 특파 유학생으로 도일했다가 곧이어 중도 귀국하였다. 1906년 재차 도일하여 와세다〔早稻田〕 대학 고등사범부 역사지리과에 입학했으나, 모의국회사건으로 또다시 학교를 중퇴하고 그해 연말에 귀국하였다.

귀국 후 최남선은 서울에서 인쇄소 겸 출판사인 신문관(新文館)을 창설하고, 1908년 11월에 『소년』 지를 창간 발행하였다. 1909년 11월부터 이듬해 2월 사이에는 일본을 일시 방문하기도 했다.

홍명희가 그를 처음 만난 것은 최남선이 두 번째로 도쿄 유학을 하게 된 1906년이었던 것으로 보인다. 최남선의 시조집 『백팔번뇌(百八煩惱)』의 발문에서 홍명희는 자신과 최남선 간의 교우에 대해 다음과 같이 술회하였다.

> 육당과 나는 20년 전부터 서로 사귄 친구다. 성격과 재질에는 차이가 없지 아니하지마는, 사상이 서로 통하고 취미가 서로 합하여 가로에 어깨 겯고 거닐며 세태를 같이 탄식도 하고 서실(書室)에 배를 깔고 엎드려 서적을 같이 평론도 하였었다. 내가 남의 집에 가서 자기 시작한 것이 육당의 집에서 잔 것이며, 육당이 북촌 길에 발 들여놓기 시작한 것이 내 집에 온 것이었었다.[9]

홍명희와 최남선은 양반계급과 중인계급 출신이라는 신분상의 차이가 있음에도 불구하고, 두 사람 다 일찍이 고국에서 한학을 수학하고

9) 홍명희의 발문(최남선, 『백팔번뇌』, 동광사, 1926 ; 『벽초자료』, 48쪽).

신학문을 접했다든가, 양가의 가문이 계층은 달랐다 하더라도 각기 나름대로 시세에 민감하여 개명한 분위기에서 성장했다는 등의 공통점이 있었다. 더욱이 최남선은 한문과 역사에 조예가 깊은데다가 신문학에 뜻을 둔 문학청년이기도 했으므로, 처음 만났을 때부터 두 사람은 서로 관심과 취미가 일치됨을 느꼈던 것이다.

홍명희는 문일평·이광수와 함께 있던 하숙집 옥진관을 떠나, 다른 동료들과 함께 집을 얻어 지내고 있을 때 최남선을 알게 되었던 듯하다. 도쿄에서 두 사람은 짧은 기간이나마 매우 친밀한 우정을 나누었다.

최남선이 학업을 중단하고 귀국한 뒤로는, 홍명희가 방학을 맞아 일시 귀국할 때 서울에서 만나곤 했다. 최남선이 감히 양반들이 살고 있던 서울 북촌의 홍명희 집을 방문하기도 하고, 홍명희가 중인 가정인 최남선의 집에 놀러 갔다가 처음으로 남의 집에서 자고 오기도 하였다.

1909년 말 최남선이 잠시 도일했을 때 홍명희는 이광수를 그에게 소개하였다. 홍명희의 숙소에서 처음으로 자리를 같이한 이들 세 사람은 문학에 대한 열정을 토로하면서 조선의 신문학 건설에 관한 구상을 함께 하였다. 세 사람이 습작한 작품을 모아 삼인집(三人集)을 내 보자는 이야기도 나왔다. 그러한 계획은 끝내 실행되지는 못했지만, 홍명희와 이광수가 도쿄 유학을 마치고 귀국한 뒤에도 거듭 이야기되었다.

이러한 유학 시절의 만남을 계기로 최남선이 발간하던 『소년』 지에 이광수는 본격적인 필자로 등장하여 이른바 2인 문단 시대를 열게 되며, 홍명희는 그처럼 활발하지는 않았지만 『소년』 지에 몇 편의 번역문을 실어 이들과 함께 문단활동을 한 셈이다. 홍명희·최남선·이광수 세 인물에 '조선 삼재(三才)' 즉 조선의 세 천재라는 칭호가 따라다니

일본 유학 시절 친구들과 함께 찍은 사진. 오른쪽이 홍명희이다.

게 된 것도 그 무렵부터였다.

도쿄에 유학하는 동안 홍명희는 일본인 학우들과는 별로 친밀한 교우를 맺지 않았던 것 같다. 그런데 후일 「대 톨스토이의 인물과 작품」에서 홍명희는 도쿄 유학 시절 자신이 톨스토이에 접한 과정을 설명하면서, 한 일본인 학우에 대해 언급하였다. 그의 권유로 톨스토이의 『나의 종교』를 읽었으나 별로 감명을 받지 못했을뿐더러, 기독교적 색채를 싫어했던 자신은 그와 논쟁하면서 기독교를 통렬히 비판하곤 했다는 것이다.

그 글에서 홍명희는 그 일본인 학우의 이름을 끝내 밝히지 않은 채, "나의 동창생으로 전학하여 춘원의 동창생이 된 사람"이라고만 지칭하였다. 그런데 이광수의 회고담으로 미루어 보면 그는 이광수를 톨스토이의 사상으로 인도하여 깊은 감화를 받게 했다는 야마자키 도시오〔山崎俊夫〕임이 분명하다. 젊은 시절 문단에 데뷔하여 한때 문학활동을 했던 야마자키 도시오는 먼 훗날 한 수필에서 홍명희에 대해 다음과 같이 회상하였다.

> 동급생으로 홍명희라는 이름의 조선인이 있었다. 살갗이 희고 미목수려한 얼굴이어서 "자네는 조선 왕실의 친척인가" 하고 내가 물어 본 적까지 있었다.
>
> 홍군에게는 친구가 별로 없었고 또 나도 그다지 사교가가 아니었기 때문에 우리는 언제부터인가 아주 친한 친구가 되었다. 그는 한국에서 멀리 일본까지 유학 올 정도니까 상당히 여유가 있는 집의 자제였을 것이다. 원락정(猿樂町)에 있는 그의 하숙집 책상 위에는 값진 신간서가 산더미같이 쌓여 있어서 가난한 학생이었던 나는 언제나 홍군에게서 빌려 읽었다.
>
> 톨스토이, 마쓰무라 가이세키〔松村介石〕, 도쿠토미 로카, 나쓰메 소세키 등에 심취해 있던 나를 야유하면서 그는 사상적인 것, 철학적인 것, 사회학적인 것에 기울어 가는 경향이 있었다.[10)]

여기에서 일본인 학우에게도 여러 모로 외경스러운 존재였던 중학 시절 홍명희의 면모를 엿볼 수 있다 하겠다.

---

10) 山崎俊夫, 「輕蔑」, 『山崎俊夫作品集 補卷1』, 奢灞都館, 111～112面(하타노 세츠코, 「동경 유학 시절의 홍명희」, 『충북작가』 2003년 겨울호, 201～202쪽에서 재인용).

대한흥학회 활동과 민족의식의 성장

일본 유학은 홍명희에게 여러 면에서 새로운 체험과 지식에 접할 수 있는 기회를 제공했지만, 그 중에서도 특히 민족의식의 성장이라는 면에서 결정적인 계기가 되었다.

중교의숙 시절 서울에서 생활하며 신교육을 받으면서부터 홍명희는 제국주의 열강의 각축 아래 놓인 고국의 운명에 대해 어느 정도 인식을 갖고 있었다. 그후 때마침 러일전쟁에 승리를 거두고 조선을 식민지화하려는 야욕을 노골화해 가고 있던 일본 땅에서 조선인에 대한 차별을 피부로 느끼면서 생활하는 동안 그는 제국주의 침략의 본질을 명확히 인식하고 반일감정을 내재화할 수 있게 되었다.

그러한 홍명희의 인식상의 전환은 그 무렵 그가 『대한흥학보(大韓興學報)』에 기고한 글들에서 분명히 드러난다.

대한흥학회는 1905년 이후 재일 조선인 유학생들 사이에 경쟁적으로 조직되어 분열 대립하고 있던 태극학회 · 대한학회 · 공수회(共修會) · 연학회(硏學會) 4개 학회가 통합하여 1909년 1월에 발족한 단체였다. 이 학회는 일본 유학생들의 친목단체이기는 했지만, 계몽적인 학회지 『대한흥학보』를 발간하고 이를 유학생들은 물론 고국의 지식인 독자들에게까지 널리 보급함으로써 애국계몽운동에 일익을 담당하고자 하였다.

홍명희가 대한흥학회에 참여한 것은, 이 학회가 일제의 국권 침탈을 목전에 둔 시점에서 애국계몽운동에 나서고자 한데다가, 종래 분열되어 있던 유학생 단체들을 통합한 조직이었기 때문이다. 그는 학회 창립시 편찬부의 일원으로 선임되어, 1909년 3월 창간호부터 10월호까지 월간 『대한흥학보』의 편찬에 관여하면서 적극적으로 기고하였다.

『대한흥학보』에 실린 글들 중 홍명희의 글로 확인되는 것은 논설문 「일괴열혈(一塊熱血)」, 한시 「우제(偶題)」, 애도문인 「조배공문(弔裵公文)」, 그리고 물리학과 역사 지리 지식을 소개한 「원자 분자설」 「동서 고적(古蹟)의 일반(一班)」 「지역상 소역(地歷上小譯)」 등 모두 6편이다.

그중 가장 주목되는 것은 창간호에 수록된 「일괴열혈」이다. '한 덩어리의 더운 피'라는 독특한 제목의 이 논설문은 홍명희의 이름으로 발표된 최초의 글일 뿐 아니라, 도쿄 유학 시절 그의 현실인식을 잘 보여준다는 점에서 매우 중요한 글이다.

「일괴열혈」에서 홍명희는 당시 우리 민족이 외세의 침략을 앞두고도 민지(民智)가 발달하지 못해 지극히 위태로운 지경에 있음을 개탄한다. 그리고 그 원인은 역사적으로 당쟁에 있음을 지적하면서, 그 잔재인 '지방열(地方熱)' 즉 지역감정에 따른 분열을 극복하고 대동단결하는 것만이 민족적 위기를 극복하는 길임을 역설하고 있다.

> 단합할지어다, 우리 동포여, 단합할지어다. 애국으로 공동 목적을 삼고 서로 배제하지 말고 서로 부조(扶助)할지어다. 금일에도 시기가 이미 늦었으니 맹렬히 반성하여 청사(靑史)를 더럽게 하지 말지어다. 우리의 자손들로 하여금 형극(荊棘)의 동타(銅駝)를 가리키면서 비통케 하지 말지어다.[11]

---

11) 홍명희, 「일괴열혈」, 『대한흥학보』 1909년 3월호(『벽초자료』, 143쪽). 인용문은 국한문혼용체로 된 원문을 필자가 현대어로 옮긴 것임. '형극의 동타'는 『진서(晉書)』 「색정전(索

이와 같이 당시 홍명희는 우리 민족이 처한 상황을 정확히 통찰하고 있었을 뿐 아니라, 민족 내부의 분열을 무엇보다도 심각한 문제로 인식하고 있었다. 이처럼 민족 분열을 단호히 거부하고 거족적 단결을 통해 민족의 위기를 극복해야 한다는 사상은 이 시기부터 1920년대 신간회 운동과 해방 후 민족통일정부수립운동에 이르기까지 홍명희에게 일관되게 나타난다.

20세기의 벽두에 그가 민족의 위기를 초래한 내부의 근본 원인으로 들었던 지방열, 즉 지역감정은 한 세기가 지난 오늘날까지 해소되기는 커녕 양상을 달리하면서 더욱 고질화되어 있는 형편이다. 그 점에서 「일괴열혈」은 조선인 유학생들의 대동단결을 지향한 대한흥학회의 설립 취지를 호소력 있게 밝힌 문건일 뿐 아니라, 오늘날까지도 시의성을 잃지 않은 음미할 만한 논설이라 하겠다.

칠언 율시(七言律詩) 「우제」[12]는 도쿄 유학 시절 홍명희의 심경의 일단을 엿볼 수 있게 해 주는 시이다.

스무 살에 일본 유학 이미 조금 늦었으니
객지생활에 계절의 바뀜만 각별히 느껴지네
나라 걱정 날로 깊어 마음은 쉬이 늙고
집을 떠나 길이 머니 꿈에서도 찾기 어렵네
탁자에 향 피우고 차를 달여 마신 뒤요

靖傳)」에 나오는 고사성어로서, 궁궐 문앞에 세워 놓은 구리로 된 낙타가 나라가 망하매 가시밭에 방치되어 있다는 뜻.

12) 벽초생 홍명희, 「우제」, 『대한흥학보』 1909년 4월호, 179쪽.

집집마다 봄비 맞아 꽃들을 키울 때라
어느 해나 남아의 뜻 이룰 수가 있을까
고개 돌려 하늘 향해 묻고 싶어지는구나

二十東遊已較遲　客中偏感管灰移
憂國日深心易老　離家路遠夢難知
一榻香烟煮茶後　萬家春雨養花時
何年可償男兒志　回顧蒼天欲問之

이 시에서 홍명희는 남들보다 뒤늦게 일본에 유학한 자신의 처지를 돌아보면서, "나라 걱정 날로 깊어 마음은 쉬이 늙고"라고 하여, 조국의 장래에 대한 근심으로 인해 청년다운 활기를 잃어 가고 있음을 한탄한다. 이어서 "어느 해나 남아의 뜻 이룰 수가 있을까" 운운한 구절을 보면, 유학 당시 그는 조국의 장래와 관련된 큰 뜻을 품고 있었음을 짐작할 수 있다.

「조배공문」은 『대한매일신보』 발행인 겸 편집인이었던 영국인 배설(裵說, E.T. Bethell)의 죽음을 애도한, 한문으로 된 운문 형식의 조문이다. 1904년 창간된 『대한매일신보』는 박은식(朴殷植)·신채호(申采浩) 등을 주요 필진으로 하여 애국계몽운동을 펼치면서 강경한 논조로 일본에 대한 공격을 서슴지 않았다. 그로 인해 제소당하고 사장직에서 물러났던 배설이 사망하자, 『대한흥학보』에서는 그의 죽음을 애도하는 특집을 마련하였다.

「조배공문」에서 홍명희는 서양인인 배설이 약소민족인 조선인을 위해 분투한 사실을 예찬하면서, 그의 죽음을 계기로 반일운동이 쇠퇴할 것을 우려하고 있다.

이 글에서 가장 주목되는 것은 그 마지막 대목이다.

> 나는 예전에
> 공을 불러 바보라 했네
> 남들은 공의 곧음을 두려워했으나
> 나는 공의 어리석음을 사랑했네
> 어리석고도 어리석구나
> 공이 아니면 누가 어리석으랴
> 깊은 눈 한번 감으니
> 그 어리석음도 이미 멀어졌도다
> 공의 뜻이 미완인 것을
> 많은 사람들이 한탄하지만
> 나는 공을 조문하네
> 공의 어리석음을 조문하네
> 혼령에도 지감(知感)이 있다면
> 나의 어리석음을 밝혀 주리라[13]

이와 같이 홍명희는 일신의 안위와 영화를 돌보지 않고 대의를 위해 온갖 고초를 마다 않은 배설의 '어리석음'을 사랑했노라고 고백하면서,

---

13) 욕우생 홍명희, 「조배공문」, 『대한흥학보』 1909년 6월호, 46~47쪽.
余於疇昔 呼公以愚 人畏公直 我愛公愚 愚哉愚哉 匪公誰愚 深目一閉 其愚已遐 公志不了 人多咨嗟 余之弔公 弔公之愚 靈而有知 昭余之愚

그의 영혼이 있다면 그의 어리석음을 사랑하는 "나의 어리석음"을 알아 줄 것이라는 말로 글을 맺는다.

「조배공문」의 필자명은 '욕우생(欲愚生) 홍명희'라 되어 있어 홍명희가 한때 '욕우'라는 호도 썼음을 알 수 있게 해 준다. 당시 배설의 죽음에 충격을 받은 그는 배설처럼 세상의 통념에 개의치 않고 대의에 헌신하는 '어리석은' 삶을 살고자 하는 결의를 담아 이 호를 쓴 것이다.

일본에서 유학생활을 하던 홍명희는 점차로 학업에 열의를 잃고 사상적인 번민에 빠져 들게 되었다. 그리하여 마침내는 다이세이 중학교 졸업을 목전에 둔 시점에서 학업을 중단한 채 귀국하고 만다.

「자서전」에 의하면 당시 그는 일본 자연주의 계통의 문학서적을 남독(濫讀)한 결과 "육적(肉的) 사상 중독과 신경쇠약"에 걸렸다고 한다. 구속에서 벗어나 자유로운 생활을 맛보면서 뒤늦게 일종의 사춘기를 맞게 된 청년 홍명희는 악마주의적 성향의 작품들을 즐겨 읽다가 가치관의 혼란을 겪게 되었던 것 같다. 게다가 1, 2년 동안 밤잠을 제대로 자지 못하고 책을 읽은 나머지 신경쇠약에 걸려 한때 의약치료를 받기까지 했다는 것이다.

그러나 이어서 그는 "대개 내가 처음에 작정한 대로 공부하지 못한 것은 다른 큰 원인이 있지마는 졸업시험을 치르지 아니하려고 5학년 2학기 말에 중학교를 그만둔 것은 신경쇠약이 유일한 원인이었다"고 하여, '다른 큰 원인'이라는 말을 스치듯 언급하고 있다. 일제하의 언론 검열을 염두에 둔 이 암시적 표현을 통해 홍명희는 당시 자신이 학업을 중단하고 만 보다 근본적인 원인이 고국의 암울한 정세와 그로 인한 민족적 울분에 있었음을 드러내고자 한 것이다.

그가 일본에 도착하자마자 받게 된 민족적 차별은 조선 명문 사대부가 출신의 수재로서 상당한 자긍심을 갖고 있던 홍명희에게 깊은 상처를 주었다. 양잠 기술 전수차 한국에 왔다가 그의 일어 교사가 되었던 일본인 부부는 괴산에서는 홍씨가의 어른들에게 공손한 태도를 취하고 홍명희를 대가집 '서방님'으로 대하더니, 함께 현해탄을 건너 일본 땅에 들어선 뒤로는 그에게 전에 없이 '군(君, 기미)'이니 '홍군(洪君, 고오꾼)'이니 하는 '홀한 언사'를 써서 비위를 상하게 하였다.

게다가 선상(船上)에서나 여관에서나 만나는 사람에게마다 한국과 한국인에 대한 험담을 늘어놓으니, 듣기에 거북하여 얼굴이 붉어지지 않을 수 없었다. 그래서 그 남자와 단둘이 있을 때 낯을 붉혀 가며 말다툼한 일도 한두 번이 아니었다.

또한 홍명희는 그후 다이세이 중학교 재학 당시에도 성적이 출중하여 일본 학생들의 질투를 받게 된데다가, 수업시간에 일인 교사들이 은연중에 한국을 경멸하는 말을 하는 데에 민족적 모욕감을 예민하게 느끼게 되었다.

어떤 교사는 학생들에게 열심히 공부하도록 자극을 준다는 것이, "너희들이 저 한국인만 못하다는 것은 일본 남자의 수치다"라고 하여 홍명희에 대한 증오심을 격동시키기도 했다. 또 어떤 교사는 한국을 경멸하는 어조로 "홍명희는 한국의 총리대신감"이라고 하여 동급생들 중에는 그를 모욕하려는 뜻에서 '총리'라고 별명 지어 부르는 학생까지 있었다.

그 때문인지 홍명희는 후일 한 잡지의 설문에 대한 답에서 자신의 일본 유학 시절에 대해, "우리 사람 심정의 증오(憎惡)가 필요한 것임은 이때부터 잘 알게 되었습니다"라고 술회하였다.

이와 같이 홍명희가 남달리 상처받기 쉬운 드높은 민족적 자긍심을 지니고 유학생활을 하던 시기에 조선은 일본의 반식민지 상태로부터 본격적인 식민지 상태로 접어들고 있었다. 그가 도일하기 직전인 1905년 11월 이른바 을사조약이 체결되어 이듬해 2월 이토 히로부미〔伊藤博文〕가 초대 통감으로 부임하였다. 이어서 헤이그밀사사건을 계기로 고종이 강제 퇴위당한 뒤 1907년 7월 정미(丁未) 7조약이 체결되어 한국 군대가 해산되었으며, 1909년 7월에는 사법권조차 통감부로 넘어가게 됨에 따라 대한제국은 허울뿐, '합병'의 절차만을 남겨 놓게 되었다.

이에 맞서 전국 각지에 반일의병투쟁이 활발하게 일어나는 가운데, 1909년 10월 하얼빈에서 안중근(安重根)이 한국의 식민지화를 주도해 온 이토 히로부미를 사살하였다. 이러한 국내외의 저항에도 불구하고 1910년 8월 29일 소위 합병조약이 체결됨으로써 한국은 일본의 식민지로 전락하고 말았다.

시시각각으로 악화되고 있던 고국의 정치적 상황이 당시의 일본 유학생들에게도 커다란 영향을 미쳤거니와, 그로 인한 민족적 울분은 부친과 조부가 현직 고관으로 있던 홍명희의 경우에는 더한층 깊었을 것이다. 그 무렵 금산군수로 재직하고 있던 부친 홍범식이 도쿄 유학중인 아들 명희에게 보낸 편지가 있어, 당시 이들 부자의 심경을 엿볼 수 있다.

> 문안 편지가 잠시 끊기어 걱정이 실로 크다. 엄동설한인데 객지생활은 잘 하고 있으며, 학교 수업에서도 헛되이 시간을 보내지는 않는지, 적잖이 염려되는구나. 나는 여전히 객지에서 벼슬살이하느라고 이달 들어서

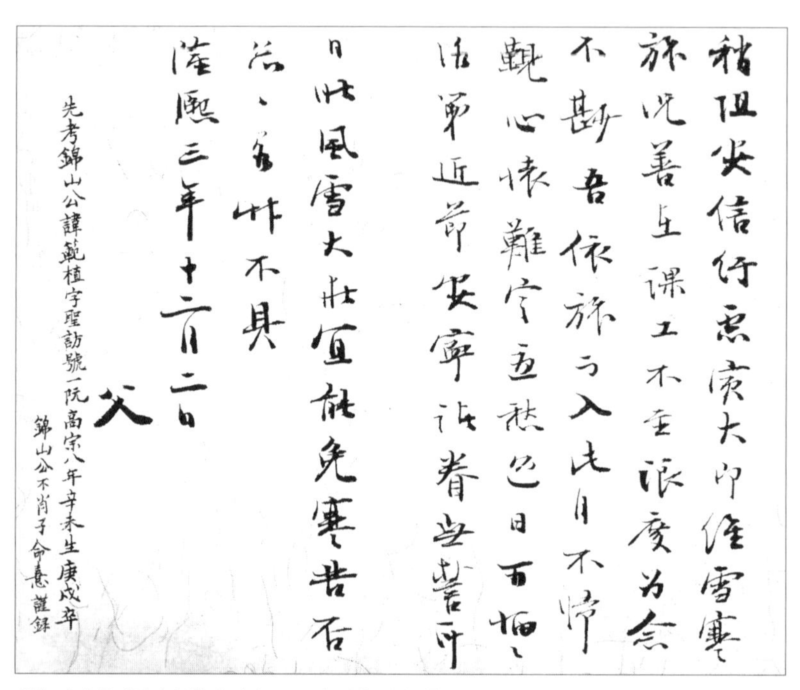
日此風雪大壯宜能免寒苦否
忙忙艸艸不具
隆熙三年十二月二日
父

先考錦山公諱範植字聖訪號一阮高宗八年辛未生庚戌卒
錦山公不肖子命憙謹錄

유학 시절 홍명희가 부친 홍범식으로부터 받은 편지. 홍명희가 베껴 쓴 사본으로, 호암미술관에 소장되어 있다.

도 귀성(歸省)을 하지 못해 마음을 진정하기 어렵다. 시름으로 나날을 보내니 온갖 고뇌가 날로 얽힌다. 다만 근자에는 편안하고, 가족들에게도 위급한 일이 없기는 하다. 며칠 전에 눈바람이 몹시 세찼는데 추위 고생은 면하였겠지? 바빠서 대충 쓰고 이만 줄인다.

융희(隆熙) 3년 12월 2일

부(父)[14]

14) 임재완 편역, 『조선시대 문인들의 편지글』, 삼성문화재단, 2003, 362~363쪽. 번역문은 일부 고쳐 인용함. 편지는 호암미술관에 소장되어 있다.

홍범식의 편지 원문은 행방을 알 수 없으나, 다행히도 홍명희가 손수 베껴 쓴 사본이 전하고 있다. 그 말미에는 "선고(先考) 금산공(錦山公)은 휘(諱)가 범식이고, 자는 성방(聖訪), 호는 일완이다. 고종 8년 신미년에 태어나 경술년에 돌아가셨다. 금산공의 불초자(不肖子) 명희가 삼가 기록한다"라고 적혀 있다.

편지의 서두를 보면 유학 시절 홍명희는 부친에게 자주 문안편지를 드렸던 것 같다. 그런데 그 무렵에는 한동안 편지가 뜸하여 부친의 걱정을 산 듯하다. 홍범식의 편지에는 유학중인 아들의 생활을 자상하게 보살피고 염려하는 아버지의 정이 구절구절 드러나 있다.

이 편지에서 예사롭지 않게 느껴지는 것은 "시름으로 나날을 보내니 온갖 고뇌가 날로 얽힌다"는 대목이다. 이처럼 홍범식이 자신의 괴로운 심정을 토로하면서 그 이유를 구체적으로 적지 않은 점을 보면, 홍명희는 평소 부친의 고뇌를 잘 알고 있는 처지였음을 짐작할 수 있다. 이미 장성하고 정신적으로 성숙한 아들이었던 홍명희에게 부친은 지기지우(知己之友)를 대하듯 속내를 털어놓고 지냈으며, 이들 부자는 나라의 장래에 대한 근심을 함께 나누고 있었음을 짐작할 수 있는 것이다.

홍범식이 이 편지를 쓴 날은 양력으로 1910년 1월 12일이었다. 당시 일본의 중학교는 3학기제여서, 1910년 1월부터 3월까지가 홍명희에게는 졸업 전 마지막 학기가 된다. 그런데 이 편지를 받았을 무렵 홍명희는 5학년 2학기로 학교를 자퇴하려는 결심을 하고, 제3학기가 시작되었는데도 등교하지 않은 채 칩거하고 있던 중이었다.

이광수의 회고에 의하면, 당시 홍명희는 "그까짓 졸업은 해서 무얼해?"라며 졸업시험도 치르지 않은 채 귀국하고 말았다고 한다. 이러한 홍명희의 돌연한 행동은 그가 부친과 마찬가지로 나라의 장래에 대해 깊이 고뇌한 결과라 짐작된다.

홍명희에게 5년간의 일본 유학은 여러 모로 충격적인 체험이었으며, 그로 하여금 생활과 의식의 양면에서 지난 시절과는 정반대의 세계로까지 나아가게 했던 듯하다. 명문 사대부가의 장손으로 전통적인 대가족 속에서 생활하며 유년 시절 한학을 수학한 그가 난생 처음 외국에 나가 독신생활을 하면서 근대적인 학교 교육을 본격적으로 받는 한편, 당시 일본의 문단과 사상계에 풍미하고 있던 첨단적인 사조에 접하게 된 것이다.

이와 아울러 을사조약에서 경술국치에 이르는 민감한 시기 제국주의 국가 일본에서의 유학생활은 홍명희에게 민족의식의 성장이라는 면에서 중대한 의식상의 변화를 가져다 주었다.

바야흐로 나라가 망하게 된 판에 기초부터 차근차근 근대학문을 공부한다든가 작가가 되어 신문학을 건설한다든가 하는 것이 모두 부질없는 것으로 느껴지면서, 무언가 더욱 근본적인 방향전환이 필요하다는 절박한 심정에 내몰린 끝에 홍명희는 학업을 돌연 중단한 채 귀국하고 만 것이다.

경술국치와 부친 홍범식의 순국

『소년』 지의 신문학운동에 동참하다

대한제국의 운명이 풍전등화와 같은 상태에 놓인 1910년 2월, 홍명희는 학업을 포기하고 귀국하였다. 졸업을 눈앞에 둔 5학년 2학기 말에 학교를 그만둘 결심을 한 뒤, 1월 초부터 시작되는 제3학기를 이수하지 않고 졸업시험도 치르지 않은 채 귀국해 버린 것이다.

그러므로 그의 학력은 중학교 중퇴에 그친 셈이지만, 다이세이 중학교에서는 그에게 평소 성적이 좋다고 해서 예외적으로 졸업장을 보내주었다. 그 대신 74명의 졸업생 중 수석을 차지하지는 못한 것으로 처리되어 있었다.

귀국 후 홍명희는 주로 괴산에 있으면서 자주 서울을 왕래하였다. 일본에서 유학생활을 하는 동안 조선인에 대한 민족적 차별을 뼈저리게 느낀데다가, 조국의 암담한 미래에 대한 절망으로 인해 학업을 계속할 의욕을 잃고 귀국한 참이었다. 더욱이 유학 시절 악마주의적 성향의 문학에 탐닉한데다가, 1, 2년 동안 독서로 밤잠을 제대로 자지 못하는 생활을 계속한 끝에 일종의 신경쇠약 증상을 겪기까지 했던 그는 이제 고향에 돌아와 가족들과 함께 생활하면서 심신의 안정을 어느 정도 회복해 가고 있었다.

고향 괴산에는 제월리의 괴강과 제월대를 위시하여 경치 좋은 곳이 많았다. 도쿄에서 유학생활을 하는 동안 메마른 대도시생활에 염증이 나 있던 홍명희는 고향산천에 돌아와 산으로 들로 쏘다니며 한껏 자연의 아름다움에 심취하였다. 신문화에 경도한 도회인들은 장미화나 백합화가 자연계의 자랑이라 떠들지만, 동산에 올라가 보면 뾰족뾰족 나와 발 밑에 밟히는 이름 없는 풀들이 더 무한한 신비를 가지고 있는 듯이 느껴졌다.

서울에 올라가면 절친한 벗 최남선을 만나 학문과 문학에 대한 못 다 한 꿈을 이야기하기도 하였다. 최남선은 일찌감치 유학생활을 중단하고 귀국하는 길에 일본에서 사 온 인쇄기로 서울에 신문관이라는 인쇄소를 차리고 『소년』 지를 발행하여 당대의 명사가 되어 있었다.

그해 3월 말 메이지 학원 보통부 졸업식을 마친 이광수는 정주(定州) 오산(五山)학교 교사로 부임해 가는 길에 잠깐 서울에 들러 홍명희를 만났다. 서울 북촌에서도 꽤 큰 집에 살고 있던 홍명희는 이광수가 보기에 별로 하는 일 없이 지내고 있는 것 같았다. 그러면서도 교사가 되겠다는, 이광수로서는 대단한 결심을 그리 대수롭지 않게 여기는 듯한 태도를 보여 그를 섭섭하게 하였다.

홍명희에게는 열아홉의 나이에 오산학교 교사로 부임해 가면서 남다른 사명감과 자부심에 우쭐해 있는 이광수의 태도가 우습게 보였다.

당시 그는 몰락을 향해 하루하루 다가가고 있는 조국의 운명에 대한 불길한 예감에 사로잡혀, 모든 것이 시들해 보이는 허무주의에 가까운 심경이 되어 있었던 것이다.

그러나 다른 한켠에는 도쿄 유학 시절에 품었던 학문과 문학에 대한 뜨거운 열정이 남아 있었다. 그래서 남들에게 내색은 안 했지만, 러시아에 유학 가 러시아 문학을 본격적으로 공부해 볼까 하여 러시아어 공부에 열중하고 있었다. 유학 시절부터 러시아 문학에 매료되어 있던 홍명희는 마침 블라디보스토크에 있는 원동신문사(遠東新聞社) 특파원을 알게 된 것을 계기로, 그의 도움을 받아 러시아에 가려고 계획하고 있었다.

이 무렵에 홍명희는 최남선의 권유로 몇 편의 번역문을 『소년』 지에 게재하였다. 『소년』 지는 1908년 11월 최남선이 창간한 월간지로서, 신문학 초창기에 커다란 문학사적 공적을 남긴 잡지이다. 처음 몇 호는 최남선 혼자서 집필 · 편집 · 발행을 거의 도맡다시피 하여 펴냈다. 그러다가 최남선이 1909년 말 잠시 일본에 갔을 때 홍명희로부터 이광수를 소개받은 뒤, 이듬해 2월호부터는 홍명희와 이광수가 필자로 가담하게 되었다.

『소년』 지에 실린 작품들 중 '가인'이라는 필명으로 발표되어 홍명희의 작품임을 분명히 알 수 있는 것은, 러시아 시인 이반 크릴로프(Ivan A. Krylov)의 우화시들을 번역한 「쿠루이로프 비유담」, 독서에 관한 동서고금의 여러 위인들의 격언을 소개한 「서적에 대하여 고인이 찬미한 말」, 폴란드의 시인 안드레이 니에모예프스키(A. Niemojewski)의 산문시를 번역한 「사랑」의 3편이다. 그러나 최남선의 회고담을 보면 『소년』 지에 게재된 글들 중에는 필명이 밝혀지지 않은 홍명희의 글들이 그 밖에 더 있을 가능성도 있다.

「쿠루이로프 비유담」의 서두에서 홍명희는 해학적인 어조로 "나라는 한 소년이 이 소년의 소개를 얻어 여러분 소년을 대하게 되어 처음 인사를 한번 헌칠하게 하려고 좋은 말거리를 찾으나, 좋은 것은 알지도 못하는 주제에 너무 좋은 것을 찾아 수일(數日) 속만 답답히 지내다 본즉 이 소년이 인쇄소로 갈 날이 몇일 아니 남았으니, 이야말로 사급의(事急矣, 일이 급해짐)라, 아무거나 관계 없겠지 하고 책갑(冊匣)을 뒤져서" 이 비유담을 중역(重譯) 소개한다고 밝히고 있다.

홍명희는 일찍부터 감명 깊게 읽은 책을 발췌하여 옮겨 적거나 우리말로 번역해 두는 습관이 있었다. 후일 그가 3·1운동으로 인해 투옥되었을 때 장남 기문은 부친의 세간을 정리하다가 알퐁스 도데(A. Daudet)의 단편소설 「알자스 소년 이야기」(「마지막 수업」)를 번역해 놓은 원고를 찾아 읽고 국어의 소중함을 깨달아 국어학 연구에 착수하게 되었다고 한다. 홍명희는 그처럼 발췌하거나 번역해 놓은 원고를 많이 가지고 있었으므로, 신문학에 뜻을 둔 청소년들을 계몽하기 위해 『소년』지에 좋을 글을 실으려는 최남선의 청탁에 얼마든지 응할 수 있었다.

그런데 최남선이나 이광수와 달리 원체 눈이 높고 결벽이 심한 홍명희로서는 자신이 학창 시절에 창작한 습작품 따위를 발표하기는 싫었으므로, 고민 끝에 번역 원고만 건네주었던 것 같다. 그나마 『소년』지에 몇 차례 원고를 실은 직후 경술국치를 당하고 그로 인해 부친 홍범식이 순국하자, 번역작품을 기고하는 것마저 중단하고 말았다.

그러나 도쿄 유학 시절부터 '조선 삼재'라는 명성을 얻은데다가 그동안 게재한 몇 편의 번역 작품들이 독자들의 뇌리에 깊이 각인되었으므로, 홍명희는 최남선·이광수와 함께 신문학 초창기의 대표적인 문인의 한 사람으로 손꼽히게 되었다. 해방 직후 이원조가 홍명희·최남선·이광수를 일컬어 "조선문학을 창조하신 (……) 세 분"이라고 표현한 것은 바로 이 당시 『소년』 지를 무대로 한 이들의 문필활동을 높이 평가한 것이다.

홍명희가 『소년』 지에 발표한 글들 중 문학사에 특기할 만큼 중요한 작품은, 안드레이 니에모예프스키의 산문시를 번역한 「사랑」이다. 이는 비록 역시(譯詩)이기는 하나 당시 홍명희의 심경을 엿볼 수 있게 해줄 뿐 아니라, 신문학 초기의 우리말 문체로서는 놀라우리만큼 유려한 예술적 표현을 성취하고 있다.

홍명희는 서두에서 이 시의 번역이 후타바테이 시메이〔二葉亭四迷, 본명 長谷川辰之助〕의 일역본에 의거했음을 밝히면서, "나는 이것을 애독한 지 수년이 되었으나 지금도 읽으면 심장이 잦은 마치질하듯 뛰노는 것은 더하면 더하지 덜하지는 아니하니 무슨 일인지?"라고 고백하고 있다.

이 작품은 약 두 페이지가량 되는 비교적 긴 산문시이므로 연(聯) 구분이 전혀 없다. 그러면서도 중년의 사나이로 설정된 작중 화자가 유년 시절부터 소년 시절과 청년 시절을 거쳐 장년에 이른 현재까지 자신의 지나간 과거를 회고조로 노래하고 있어, 시상(詩想)의 전개가 정연하며 통일된 시적 분위기를 견지하고 있다. 그 전문을 소개해 본다.[15)]

15) 가인, 「사랑」, 『소년』 1910년 8월호(『벽초자료』, 66~68쪽). 독자의 이해를 돕기 위해 원문을 현대어 표기로 고쳤으며, 일부 구절은 괄호 안에 풀이를 곁들였다. 일역본은 長谷川二葉亭 譯, 「愛」, 『趣味』 1908年 5月號, 116~118面 참조.

깊이 고요한 언제든지 잊지 못할 저른(짧은) 노래같이 어린 때는 지나갔네. 지금 와서 그 곡조를 잡으려 하여도 잡을 길이 바이(전혀) 없네. 다만 근심 많은 이 생애 한 모롱이(모퉁이)에서 때때로 그 곡조가 그쳤다 났다 할 뿐일세. 이것을 듣고 정에 못 이겨 소리지르기를 몇 번 하였느뇨? 어린 때야말로 나와 행복이 한 몸이 되었었네. 내가 몸이면 행복은 그 몸 살리는 혼백이었에라.

그 어린 때가 지나가서 이내 몸을 비추이던 봄날 빛이 사라지고 이내 속에 감추었던 행복은 빼앗겼네. 다른 사람 사이에서 다른 사람으로 자라나는 이내 몸은 여기저기 있는 소년들이 생기가 팔팔 나서 자유천지에 희희낙락히 지내는 것을 보더라도 낯에 나타내는 것은 다만 경멸 두 자. "나는 저놈들과 달라" 아아, 이러한 말로 제가 저를 위로하였네.

얼른 하여 청년 되어 사람들이 낫살(나이) 먹어 겨우 알 만한 일을 거지반 다 알았으나, 배 주리고 헐벗는 일, 한푼 없이 가난한 일, 창자를 끊는 듯한 고생, 몸을 버려 의(義)를 이룰 마음, 또 창피한 곤욕을 참는 불쌍한 일들—다 알지 않으면 좋을 일 뿐이었네. 청춘의 피는 마귀 같다. 이 세상의 고락이 나뉘는 자취를 보고 부질없이 마음을 요동하기도 하였으나, 나는 한 소리에 이 약한 마음을 물리치고 한 줄 곧은 길로 나서서 동지 여러 사람과 같이 즐겨 세상의 웃음 바탕이 되었네.

좀도적놈처럼 발자취 소리 없이 몰래 와서 사람에게 달려드는 것은 나이라는 것이라. 어느 틈에 나도 중년이 되었네. 중년의 노성(老成)한 마음이 되어서는 제가 제 지식이 천박하던 일을 웃고 내가 내 낯에 침을 뱉어 이 몸을 백 가지 천 가지나 되는 의무란 멍에에다 매어 버렸네. 이렇게 되어서는 무슨 일이든지 결정되어 의심할 여지가 없어지고 그 대신 앞길에 희망 없고 닳고 닳은 이내 마음 냉담할 때 한껏 냉담치도 못하고 열중할 때 한껏 열중치도 못하네, 기억은 찬 재 되고 과거를 생각하는 마음조차 없어지고 다만 당장 천근 같은 짐을 두 어깨에 짊어져서 뼈가 휘려 할 뿐이나, 무엇인지 귀에 와서 지껄이는 말이 "너는 장정이다, 참아라" 하는구나, 아아 이것이 나를 장려하는 소리냐? 나를 조소하는 소리냐?

잠 아니 오는 하룻밤을 꼭 새우고 오늘 식전에는 신기가 좋지 못하구나, 거울 보고 머리에 빗질하니 빗살에 감긴 흰 털—아아 벌써, 백발이나, 아직, 한창때에—지금부터 이래서는 늙고 보면 어찌 될까? 누구 위하여 이러한 고생? 조급한 마음에 몸을 조조(燥燥)히 굴며 얻은 것이 이 젊은 몸에 이 흰 털이로구나, 왜 왜 이리도 바삐 노인이 되려느냐?

눈을 들어 동산 보고 들을 바라보면 아아, 다, 그러나, 이것 때문이라고, 나는 이것이 사랑스러워 못 견디겠네, 그리하고 본즉 오래오래 잊어버린 것같이 되었던 옛날 곡조—생각나고 잊지 못할 춘풍 같은 행복이 가득히 찬 곡조가 가늘게 마음속에 들리는구나.

이 소리야말로 가 버린 몇십 년 전 어린 때의 도로 울리는 소리로구나. 그러나 어린 때에는 이같이 국토를 사랑치 아니하였네, 무슨 연고(緣故)? 지금 사랑스러운 것은 어렸을 적 그것과는 다르다, 지금 것은 행복 소리가 아니다, 말아도 마지 못할 운명으로, 마음이 화석같이 되지 아니한 사람이면 누구든지 지르지 않고 못 배겨 지르는 소리라, 만일에 사랑스럽다는 이 소리가 곧 사형선고가 되어 머리가 몸에서 내려져서 혼백이 영(永)히 떠나간대도 누가 이 소리를 아니 지르랴?

비록 일본어를 통한 중역(重譯)이기는 하지만, 이 시는 한 편의 번역문학작품으로 볼 때 탁월한 언어감각으로 우리말 구어체의 맛을 잘 살리고 있다. 홍명희의 번역을 그가 참조한 후타바테이 시메이의 일역본과 대조해 보면, 그대로 축자역(逐字譯)을 한 것이 아니라 우리말의 감각을 십분 살리는 방향으로 의역한 것임을 알 수 있다. 그 결과 홍명희의 번역시는 전통적인 정형율의 구속에서 벗어나 있으면서도 그 나름의 내재율을 성취하고 있는 점에서 대단히 뛰어난 작품이 되었다.

이는 「사랑」을 비슷한 시기에 『소년』 지에 실린 최남선의 번역시나 창작시와 비교해도 확연히 드러난다. 바이런의 시를 번역한 「해적가」라든가 창작시 「태백산가」 「태백산부(賦)」 등을 보면 알 수 있듯이, 우리나라 신시의 개척자로 알려진 최남선의 시들은 대부분 전통 시가의 상투적인 리듬을 여전히 답습하고 있으며, 생경한 한자 관념어가 뒤섞인 국한문체로 되어 있다.

그에 비할 때 홍명희의 번역시 「사랑」은 그 서두부터 지극히 유연하고 세련된 언어 구사를 보여 준다. 특히 "저른 노래" "바이 없네"와 같이 절묘한 우리말 구어체라든가, "내가 몸이면 행복은 그 몸 살리는 혼백이었에라"와 같은 구절들은, 1920년대 이후에야 본격적으로 발달하기 시작한 우리나라 자유시가 도달한 시적 표현의 경지를 선취(先取)하고 있다고 해도 과언이 아니다.

그런데 이 시에서 더욱 주목되는 것은, 홍명희를 그토록 감동시켰다는 그 내용이다. "나는 이것을 애독한 지 수년이 되었으나"라고 한 것으로 보아, 홍명희가 이 시를 처음 읽은 것은 도쿄 유학 시절로 짐작된다. 따라서 이 시를 통해 도쿄 유학 시절부터 1910년에 이르는 시기의 홍명희의 심경을 엿볼 수 있다. 바로 이 시기에 그는 시 속의 화자와 마찬가지로 소년 시절부터 청년 시절을 거쳐 장년에 도달하는 삶의 역정을 잇달아 거쳤던 것이다.

이 시를 번역하던 시기에 홍명희는 스물세 살로, 여덟 살이나 된 아들을 두고 있어 당시의 관념으로는 당연히 장년에 속하였으며, 심적으로 조로해 있었다. 그런데 이 시의 후반에 이르면 작중 화자인 중년의 사나이로 하여금 고통 속에서 겉늙도록 만든 것은 다름 아닌 조국의 운명에 대한 근심임이 드러난다.

그리고 조국에 대한 사랑을 "말아도 마지 못할 운명"으로 받아들이면서, 고국 산하를 향해 외치는 "사랑스럽다는 이 소리가 곧 사형선고가 되어 머리가 몸에서 내려져서 혼백이 영히 떠나간대도 누가 이 소리를 아니 지르랴?"라고 끝맺는 대목에서는 시인의 열렬한 조국애가 웅변적으로 표현되고 있다.

요컨대 이 시는 유년 시절부터 장년에 이르기까지의 삶의 역정을 노래하면서, 그 고달픈 생애를 근저에서부터 지탱해 준 삶의 동력으로서 시인의 절절한 조국애를 서정적으로 읊고 있는 작품이다. 그리고 바로 여기에 비슷한 삶의 역정을 거쳐 온 홍명희를 그토록 감동시킨 비밀이 내장되어 있는 것이다.

이러한 점에서 산문시 「사랑」은 신문학 초기의 번역문학 중 단연 돋보이는 작품일 뿐 아니라, 자신의 삶에 대한 구체적인 기록을 거의 남기지 않은 홍명희의 내면세계를 더듬어 볼 수 있는 귀중한 자료로서도 가치를 지닌다 하겠다.

부친의 순국과 삶의 방향전환

일본에서 중도 귀국한 홍명희가 나라의 운명을 근심하며 자신의 장래에 대해 암중모색을 거듭하고 있던 1910년 8월 29일, 마침내 한국은 일본의 식민지로 전락하고 말았다. 이와 때를 같이하여 그의 집안에는 엄청난 사건이 발생했으니, 이는 곧 당시 금산군수로 재직하고 있던 부친 홍범식이 자결한 일이다. 이로 인해 홍명희는 평생 잊지 못할 깊은 충격을 받았으며, 이 사건은 이후 그의 사고와 행동에 대해 결정적인 영향을 미쳤다.

1902년 내부주사를 시작으로 벼슬길에 오른 홍범식은 을사조약 이후로 항상 비분하여 "민충정공(閔忠正公)은 좋은 일을 이루었다"고 말하곤 하였다. 을사조약을 파기하도록 상소했으나 뜻을 이루지 못하자 그에 항거하여 자결한 충정공 민영환의 우국충정을 기리는 마음이 간절했던 것이다. 더욱이 민영환은 홍명희의 장인 민영만과 6촌간이라, 홍범식에게는 사돈 집안 사람이었다.

홍범식은 1907년 태인군수로 부임한 뒤에는 백성들을 의병으로 몰아 함부로 죽이는 일이 없도록 수비대장들을 설득했으며, 황무지 개척과 관개사업에 힘쓰는 등 선정을 베풀었다. 1909년 금산군수로 자리를 옮겼는데, 그곳에서도 몰수되어 국유로 될 뻔했던 백성들의 개간지를 돌려주도록 주선하는 등 선정을 펴서 백성들의 칭송을 받았다.

금산군수로 재직중이던 홍범식은 태상황(太上皇) 고종의 생신을 기하여 일본이 한국을 병탄(倂呑)하려 한다는 소식을 듣고는, "아아, 내가 이미 사방 백 리의 땅을 지키는 몸이면서도 힘이 없어 나라가 망하

대한제국 관원 시절의 부친 홍범식. 1910년 경술국치에 항의하여 자결한 순국열사이다.

는 것을 구하지 못하니 속히 죽는 것만 같지 못하다"라고 탄식하고, 순사(殉死)를 결심한 뒤 남몰래 유서를 미리 장만해 두었다.

마침내 경술국치를 당한 1910년 8월 29일 저녁 그는 사또가 망궐례(望闕禮)를 행하는 곳인 객사(客舍) 뒤뜰 소나무 가지에 목을 맨 채로 자결하였다. 객사 안의 벽에는 "나라가 파멸하고 임금이 없어지니 죽지 않고 무엇하리(國破君亡 不死何爲)"라는 여덟 자의 유언이 적혀 있었다. 자결 당시 홍범식은 향년 40세였으며, 유고로 『일완시고(一阮詩稿)』라는 문집을 남겼다.

홍범식의 장례는 전 군민(郡民)들의 애도 속에 성대히 치러졌다. 부의(賻儀)를 한 사람만도 5000명에 달하여, 장남 홍명희가 소식을 듣고 달려왔을 때는 이미 장례 준비가 다 갖추어져 있었다. 발인 날에는 온 고을 사람들이 나와 분향하고 통곡했으며, 장례 행렬이 괴산 선영을 향할 때 100여 명의 백성들이 300리나 되는 길을 따라갔다. 괴산군 제월리 산수골의 선영에 묘를 썼다가, 3년 뒤인 1912년 8월 같은 선영 내에서 이장하여 홍명희의 생모 은진 송씨와 합장하였다.

경술국치 후 제일 먼저 순국한 홍범식의 최후가 나라 안에 알려지자, 커다란 파문을 일으키면서 정부 고관으로부터 유생·환관·평민 등에 이르기까지 잇달아 순국하는 이가 수십 명에 이르렀다. 해방 후인 1949년 지방 유림들의 발의로 금산군 내에 '군수 홍공(洪公) 범식 순절비'가 세워졌으며, 1962년 대한민국 건국공로훈장 단장(單章)이 추서되었다. 그리고 1998년에는 괴산군에 '의사(義士) 홍공 범식 추모비'가 세워졌다.

홍범식은 자결하면서 10여 통의 유서를 남겼다. 홍범식의 조모 신씨 부인을 비롯하여, 부친 홍승목, 처 조경식, 홍명희를 비롯한 여섯 명의 자녀, 두 며느리, 그리고 당시 여덟 살이던 장손 홍기문 등에게 남긴 것이었다. 홍범식은 장남 명희에게 남긴 유서에서 다음과 같이 당부하였다.

기울어진 국운을 바로잡기엔 내 힘이 무력하기 그지없고 망국노의 수치와 설움을 감추려니 비분을 금할 수 없어 스스로 순국의 길을 택하지 않을 수가 없구나. 피치 못해 가는 길이니 내 아들아, 너희들은 어떻게 하나 조선사람으로서의 의무와 도리를 다하여 잃어진 나라를 기어이 찾아야 한다. 죽을지언정 친일을 하지 말고 먼 훗날에라도 나를 욕되게 하지 말아라.

홍명희는 이러한 부친의 유언을 깊이 명심하여 평생의 좌우명으로 삼았다. 그리고 집안 자제들을 훈도할 때도 항상 홍범식의 순국 사실을 강조하면서, 그러한 어른의 후손인 만큼 남달리 자존심을 지키고 인내력을 길러야 한다고 타이르곤 하였다.

뿐만 아니라 홍명희는 월북 이후에도 액자에 정하게 넣은 부친의 유서를 책상 앞에 걸어 놓고, 아침 저녁으로 그것을 올려다보며 마음을 다잡아 어제를 되돌아보고 내일을 깨끗하게 살려고 애썼다고 한다. 북의 작가 현승걸은 만년의 홍명희의 언행에 대해 다음과 같이 전하고 있다.[16)]

말년의 어느 날 선생은 자식들 앞에서 "나는 『임꺽정』을 쓴 작가도 아니고 학자도 아니다. 홍범식의 아들, 애국자이다. 일생 동안 애국자라는 그 명예를 잃을까 봐 그 명예에 티끌조차 묻을세라 마음을 쓰며 살아왔다"라고 하며 조용히 그러나 마디마디에 힘을 주어 말하였다.

선생은 일생 동안 애국의 지조를 지켜 순국한 부친을 자랑으로 여겨왔고 조선민족으로서의 도리와 의무를 다하라는 부친의 마지막 유언을 따르며 부친의 유서에 충직하려고 애를 썼다. 정말 선생은 순국한 부친의 그 아들이었다.

후일 홍명희는 나라가 망하고 부친이 순국했을 당시 자신의 심경을

16) 현승걸, 「통일 염원에 대한 일화」, 『통일예술』 창간호, 광주, 1990, 318~319쪽.

"온 세상이 별안간 칠통(漆桶, 옻칠을 한 통) 속으로 들어간 듯 눈앞이 캄캄하였다"고 표현하였다. 부모상(喪)을 당했을 때 흔히 쓰는 '천붕지탁(天崩地坼, 하늘이 무너지고 땅이 갈라짐)'이라는 표현이 그에게는 문자 그대로 사실인 듯하였다.

그후 삼년상을 치러야 한다고 3년을 지내는 동안 겉으로 생활은 전과 같이 먹을 때 먹고 잘 때 자지만 속으로 감정은 전과 딴판 달라져서 "모든 물건이 하치 않고 모든 사람이 밉살스럽고 모든 예법이 가소"롭게 느껴졌다는 것이다.[17)]

이처럼 홍명희는 경술국치와 부친의 순국 이후 일체의 의욕을 잃고 허무주의적인 심사에 빠져 들게 되었다. 부친의 순국 이후 삼년상이 끝날 때까지 홍명희는 『소년』 지에 이따금 번역문을 싣는 일조차 그만둔 채 고향 괴산과 서울을 왕래하다가, 돌연 중국으로 떠나게 된다.

17) 홍명희, 「내가 겪은 합방 당시」, 『서울신문』 1946년 8월 27일자.

해외 독립운동의 모색

상하이에서 동제사에 가담하다

부친의 순국 이후 한동안 은둔하다시피 하며 지내던 홍명희는 1912년 가을 다시 출국하여 중국으로 향했다. 삼년상이 끝나자 잠시 서울에 다녀오겠다며 괴산 인산리 집을 나선 그는 그 길로 서울에서 집안 어른들께 편지 한 장을 보내고 중국으로 떠나 버린 것이다.

홍범식이 순국한데다가 집안의 기둥인 장손 홍명희마저 해외로 나가 버리자, 가족들은 큰 충격을 받게 되었다. 서울로 올라간 줄 알았던 그로부터 영영 고국을 작별하고 타국으로 나가노라고 편지가 오니, 증조모와 조부를 비롯한 가족들이 모두 울고 온 집안이 난가(亂家)가 되다시피 하였다.

홍명희는 그 무렵의 많은 애국지사들과 마찬가지로 중국에 망명하여 독립운동에 투신할 뜻을 품었다. 중국은 1911년 신해혁명(辛亥革命)이 일어나 청(淸)이 멸망하고 동양에서는 최초로 공화정이 실시되는 엄청난 정치적 격변을 겪고 있었다. 신해혁명 소식에 접한 홍명희는 중국 혁명이 우리 민족의 독립을 위해서도 새로운 전환을 가져올 수 있을 것으로 기대하였다.

홍명희가 중국에 가게 된 이면에는 위당(爲堂) 정인보와의 친분도 적잖이 작용하였다. 정인보는 서울에서 소론 명문가인 동래 정씨가의 장남으로 태어났다. 홍명희보다 다섯 살 연하였으나 신교육을 전혀 받지 않고 한학만을 수학했는데, 한문 실력이 뛰어나 일찍부터 문명(文名)이 높았다.

홍명희가 정인보와 처음 교분을 갖게 된 것은 그가 일본 유학을 중단하고 귀국한 직후인 1910년 무렵이었다. 정인보는 신학문에 전혀 접하지 않아, 바이런과 도스토예프스키에 심취하기까지 한 홍명희로서는 취향을 같이하기 어려운 부분도 있었을 것이다. 그러나 두 사람은 다같이 명문 사대부가 출신으로 한학을 깊이 있게 공부한데다 나라의 장래를 걱정하는 마음이 깊은 우국청년들이었으므로, 만나자마자 곧 지기(知己)가 되었다.

그 뒤에도 홍명희와 정인보는 대단한 한학 실력을 지닌 학자이자 일제와의 타협을 끝까지 거부한 애국자로서 식민지시기 내내 가장 절친한 벗으로 지냈으며, 후에 당색을 초월하여 서로 사돈을 맺었을 정도로 친밀한 사이였다.

이미 그 전해에도 한 차례 중국에 다녀온 정인보는 생모 서씨부인을 모시고 다시 중국에 가려는 계획을 세우고 있었다. 당시 서간도에 솔가망명하여 독립운동을 하고 있던 이시영(李始榮)·이석영(李石榮) 형제가 외가 쪽 친척이었던 연고로, 어떤 종류의 연락을 맡았기 때문이었던 것 같다. 홍명희는 1912년 가을에 먼저 출국하여 서간도에 체류하고 있다가, 한겨울에 국경을 넘어온 정인보 모자와 해후하였다.

후일 정인보에게 지어 준 한시 「술회(述懷)」[18]에서 홍명희는 만주에서 해후하던 당시의 일을 다음과 같이 회고하였다.

> 아리강(압록강)에 두터운 얼음 합치자
> 이고 지며 흰옷 입고 강을 건넜네
> 천지가 하루 아침에 급변하여
> 산하는 만고의 슬픔으로 가득 찼지
> 변경에서 그대를 만났더니
> 황황히 노모를 수행하였네
> 황야에 겨울 추위 극에 달하여
> 늙으신 몸 지탱하기 힘들까 걱정이었지
> 阿里厚氷合 負戴渡白衣
> 天地一朝變 山河萬古悲
> 塞上見吾子 栖栖老母隨
> 荒徼寒威劇 老體恐難支

홍명희와 정인보는 서간도에 망명해 있던 애국지사들을 만나 독립운동의 방도를 숙의하였다. 뒷날 서간도 시절을 회상하면서 서씨부인은 자신이 그곳에서 활동하고 있던 젊은이들을 수발하다가 병이 났을

18) 홍명희, 「술회」, 『삼천리』 1934년 5월호, 70쪽.

때 "벽초가 지어 준 밥이 제일 고소했었다"고 말하곤 하였다.

그후 정인보는 혼자서 일시 귀국했다가 1913년 봄 다시 출국하여 서간도로 갔다. 홍명희와 정인보는 서간도에서 귀국하는 정인보의 모친을 배웅한 뒤, 함께 중국 혁명의 중심지인 상하이로 향했다.

1910년대의 상하이는 열강의 조계지(租界地)가 있던 국제도시이자 세계 해상교통의 요충지로서, 국제정세를 파악하고 독립운동을 추진하는 데 매우 유리한 조건을 갖추고 있었다. 따라서 한국뿐 아니라 인도·베트남 등 동남아 각국의 민족해방운동가들이 이곳을 망명지로 삼고 있었으며, 이곳을 거쳐 북아메리카나 하와이로 밀항하려는 우리 동포들의 왕래도 자못 활발하였다.

더욱이 신해혁명을 전후한 시기에 상하이는 중국 혁명의 근거지로 부상하여, 예관(睨觀) 신규식(申圭植)이 중국 혁명가들과 더불어 그곳에서 활동하고 있었기 때문에 한국 독립운동의 한 거점이 되어 있었다. 1911년 중국에 망명한 신규식은 천치메이〔陳其美〕를 비롯한 중국 혁명당인들과 친교를 맺고, 이들을 따라 신해혁명에 참가하였다. 신해혁명의 성공 후인 1912년 7월에는 한국 독립운동단체인 동제사(同濟社)를 결성하고, 아울러 중국 혁명지도자들과 함께 비밀결사인 신아동제사(新亞同濟社)를 결성하였다.

당시 상하이에서는 신해혁명 후 중국 혁명당인들이 크게 세력을 떨치고 있었기 때문에, 신규식은 이들로부터 적잖은 재정적·정치적 후원을 받을 수 있었다. 그러나 1913년 7월에 일어난 제2차혁명이 실패하고 지도자 쑨원〔孫文〕·천치메이 등이 일본으로 망명하여 정세가 역전되자, 신규식은 베이징〔北京〕 정부로부터의 박해를 우려하여 활동을 자제해야 했을 뿐 아니라, 재정적으로 매우 어려운 처지에 놓이게 되었다.

이와 같은 중국 혁명의 와중에서 상하이에 도착한 홍명희는 그곳에 모여 있던 동지들을 따라 동제사에 가담하여 활동하였다. 동제사는 "동주공제(同舟共濟, 같은 배를 타고 서로 돕는다)"라는 단어에서 유래한 그 명칭대로 동포간의 상호부조를 표방했으나, 실제로는 국권회복을 목표로 한 독립운동단체로서, 후에 수립된 대한민국임시정부의 한 모체가 되었다.

동제사의 이사장은 신규식이었고 상징적인 의미가 큰 총재직은 박은식이 맡았으며, 신채호·김규식(金奎植)·조소앙(趙素昻)·문일평·홍명희 등이 주요 인사로 참여하였다. 그후 동제사는 동포의 이주와 독립지사의 망명이 증가함에 따라 그 조직이 점차 확대되어, 전성기에는 300여 명의 회원을 가진 명실상부한 독립운동단체가 되었다.

동제사는 신아동제사에 가입한 중국국민당 인사들을 지지하고 그들과 연대활동을 추진하는 한편으로, 1914년 1월 상하이 명덕리(明德里)에 박달학원(博達學院)을 세워 청년 교육에 주력하였다. 박달학원에서는 망명해 온 조선 청년들이 언어 장애로 중국이나 서양에 유학하기 어려운 실정을 감안하여 1년 반의 학제로 영어·중국어와 지리·역사·수학 등을 가르쳤다. 홍명희는 박은식·신채호·문일평·조소앙 등과 함께 교수로 참여하여 그곳에서 강의를 맡았다.

이처럼 상하이에서 홍명희는 대표적인 지식인이자 애국지사로서 명성을 접하고 존경해 오던 윗세대의 저명한 민족해방운동가들과 친교를 맺고 동지로서 함께 활동하였다. 뿐만 아니라 동년배의 벗들인 정인보·문일평·조소앙 등과는 한 집에서 동고동락할 정도로 가깝게 지냈다.

홍명희와 그의 벗들은 처음에는 프랑스 조계(租界) 애문의로(愛文義路)에 있는 깨끗한 2층 양옥집에서 제법 잘 지낼 수 있었다. 중국인 일꾼을 두어 식사 준비를 맡겼으며, 한국음식이 먹고 싶으면 손수 김치를 담그고 요리를 해 먹기도 했다. 정인보의 회고에 의하면, 상하이 시절 동료들이 만든 음식들 중 "벽초가 끓인 된장찌개가 제일 맛있었다"고 한다. 반면에 재주 없는 자신은 그의 곁에 앉아 솥에 부채질이나 해 주곤 했다는 것이다.

그러나 중국 정세가 악화된데다가 각자 가져온 돈이 떨어지자 생활이 점차 어려워지지 않을 수 없었다. 그런 까닭에 그들은 같은 프랑스 조계 내의 백이부로(白爾部路)에 있는 허름한 집으로 이사하였다. 세계 여행을 목적으로 무작정 고국을 떠난 이광수가 1913년 11월 상하이에 들러 홍명희를 찾아갔을 때, 홍명희와 그의 동료들은 귀국한 정인보가 돈을 가지고 나타날 것을 고대하며 지극히 궁핍한 생활을 하고 있었다.

그들은 제대로 된 침대를 살 형편도 못 되어, 나무로 사각 기둥을 세운 위에 종려(棕櫚) 노로 이리저리 얽은데다가 얇다란 돗자리 하나를 깐 간이침대를 사용하고 있었다. 그런데 무일푼의 이광수가 나타나자, 홍명희는 자신의 어설픈 침대에서 한 이불을 덮고 자도록 해 주었다. 게다가 이광수가 그의 만류를 뿌리치고 냉수욕을 하겠다고 나섰다가 독감에 걸려 고열로 앓게 되니, 함께 자는 홍명희의 불편은 이루 말할 수 없었다. 하지만 그는 싫다는 빛 하나도 안 보이고 한 달 이상 이광수를 자기 침대에서 재워 주었다. 후일 이광수는 이 일을 회고하며 "이것은 실로 인생의 일생에 드문 일이다"라고 감사해하였다.

애연가였던 홍명희는 담배를 사 피울 돈이 없어 고통이 심하였다. 가끔 양식까지 떨어져서, 당시 상하이 한인들의 의지처이던 신규식에게서 얻어다 먹기도 했다. 그러나 부인상을 당하여 일시 귀국했던 정인보는 집안 사정으로 고국에 눌러앉게 되었으므로, 그에게 기대했던 자금 조달은 이루어지지 않았다.

이광수의 회고에 의하면 백이부로 이층집의 아래층에는 문일평이, 위층에는 홍명희와 조소앙 등 네 명이 살고 있었다. 문일평은 우리에 갇힌 호랑이 모양으로 마루창을 삐걱거리며 밤낮 무엇을 중얼거리면서 오락가락하고 있었다. 조소앙은 여섯 성자의 가르침을 연구하여 육성교(六聖教)를 창시한다며 이슬람교 경전인 『코란』을 읽고 있었다.

홍명희는 영국의 유미주의 작가 오스카 와일드(Oscar Wilde)의 『도리언 그레이의 초상』『옥중기』 같은 것을 읽고 있었다. 도쿄 유학 시절 홍명희의 권유로 바이런의 작품들에 접했던 이광수는 이번에도 그의 권유로 오스카 와일드의 작품들을 읽었다가 '청춘의 번뇌'가 일어나서 혼이 났다. 한편 홍명희는 동지들끼리 모여 잡담하는 자리에서, 자신은 일생 동안 갈등의 와중에 들어가지 않고 인생을 관조하는 태도로 살아가겠다는 의미에서 '관조론'을 생활 신조로 내세웠다고 한다.

당시 상하이에 불과 한 달 남짓 머물렀던 이광수는 동제사에 대해 제대로 알지도 못한 채 그곳을 떠났으므로, 그가 홍명희 등의 생활과 의식세계를 충분히 파악했다고 보기는 어렵다. 그럼에도 불구하고 이광수의 회고담에는 중국에서의 민족해방운동이 본격화되기 이전 모색기에 처한 망명 지식인들의 고뇌와 방황이 여실히 드러나 있다고 하겠다.

이 시기에 홍명희는 민족의 독립을 위해 무언가 뜻있는 일을 하겠다는 생각으로 중국에 가기는 했으나, 주·객관적인 여건이 성숙되지 않아, 그의 동거인들과 마찬가지로 암중모색의 나날을 보내고 있었던 듯하다. 그리고 사상적으로도 도쿄 유학 시절에 탐닉했던 악마주의적 경향으로부터 완전히 벗어나지는 못했던 것 같다.

아편전쟁 이후 열강의 조계지(租界地)가 들어선 국제도시 상하이는 동아시아에 속한다는 것이 기이하게 느껴질 만큼 서양인들과 서양 문물이 활발하게 진출하여 도시 전체가 서구화되어 있었다. 영국·독일·프랑스·러시아 등 유럽 각국의 은행들이 진출해 있었고, 서양의 상품들이 넘쳐 나며, 거리나 가옥들도 서양의 한 도시를 옮겨 놓은 것처럼 이국적인 색채를 띠고 있었다.

게다가 도쿄와는 비교할 수 없을 정도로 서양인들이 많이 눈에 띄어, '서세동점(西勢東漸)'이라는 말을 실감케 하였다. 도쿄에서는 문학작품과 사상서들을 통해서만 접했던 서양의 존재를 상하이에서는 실제로 그곳에 살고 있는 것처럼 실감나게 느낄 수 있었다.

또한 상하이는 현대문명의 첨단을 걷는 도시였던만큼 이목을 끄는 온갖 환락과 유혹이 널려 있었다. 일요일 황포(黃浦)공원에 나가 보면, 매주 열리는 공원음악회에 성장한 신사 숙녀들이 모여들어 때아닌 꽃밭을 이루는 것 같았다. 때로는 중앙무대에서 악대가 연주하는 가운데 서양인들이 구름같이 모여 남녀가 어울려 춤을 추며 즐기는 모습을 구경할 수도 있었다. 저녁 시간에 길거리에 나서면 홍등 아래 여기저기 음악소리가 흘러나오고 으슥한 골목마다 꽃 같은 거리의 여인들이 손님을 유혹하고 있었다.

그런가 하면 서양인에게 고용된 베트남인이나 중국인 마부, 아편 중독에 빠진 거지떼 등, 제국주의의 침탈 아래 신음하는 동양인의 운명을 상징적으로 보여 주는 풍경들도 흔히 눈에 띄었다.

부친의 순국 이후 모든 것에 시들해진 기분으로 지내고 있던 홍명희에게는 세인의 이목을 끄는 상하이의 현란한 문물도 별로 큰 매혹과 호기심의 대상이 되지 못하였다. 하지만 도쿄에 비해 월등 서구화된 상하이에서 수 년간 생활한 것은 그에게 매우 새롭고 중요한 체험이었음이 분명하다. 한때 러시아 유학을 꿈꾸었던 홍명희는 비록 그 꿈을 이루지는 못했으나, 상하이에 체류함으로써 유럽에 유학 간 것과 흡사한 체험을 하게 된 셈이다.

남양에서의 방랑생활

상하이에서의 궁핍한 생활은 재정적 기반을 갖추지 못한 채 해외에서 독립운동을 한다는 것이 명백한 한계가 있음을 절감케 하였다. 그러한 상황을 타개하기 위해 1914년 11월 홍명희는 몇몇 동지들과 함께 상하이를 떠나 싱가포르로 향하였다. 재원이 풍부한 남양에서 조선의 독립운동을 위한 재정적 기반을 마련할 수 있을지 답사해 보려는 의도에서였다.

이전부터 동남아시아의 화교들은 쑨원을 중심으로 한 중국 혁명파에게 많은 운동자금을 제공하였다. 더욱이 1914년 8월 일본이 중국의 칭따오〔青島〕를 점령하자 중국 내외에서 격렬한 배일(排日)운동이 일어났는데, 화교들은 자바와 마닐라 등지에서 반일운동단체를 결성하고 일본상품배척운동을 활발하게 벌여 배일운동의 선봉에 섰다.

이러한 정세 아래 홍명희는 중국 혁명에 물적 기반을 제공하면서 배일운동의 일익을 담당하고 있던 동남아시아 화교사회의 실태를 둘러보고, 가능하다면 그곳에 조선의 독립운동을 위한 재정적 기반을 구축해 보려는 구상을 갖게 되었던 것이다.

홍명희의 제안에 찬동하여 함께 떠나게 된 동지들은 정원택(鄭元澤)·김진용(金晋鏞)·김덕진(金德鎭) 세 사람이었다. 지산(志山) 정원택은 후일 대한민국 임시 의정원(議政院) 의원을 지냈으며, 김진용은 대한민국임시정부의 근간이 된 한성(漢城)임시정부에서 평정관(評政官)으로 활동하였다. 두 사람은 모두 홍명희와 동년배의 벗들로서, 사후에 독립유공자로 공훈을 인정받았다.

정원택이 남긴 일지 형식의 기록인 『지산외유(外遊)일지』에 의하면, 홍명희 일행은 동지들의 환송을 받으며 상하이의 황포탄(黃浦灘) 부두에서 배를 타고 홍콩으로 떠났다. 석별을 아쉬워하며 신규식은 남양행을 발의하고 주도한 홍명희와 박달학원에서 수학한 정원택에게 기념품을 선사하였다.

홍명희 일행은 홍콩을 거쳐 싱가포르로 직행하려 했으나, 싱가포르에는 때마침 전염병이 유행하여 의사의 진단서와 경찰관의 신원증이 없으면 갈 수 없다는 것이었다. 그러므로 그들은 홍콩에서 며칠 체류하다가 다시 배를 타고 떠나 보르네오 섬의 영국령 항구도시 싼다칸에 도착하였다. 그곳에서 2개월 남짓 체류하다가 다시 보르네오 부근의 영국령 섬인 라부안을 거쳐 1915년 3월 싱가포르에 도착하였다.

싱가포르는 말레이 반도의 최남단에 있는 도시로서, 1867년 이후 영

남양 시절 동지들과 함께. 왼쪽부터 정원택, 김덕진, 김진용, 홍명희

국 식민성의 직할 식민지가 되면서 자유항으로 발전하였다. 특히 수에즈 운하 개통 이후 아시아 무역의 일대 요충지로서 각광을 받았을 뿐 아니라, 군사적인 면에서도 영국의 동양 진출의 근거지가 되었다. 이러한 과정에서 싱가포르에는 중국인들이 대량으로 유입되어, 20세기 초에는 화교사회가 확고한 뿌리를 내리게 되었다.

당시 싱가포르는 유럽과 아시아를 왕래하는 데 중심지요, 남양에서 제일가는 대도시였다. 항구에는 매일 수많은 각국의 선박들이 드나들고, 부두에는 손님을 실은 자동차들이 끊임없이 오갔다. 인구는 40만 명 정도로, 그중 90퍼센트가량이 중국인이었다. 그러나 싱가포르에서 주로 통용되는 언어는 영어였고, 그 다음이 말레이어와 중국어였다.

싱가포르에 도착한 직후 홍명희 등은 그곳 중국계 국민일보사 3층에 임시로 묵고 있다가, 그해 7월 금방마로(金傍馬路)에 있는 양옥 한

체를 세 얻어 이사하였다. 집은 제법 넓고 전망이 좋았다. 이사한 다음 날에는 침대·소파·식탁 등 가구를 사들여 제대로 살림을 갖추었다. 이후 그들은 남양 생활을 정리하고 떠날 때까지 그 집에서 살았던 것 같다.

근 3년간 싱가포르에 체류하면서 그들은 독립운동의 재원을 확보하기 위해 고무농원을 매입하고 고무공장을 운영하는가 하면, 석광(石鑛)에 투자하는 등 여러 가지 시도를 해 보았다. 생활비와 사업자금의 조달과 관리, 공장 경영 등 재정적인 업무는 주로 김진용이 맡았다. 그러나 몇 년간 사업을 시도한 결과 별로 큰 소득을 얻지 못하자, 그들은 더 이상 전망이 없다고 판단하고 귀국하기로 결정하였다. 그에 따라 1917년 말, 고무농원 등을 처분하고 귀국할 준비를 하였다.

홍명희 일행은 남양에 정착하고 그곳에서 사업을 하는 과정에서 각지의 중국인들과 광범한 접촉을 가졌다. 상하이 시절 신아동제사와 관련이 있거나 개인적으로 교분이 있던 중국인들을 통해 동남아시아의 화교들을 소개받은 뒤, 그들과 일정한 연계를 갖고 활동하면서 적지 않은 도움을 받고 지낸 것이다. 싼다칸에서는 내내 중국인 량루이룽〔梁瑞榮〕의 상점에서 숙식하며 그의 신세를 졌고, 라부안에서도 지역 유지인 천치장〔陳琪璋〕을 만나 그로부터 후대를 받는 한편, 그의 안내로 팔려고 내놓은 영국인 소유의 야자원(椰子園)을 둘러보았다.

싱가포르에서는 도착 즉시 중국계 국민일보사 사장 레이테야〔雷鐵崖〕를 만나 그 신문사로부터 임시숙소를 제공받았다. 또한 김진용은 중국 제3차혁명 당시 광둥〔廣東〕에서 봉기한 허하이밍〔何海鳴〕과 교분이 두터웠던 관계로 그를 지원하고자 1916년 4월 홍콩으로 갔는데, 남양에 있는 중국 지사들이 그를 통해 다소의 군자금을 보냈다.

싱가포르는 영국령이기는 했으나, 열강들의 조계지가 있던 상하이와 달리 서양인은 그리 많지 않았다. 그러나 그곳 인구의 대다수를 차지한 중국인 화교들은 일찍부터 서양인들과 접촉하여 그 생활과 사고방식이 매우 서구화되어 있었다.

평소 언어에 관심이 많던 홍명희는 상하이에서는 중국어를 조금 배웠고 만주어에 대해서도 약간의 식견을 갖게 되었다. 그리고 당시 세계적으로 지식인들 사이에서 유행하던 국제어 에스페란토를 배워, 후일 한국 에스페란토운동사에서 "조선에서 가장 오랜, 첫 에스페란티스토"로 기록되었다. 그후 영어 상용권이던 싱가포르에서는 영어를 익혀서 영어로 어느 정도 의사소통을 할 수 있게 되었다. 그러므로 해방 직후의 한 자료에서는 홍명희의 약력을 소개하면서 "어학에는 영어와 에쓰어(에스페란토)에 능통하다"고 특기하고 있다.

홍명희의 어학공부와 관련된 흥미로운 일화로 그의 아호(雅號)가 바뀌게 된 내력을 들 수 있다. 도쿄에서 바이런의 『카인』에 심취하여 가인(假人)이라는 호를 지었던 그는, 상하이 시절에는 '가인(假人, 자런)'에 비해 중국 발음이 원음과 더 유사한 '가인(可人, 커런)'으로 한자를 고쳐 사용하였다. 그런데 싱가포르에 가서 영어 공부를 하려고 영문 『성경』을 읽다 보니, 동생 아벨을 살해한 카인라는 인물이 "고연 놈"임을 알게 되어 그 호를 집어치우게 되었다는 것이다.

이전에 이미 고향 괴산의 옛 이름인 벽양(碧陽)에서 유래한 벽초(碧樵)라는 호를 가지고 있던 그는 이를 다시 벽초(碧初)로 고쳐, 1920년대 들어 본격적인 사회활동을 하면서부터는 벽초(碧初)라는 호를 주로 시용하게 되었다.

홍명희와 그의 동지들은 궁핍하기는 해도 뜻을 같이하는 조선인들이 많이 모여 지내던 상하이에서와는 달리, 싱가포르에서는 조선인들의 내왕이 거의 없어 절해고도(絶海孤島)에 떨어져 나와 있는 것 같았다. 그러나 그들은 머나먼 남양에서 고독한 생활을 하는 와중에서도 이따금 그 나름의 낭만을 즐기기도 하였다.

라부안에서 그들은 중국인 천치장의 가족 파티에 초대받아 가기도 하였다. 달빛이 야자수에 걸쳐 있고 파도가 해안에 거세게 부딪치는 밤, 그 집에서는 남녀노소를 불문하고 일가족이 악기를 연주하고 노래를 부르며 즐거운 시간을 보내고 있었다. 알고 보니 서양 풍속에 익숙한 천치장의 가족들은 매주 토요일마다 그렇게 가족 파티를 여는데다가, 아녀자들도 손님들 앞에서 거리낌없이 악기를 연주하고 노래를 부르는 것이었다. 그러다가 음악을 그치고 술과 과일을 내오니, 즐겁게 마시며 놀다가 밤이 깊어서야 돌아왔다.

엄격한 양반 집안에서 성장한 홍명희로서는 천치장의 가족이 남녀노소를 불문하고 스스럼없이 어울려 악기를 연주하고 노래부르며 노는 것이 매우 신기하였다. 더욱이 남의 집안의 여자들이 낀 가족 모임에 초대받아 같이 어울린 것은 그에게 전혀 새로운 체험이었다. 이러한 체험은 그로 하여금 상하관계와 남녀차별이 엄격한 조선의 봉건적인 가족제도에 대해 새삼 돌아보게 하는 계기가 되었을 것이다.

싱가포르에서 홍명희 일행은 때로 극장에 가서 서양 영화를 구경하기도 하고, 달빛이 멋있는 밤 발코니에 테이블과 의자를 내놓고 밤늦게까지 술을 마시기도 했다. 홍명희와 정원택은 유년 시절 한문을 공부한 까닭에, 그처럼 취흥이 나거나 감회가 깊을 때면 종종 한시를 지어 읊기도 하였다.

그들은 각자 따로 여행을 하기도 했다. 남양 각지를 여행하면서 온몸이 새까만데다 남녀를 막론하고 웃통을 드러내고 지내는 토인(土人)들의 낯선 풍속에 접하기도 하였다. 이광수의 자전적 소설인 「그의 자서전」에는 남양 시절 홍명희가 베트남과 인도까지 여행했다고 되어 있는데, 그렇게 멀리까지 갔는지는 알 수 없지만 어쨌든 홍명희는 당시 조선인들이 거의 가 보지 못한 남양의 오지까지 돌아다녔다.

후일 '이때까지 아무에게도 아니한 이야기'라는 제하의 한 잡지 특집에서 홍명희는 「남양 미인에게 대 봉변」이라는 제목으로 남양 시절의 일화를 하나 털어놓은 적이 있다. 당시 홍명희는 각지를 여행하다가 남양 군도의 어느 섬에 이르렀는데, 나이도 젊고 호기심과 탐험열도 상당했던 때라, 옛 글에 '남국 가인(南國佳人)'이라는 말이 있으니 남양에는 미인이 많으려니 생각하고 그곳의 풍속도 알 겸 미인 구경도 할 겸 미인가(美人街)를 구경하러 갔었다는 것이다.

그는 늘어서 있는 유곽(遊廓)과 같은 집들 중 한 집을 골라 들어가 돈을 주고 난 뒤, 얼굴이 새까맣고 눈만 어두운 밤의 별빛과 같이 반짝이는 토인 여자가 있는 방으로 들어갔다. 그런데 토인 여자를 자세히 구경하고 싶어 불을 켰다가 느닷없이 얻어맞고 내쫓겼다는 것이다. 알고 보니 그 토인들은 예로부터 여자가 남자와 비밀히 만날 때 불을 켜고 만나면 하늘에서 당장 천벌을 맞는다는 굳은 미신이 있는 까닭에 그리 된 것이었다.

차남 기무의 말대로 홍명희는 평생 외도를 모르고 지냈다고 할 만큼 부인에게 충실한 남편이었다. 그런데도 남양 시절 이러한 일화가 있는 것은 그의 호기심 많고 유머러스한 성격의 일단을 보여 주는 것이라 하겠다.

싱가포르에서 홍명희는 당시 재차 도일하여 와세다 대학에서 수학중이던 이광수에게 한시를 동봉한 편지를 보낸 적이 있었다. 그 편지에서 홍명희는 『매일신보』에 연재중이던 이광수의 장편소설 『무정』을 보았으나 신통치 않더라고 평하면서, 싱가포르로 놀러 오라고 권유하였다. 그런데 "남양은 좋은 곳이요. 지구의 어디보다 안락한 지대라오. 돈 4000원만 있으면 야자 농사 해서 일생을 편히 살 것 같은데 그것이 뜻대로 안 되는구려"라고 하면서 가난한 유학생인 이광수에게 4000원의 거금을 가지고 오라고 했다니, 이 역시 그의 장난기 어린 농담이라 하겠다.

남양 시절 홍명희는 독서와 문학수업에도 나름으로 노력을 기울였다. 당시 그는 루소(J. J. Rousseau)의 『참회록』과 유사한 진실된 자기 고백을 써 보려고 시도한 적이 있으며, 시를 습작해 보기도 했다. 중국을 거쳐 귀국했을 당시 그는 큰 버들고리로 두 개나 되는 많은 책을 가지고 왔다고 한다. 그 속에는 오이켄(R. Eucken)·베르그송·타고르·페스탈로치·니체 등의 저서가 들어 있었다고 하는데, 그 대부분이 남양 시절에 읽은 책들이었을 것이다.

1917년 12월 홍명희 등은 만 3년 남짓한 남양 생활을 청산하고 싱가포르를 출발하여 상하이로 향했다. 생각해 보니 싱가포르에 와서 생활한 지도 벌써 몇 년이라, 시가나 해안이나 정이 깊이 들어 마치 고향을 떠나는 듯 감회가 깊었다.

상하이에서 여러 동지들의 환영을 받은 홍명희는 다시 그곳에서 몇 달 동안 체류하다가 이듬해 6월 베이징으로 갔다. 베이징에서는 자금성(紫禁城)과 이화원(頤和園) 등을 관광하였다.

이때를 포함하여 중국에 있는 동안 홍명희는 여행을 많이 하며 명승고적을 두루 답사하였다. 후일『전선(全鮮) 명승고적』이라는 책에 써 준 서문에서 그는 "내가 일찍이 중국에 가서 북으로 연계(燕薊)에 놀고 남으로 강회(江淮)에 놀아 명산대천의 장관(壯觀)을 다할 때에 그 이름이 귀에 익지 아니한 곳이 거의 없고 경치까지 한번 눈에 접하였는 것 같은 곳이 적지 아니하였다"고 하면서, 황하(黃河), 양자강(揚子江), 태산(泰山), 구양수(歐陽修)가 세운 평산당(平山堂), 매화로 유명한 고산정(孤山亭), 기생 소소(小小)의 묘 등을 거론하였다. 그런데 한 중국인 친구가 금강산을 보고 와서 "금강은 조선의 황산(黃山)이다. 황산을 가서 보고 금강과 비교하라"고 말하는데, 고국에 있을 때 금강산도 백두산 두만강도 가 보지 못한 그는 부끄러워 대답을 못 했다는 것이다.

베이징에서 홍명희는 당시 보타암(普陀庵)에서『조선사』를 집필하고 있던 단재(丹齋) 신채호와 재회하였다. 마침 돈이 떨어져 고국의 가족들로부터 여비가 오기를 기다리느라 베이징에 머물게 된 홍명희는 그곳에서 신채호와 한 달 남짓 같이 지내며 그와 평생지기로서의 막역한 우정을 쌓았다.

홍명희가 신채호를 처음 만난 것은 몇 년 전 상하이에서 동제사 활동을 함께 할 때였다. 홍명희보다 여덟 살 위인 신채호는 망명하기 전 서울에서『대한매일신보』주필로 활약할 때부터 뛰어난 문필가이자 애국지사로서 널리 알려져 있었다. 그는 고향이 괴산과 이웃한 청원군인데다가, 양반 출신으로 한학을 수학하여 성균관 박사가 된 인물이기도 했으므로, 여러 면에서 홍명희와 통하는 바가 많았다.

수년 전 상하이에서 신채호와 상종하면서 홍명희는 그의 학식과 문장력, 그리고 사학자로서의 안목이 뛰어남을 알았다. 그러나 신채호의 독특한 인품에 대해 깊이 있게 알게 된 것은 이 시기 베이징에서였다. 신채호의 물불을 가리지 않는 열정과, 곁에서 보면 때로 웃음이 나올 정도로 고지식한 면모, 그리고 괴벽스럽되 순수한 인간성에 홍명희는 깊이 매료되었다.

학문과 애국심과 인간성의 모든 면에서 서로에게 끌린 두 사람은 보타암 옆채 캉(炕, 중국식 온돌) 위에 단둘이 붙어앉아서 역사와 민족에 대해, 그리고 이를 위해 몸을 바치려는 자신들의 삶의 힘겨움에 관해 많은 이야기를 나누었다.

그 시절에는 나이 차이 아홉 살까지는 벗으로 대하는 것이 관례였으므로, 홍명희와 신채호는 친해지자 서로 호형호제하는 사이가 되었다. 후일 신채호가 옥사한 직후에 쓴 「상해시대의 단재」에서 홍명희는 "내가 단재와 사귄 시일은 짧으나 사귄 정의(情誼)는 깊어서 나의 50 반생에 중심(中心, 심중)으로 경앙(景仰)하는 친구가 단재이었습니다"라고 고백하였다.[19] 두 사람은 비록 그후 다시는 재회하지 못했으나 평생 서로 진심으로 경애하는 벗이요 동지가 되었던 것이다.

베이징을 떠나 펑톈(奉天)으로 간 홍명희는 고국으로부터 그를 찾아온 아우 성희를 만나게 되었다. 홍명희의 귀국을 학수고대하던 조부가 그의 귀국을 종용하도록 성희를 보냈던 것이다. 몇 년 만에 아우를 만

---

19) 홍명희, 「상해시대의 단재」, 『조광』 1936년 4월호(『벽초자료』, 56쪽).

나 자세한 이야기를 듣고 보니, 집안 사정은 말이 아니었다.

부친의 순국에 이어 홍명희가 오랫동안 해외에서 방랑생활을 하는 사이, 일제 식민지 체제에 편입되기를 거부한 그의 집안은 빠른 속도로 몰락해 가고 있었다. 홍명희를 애지중지 키웠던 증조모 신씨는 그 사이 별세하여 삼년상이 가까워져 가고 있었다. 증조모는 남양에 가 있는 종손 명희를 보고 싶어 늘 우시다가 임종 때에는 성희를 명희로 착각하여 비로소 웃으며 눈을 감으셨다는 것이었다.

집안의 제일 어른인 조부 홍승목은 이미 칠순이 넘어, 아들이 순국하고 장손이 떠나 버린 집안의 대가족을 제대로 다스리고 가세를 유지해 나가기에는 너무 연로한 상태였다. 50명에 달하는 대가족에 말썽도 많고 재산은 날로 축나며 집안 전체가 흔들려서 가족들은 더욱 홍명희를 그리워하고 있었다.

게다가 그 사이 장성한 자제들의 교육 문제도 큰 일이었다. 벌써 열여섯 살이나 된 장남 기문은 경술국치와 조부 홍범식의 순국 이후 극도로 반일적이 된 부친의 방침에 따라 신교육을 전혀 받지 않고 한문만 공부하고 있었다. 차남 기무는 이제 아홉 살이 되어 신식 학교에 보내야 할지 말아야 할지 결정해야 하는 시점이었다. 그리고 아들들처럼 어린 아우 도희와 교희의 교육 문제도 있었다.

그렇지 않아도 홍명희는 오랜 방랑생활에 적잖이 지친데다가 해외에서 자신의 포부에 걸맞는 활동의 장을 끝내 찾지 못하여, 무언가 새로운 돌파구를 찾고자 하는 심적 상태에 놓여 있었다. 게다가 아우를 만나 집안 사정을 듣고 보니, 가장으로서의 책임감도 무시할 수 없었다. 아우의 간청을 이기지 못한 홍명희는 오랜 방랑생활을 청산하고 마침내 1918년 7월 펑텐을 출발하여 귀국길에 오르게 되었다.

출국할 때 가족들에게 영영 고국을 떠나노라고 고하고 중국에 망명하여 독립운동에 투신하려 했던 계획은 빗나가, 홍명희는 햇수로 7년 만에 다시 고향에 돌아오게 되었다. 그러나 20대의 젊은 나이에 오랫동안 해외에서 활동한 경험과 이력은 민족운동가로서의 홍명희의 성장에 지울 수 없는 흔적을 남겼다.

이 시기에 그는 식민지 조선의 상황을 제국주의 시대의 국제질서 속에서 거시적이고 객관적으로 바라볼 수 있는 안목을 갖게 되었다. 그리고 당시 중국에서 활동하고 있던 대표적인 민족해방운동가들과 폭넓게 사귀면서 깊은 동지애를 쌓았다.

신규식 · 박은식 · 신채호 · 김규식 · 조소앙 · 문일평 · 정인보 · 안재홍(安在鴻) 등 그와 중국에서 동고동락하던 인물들은 조선의 민족운동을 이끌어 나간 대표적인 지도자들이었다. 도쿄 유학 시절 홍명희의 절친한 벗이었던 이광수와 최남선은 후일 친일의 유혹에 빠져 그와 길을 달리하게 되었지만, 중국에서 함께 활동한 동지들은 민족운동의 험난한 길을 끝까지 헤쳐 나갔다.

이들 중 신규식 · 박은식 · 신채호는 중국에서 온갖 악조건을 무릅쓰고 조선의 독립을 위해 계속 헌신하다가 비통하게 사망하였다. 그 외의 인물들은 후에 귀국하여 식민지시기의 민족해방운동이나 해방 직후 정치활동의 장에서 홍명희와 다시 만나 함께 활동하게 된다.

한편 홍명희는 남양에서 조선의 독립운동을 위한 재원을 물색해 보겠다는 애초의 목표를 결국 달성하지는 못한 채 귀국하였다. 그러나 당시 조선인들로서는 가 보기 힘든 머나먼 남양에서의 방랑 체험은 그의 안목을 일층 넓혀 주었으며, 민족운동가로서나 문학인으로서의 내면적 성장에 커다란 도움이 되었다.

충청도 협중(峽中)의 작은 고을 괴산에서 양반가의 장손으로 태어나 전래의 봉건적 풍습 아래에서 성장한 그는, 열네 살 때인 1901년 상경하여 신교육을 받기 시작한 이후 서른한 살이 되던 1918년까지 서울과 도쿄, 상하이, 싱가포르 등 당시 동양 굴지의 대도시이자 아시아에서는 현대문명의 첨단을 가는 지역에서 생활하며 20세기의 신문물을 폭넓게 체험하였다.

천성적으로 새로운 것에 대한 호기심과 탐구열이 강한 홍명희였지만, 귀국 후 일제 말까지 국내에만 머물러 있던 그가 끊임없이 서양에서 도래하는 새로운 문물과 현대적인 사조를 기민하게 이해하고 적극 수용해 나간 데에는 이 시기 해외에서의 경험이 크게 작용하였다.

또한 조선조 말 노론 명문가 태생인 홍명희가 그 세대는 물론 그 다음 세대의 지식인들에 비해서도 놀랄 만큼 진취적인 의식과 생활태도를 갖게 된 것도, 젊은 시절 상하이와 싱가포르에서 수년 동안 서구화된 대도시생활을 몸소 체험한 덕분이었다.

이렇게 볼 때 그 자신은 늘 '방랑 시절'이라고 하찮게 표현하던 이 시기의 경험은 홍명희가 사상과 생활의 양면에서 진정한 근대인으로 성숙해 가는 데 결정적인 계기가 되었다고 하겠다.

3·1운동에서 신간회운동까지

괴산 만세시위를 주도하여 투옥되다

해외에서의 오랜 방랑생활을 청산하고 귀국했을 때 홍명희는 이미 서른한 살의 장년이 되어 있었다. 그는 가족들이 예나 다름없이 살고 있던 고향 괴산의 인산리 자택에 안착하여 일가 친척들과 해후하고 그리던 벗들과 재회의 기쁨을 나누었다. 그리고 모처럼 안온하고 다사로운 가정생활을 맛보며 지친 심신을 다스리며 지냈다.

우선 그는 한창 공부할 나이인데다가 총명한 자질을 갖추고 있던 장남 기문의 교육에 주력하였다. 기문이 열 살 때 중국으로 떠났던 홍명희는 그간 아들을 돌보지 않은 책임을 절감하고, 특히 일제치하에서 학교에 보내지 말라고 한 자신의 지시에 따라 여러 해 동안 괴산 같은 시골구석에서 한문만 공부해 온 기문이 어떻게 성장했는지 몹시 우려되었던 것이다.

그런데 그동안 지은 글들을 가져오라고 해서 살펴보니, 기문은 남달리 재주 있고 나름대로 착실히 공부를 해 온 것이 분명하였다. 기문이 습작한 기(記)·서(序)·기행(紀行) 등을 일일이 읽어 보며 이것저것 고쳐 주기도 하고 일러 주기도 하면서 홍명희는 참으로 즐거웠다.

너무 이른 나이에 아들을 낳은데다가 그 사이 독신으로 해외에서 떠돌아다니는 동안 부성애를 느낄 겨를이 없이 살아온 홍명희는 이제 처음으로 자식을 돌보고 자식이 성장해 가는 것을 지켜보는 부모 된 재미를 맛보게 된 셈이었다.

늦기는 했지만 기문이 지금부터라도 신학문을 제대로 공부한다면 장차 큰 학자로 대성할 수 있으리라는 기대도 갖게 되었다. 이제 제법 말귀를 알아들을 만큼 나이도 차고 총기를 갖춘 기문에게 홍명희는 심오한 학문의 세계와 드넓은 세상에 대해 이야기해 주었다.

그리고 제국주의 침략기의 복잡한 국제정세 속에서 일제의 식민지가 된 조선의 비참한 현실을 설명해 주고, 가끔 눈물까지 머금어 가면서 경술국치에 항거하여 순국한 기문의 조부 홍범식의 생전 언행과 비장한 최후에 대해 이야기해 주었다. 특히 홍범식이 후일 종형제가 몇이 되든 돌려 보라며 어린 기문에게 남긴 유서를 상기시키고, 그러한 할아버지의 후예인 너희들은 남달리 자존심이 있어야 하고 인내력이 있어야 한다고 힘지게 일러 주었다.

한창 감수성이 예민한 나이에, 더구나 그간 멀리서 숭배하며 그리던 부친으로부터 받은 훈도는 기문에게 뼛속 깊이 스며들었다. 옛날 한문책이나 많이 보아 유식하다고 자만해 있던 당시의 기문에게는 부친의 입에서 나오는 말씀 말씀이 모두 다 기이하고 괴상하고 놀라웠다. 철학이 어떠하고, 문학이 어떠하고, 세계정세가 어떠하고, 조선 문화가 어떠하고, 가지가지의 그 사실도 놀랍거니와, 끝없이 폭넓은 부친의 학문도 놀라웠다.

후일 홍기문이 뛰어난 국학자로 성장해 간 데에는 이 시기 부친으로부터 받은 자극과 격려가 결정적인 작용을 하였다.

괴산에만 박혀 있으면 그 사이 고국의 현실의 변화를 실감하기 어려웠으므로, 홍명희는 서울에 올라가 보기도 하였다. 조부 홍승목은 아들이 순국하고 장손이 해외에 나가 버린 뒤 세상사에 대한 기대를 접어 버리고 괴산에 내려가 있었다. 그 사이 이래저래 경제적으로 어려워지기도 하여 북촌의 저택도 팔아 버리고 아예 서울 살림을 걷어치운 것이다.

홍승목은 대한제국시기 중추원 찬의를 지내면서 한때 친일 유림단체라 할 수 있는 대동학회 부회장을 역임한 까닭에 한일합병 직후인 1910년 10월 일제로부터 조선총독부 중추원의 찬의에 임명되었었다. 그때가 홍범식이 순국한 직후라 일제가 회유책으로 내린 더러운 작위를 물리치고 싶었지만, 일가족의 안위를 생각하면 공개적으로 거부하거나 반납할 용기는 없었다. 그러므로 홍승목은 어쩔 수 없이 명목상으로나마 중추원 찬의 직함을 지닌 채 고향으로 내려가 조용히 여생을 보내고 있었다.

그런 까닭에 홍명희는 서울 나들이를 하여 여러 벗과 동지들을 만나 보고서야 비로소 일제 무단통치하의 조선의 현실과 민심의 동향을 감지할 수 있었다. 그 사이 식민지 수도 경성은 여러 면에서 근대화가 이루어져 놀랍도록 변화해졌다고 세인들은 이구동성으로 말하였다. 그러나 여러 해 동안 상하이와 싱가포르에서 지내다 온 홍명희에게는 그러한 식민지 근대화의 현란한 면모라는 것도 별로 보잘것없어 보였다.

오히려 그의 눈에는 일제의 강압적 통치와 피폐한 경제상황하에서 비참한 생활을 하고 있는 민중들의 모습이 더 크게 눈에 띄었다. 그리고 그러한 압제를 더 이상 견딜 수 없어 폭발할 것 같은 민중들의 기세가 예민하게 느껴져 왔다. 1919년 1월 대한제국의 황제이던 고종이 승하하자, 민중들 사이에는 일제가 고종을 독살했다는 소문이 널리 퍼지면서 일제에 대한 적개심이 극도로 고조되고 있었다.

한편 1917년 사회주의 혁명에 성공한 러시아는 열강의 제국주의를 비난하면서 약소 민족 해방에 대한 지원을 공언하였다. 뿐만 아니라 1차 세계대전 이후 자본주의 세계체제의 패권을 장악하게 된 미국의 대통령 윌슨은 패전국들의 식민지 처리에 민족자결주의를 적용할 것을 주창하였다.

이러한 국제정세에 고무되어 상하이에서는 1918년 11월 신한청년당을 결성하고 독립청원서를 작성하여 중국에 온 미국 특사에게 전하였다. 그리고 1919년 1월 김규식을 파리강화회의에 대표로 파견하여 국내외 민족운동가들과 독립운동 방법을 협의하게 했다. 또한 도쿄에서는 그해 2월 조선인유학생 학우회가 중심이 되어 조선독립청원단을 결성하고 독립선언서를 발표했다.

부친의 순국 이후 해외에서의 독립운동의 가능성을 모색하다가 여의치 못해 귀국한 홍명희는 향후 여건이 조성되기만 하면 다시금 민족해방운동에 헌신할 열정을 가슴속 깊이 품고 있었다.

그러한 홍명희에게 상하이의 동지들은 국제적인 동향을 기민하게 알려 주었다. 그 무렵 홍명희에게 보내온 신규식의 편지에서는 '미국(米國, 美國의 일본식 표기)'을 '미전도가(米廛都家, 쌀 도매상)'라는 암호로 칭하여, '미전도가에서는 우리에게 어떻게 한다'는 식으로 국제정세를 알려 주곤 했다.

게다가 상하이에서 파리강화회의에 대표로 파견된 김규식이나 도쿄에서 2·8독립선언서를 기초한 이광수, 3·1운동 당시 3·1독립선언서를 기초한 최남선은 모두 홍명희의 절친한 친우요 동지들이었다. 홍명희가 귀국 이후 한동안의 칩거 상태를 박차고 나와 3·1운동의 대오에 합류하게 된 데는 이러한 요인들이 크게 작용하였다.

홍명희는 귀국 후 괴산에 거주하고 있었으므로, 당시 서울에서 은밀히 독립선언을 추진중이던 인사들과 사전에 연락이 닿지는 않았던 듯하다. 그러나 국내외의 정세가 미묘함을 감지한 홍명희는 3월 1일로 예정된 고종의 국장(國葬)을 보기 위해 상경하였다. 그리하여 3월 1일 정오 서울에서 일어난 대규모 군중시위를 목도하고, 서울뿐 아니라 평양·진남포·안주·의주·선천·원산 등 각지에서 지속적으로 일어난 만세시위에 강한 충격과 감동을 받았다.

3월 15일 귀향한 홍명희는 괴산 고을의 뜻있는 인사 수십 명과 접촉하여 독립만세운동에 대한 의견을 교환하였다. 그리고 인산리 고가의 사랑채에서 벗 이재성(李載誠)·김인수(金仁洙), 서계의 숙부 홍용식(洪用植) 등 가까운 동지들과 숙의한 끝에 3월 19일 괴산면 장날에 만세시위를 벌이기로 결의하였다.

거사일 전에 홍명희는 '마지막 한 사람까지 조선독립운동을 해야 한다'는 취지의 독립선언서를 손수 집필하여 동지들로 하여금 밤새 등사판으로 수백 장의 유인물을 제작케 하였다.

3월 19일 괴산 장날이 되자 인쇄한 독립선언서를 몰래 지니고 장터에 나타난 홍명희와 홍용식·이재성은 오후 5시경 모여든 군중에게 이를 나누어 주면서, 다같이 '조선독립 만세'를 높이 불러 독립운동을 하자는 취지의 연설로 그들을 선동하였다. 여기에는 시장에 나온 군중들뿐 아니라 수십 명의 학생들이 종이로 만든 태극기를 들고 가담하였다.

이에 일본 경찰은 즉시 주모자 17명을 검거하고 국기와 유인물을 압수하였다. 그러나 그 수가 점점 불어나 600~700명에 달한 군중은 경찰서를 포위하고 검거된 인사들의 석방을 요구하며 투석 폭행하였다. 결국 시위대는 경찰과 충주에 주재한 수비대의 진압으로 밤늦게야 해산하였다.

괴산에서 충북 지역 최초의 만세시위가 일어나 홍명희를 위시한 주모자들이 검거되자, 홍명희의 아우 홍성희는 김인수 등과 함께 다음 괴산 장날인 3월 24일 다시 대규모 만세시위를 주도하여 경찰에 체포되었다. 그러자 이에 분격한 700여 명의 군중은 경찰서·우편국·군청을 습격하여 투석 항의하다가 경찰과 충주 수비대의 진압을 받아 밤늦게 해산하였다.

그 이후 괴산군 내의 다른 면에서는 물론, 청주·옥천·영동·음성·진천·충주·보은·제천 등 충청북도 각 지역에서 연쇄적으로 만세시위가 벌어졌으며, 점점 더 과격한 양상을 띠게 되었다.

괴산 만세운동 주모자들에 대한 재판은 서둘러 진행되었다. 1919년 4월 17일 홍명희는 공주지방법원 청주지청에서 열린 1심 공판에서 출판법과 보안법 위반으로 징역 2년 6개월을 선고받았다. 5월 19일에 열린 경성 복심(覆審)법원의 항소심에서는 초심 때와 동일한 죄상이 인정되기는 했으나, 신·구법을 대조하여 그중 가벼운 쪽을 적용한다는 방

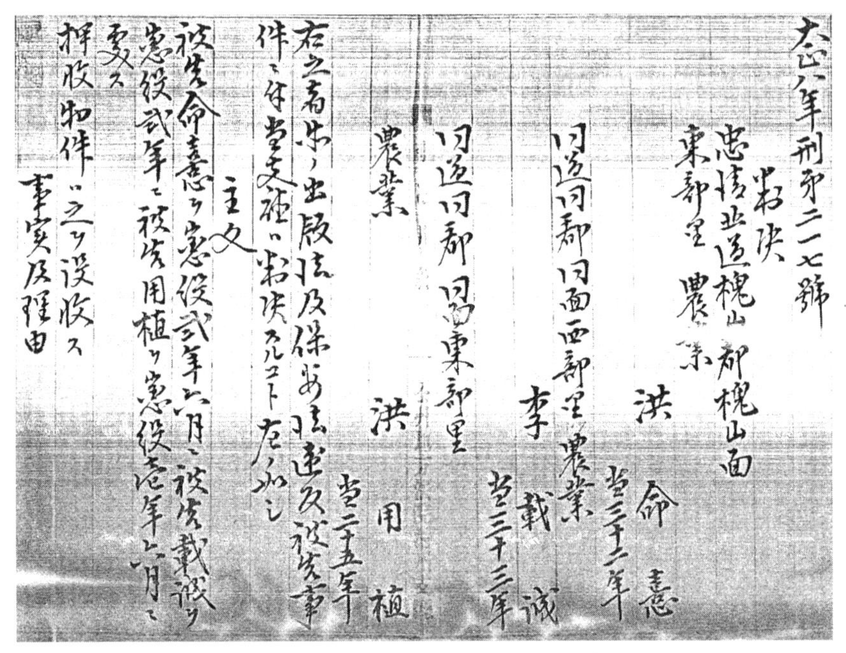
大正八年刑第二一七號
判決
忠清北道槐山郡槐山面
東部里 農業
洪 命憙
當三十二年
同道同郡同面西部里 農業
李 載誠
當三十三年
同道同郡 同面東部里
農業
洪 用植
當二十五年
右之者等ニ對スル出版法及保安法違反被告事件ニ付當支廳ハ判決スルコト左ノ如シ
主文
被告命憙ヲ懲役貳年ニ處シ被告載誠ヲ懲役貳年ニ被告用植ヲ懲役壹年六月ニ處ス
押收物件ハ之ヲ沒收ス
事實及理由

3·1운동 때 괴산 만세시위를 주도하여 투옥된 홍명희에 대한 판결문

침에 따라 출판법 위반으로 징역 1년 6개월을 선고받았다.

숙부 홍용식은 마찬가지로 징역 1년 6개월을, 아우 홍성희는 징역 1년을 선고받았다. 이들은 모두 그에 불복하여 3심인 고등법원에 상고했으나, 상고가 기각되어 형이 확정되었다.

청주형무지소에 수감된 홍명희는 붉은 수의를 입고 수인번호 83호로 불리며 힘겨운 옥중생활을 하게 되었다. 홍씨 일가에서는 홍명희뿐 아니라 아우 성희, 서계의 숙부 용식과 태식 등 성년이 된 장정들이 모두 투옥된 셈이었다.

게다가 만세운동은 그간 점차 기울어 가던 집안이 결정적으로 몰락하는 계기가 되어, 그해 5월 일가족은 괴산 인산리의 대저택을 처분하고 제월리의 묘막으로 이주하였다. 60년 동안 대가족이 거주해 왔던 인산리 고가가 남의 집안에 넘어간 것은 홍씨 가문의 몰락을 상징적으로 보여 주는 사건이었다.

하필 집안의 장정들이 모두 투옥된 바람에 어린 기문이 연로한 증조부를 모시고 이사 채비를 차리게 되었다는 소식을 들으니 옥중에서 홍명희는 더욱 비감에 젖지 않을 수 없었다.

그해 6월에는 홍명희가 검거될 때 임신중이던 처 민씨가 제월리 집에서 셋째 아들 기하를 낳았다는 소식이 들려왔다. 둘째 기무와 무려 아홉 살 터울로 셋째 아들이 태어난 것은 집안의 큰 경사라 하겠지만, 옥중에 있어 갓난아이를 볼 수도 없는 몸인 홍명희는 그 소식에도 역시 서글픈 마음이 들었다.

게다가 그해 겨울에는 유난히도 큰 추위가 닥쳐, 본래 약질이던 홍명희는 옥중에서 병이 나고 말았다. 그러자 부친의 병환 소식을 듣고 면회 온 장남 기문이 안타까운 나머지 졸도까지 하는 바람에 홍명희는 심신의 고통이 더 심하게 되었다.

남달리 힘들게 옥고를 치르던 홍명희에게 일제로부터 소위 "은사(恩赦)"가 내렸다는 소식이 들려왔다. 징역 10개월 14일로 감형되었다는 것이다. 그리하여 그는 검거된 지 1년 1개월이 조금 지난 1920년 4월 28일 청주형무지소에서 만기 출감하였다.

시대일보 사장과 오산학교 교장을 지내다

출옥 후 홍명희에게는 식민지 치하에서의 고달픈 생활이 본격적으로 시작되었다. 우선 그는 옥중생활로 건강을 상한 위에, 경제적으로도 극심한 어려움에 시달리게 되었다.

홍씨 일가는 한때 선산이 있는 제월리 일대 대부분의 토지가 그들 소유였다는 말이 있을 정도로 대지주 집안이었다. 그러나 홍범식의 순국 이후 집안의 재산은 나날이 줄어들어, 홍명희가 출옥했을 당시에는 인산리 고가뿐 아니라 그 많던 전답도 극히 일부를 제외하고는 남의 손에 넘어가 버린 상태였다.

그러므로 출옥 후 한동안 괴산 제월리에서 정양하다가 대가족을 이끌고 상경한 홍명희는 내내 서울에서 셋집을 전전하지 않으면 안 되었다. 이 시기에 그는 생계를 위해 교단에 서기도 하고 언론계에 몸담기도 했지만, 그러한 직장들에 오래 머물지도 못했거니와 거기에서 나오는 수입으로는 대가족의 생계를 보장할 수 없는 형편이었다.

심지어 한때는 셋집에서조차 쫓겨나서 30명에 달하는 대식구가 두어 달이나 고모네 집 누이동생네 집으로 흩어져 지내다가 겨우 다시 셋집을 정하고 들어앉기도 하였다.

출옥하던 해에 홍명희는 장남 기문과 둘째 아우 도희를 혼인시켰다. 이들 두 사람은 당시 열여덟 살로 동갑이었는데, 전통적인 관습에 따라 집안의 주선으로 조혼을 한 것이다.

또한 이듬해에는 홍명희와 민씨부인 사이에서 쌍둥이인 딸 수경과 무경이, 1926년에는 막내딸 계경이 태어났다. 그리고 1923년에는 장

1920년대의 홍명희

남 기문과 그의 처 덕수 이씨 사이에서 장손 석진이 태어나, 홍명희는 불과 36세의 나이로 조부가 되었다.

그러나 한편으로 홍명희는 이 시기에 연달아 혈육을 잃는 아픔을 겪게 되었다. 출옥 직후인 1920년 8월에는 돌이 갓 지난 셋째 아들 기하를 여의었다. 부친이 옥중에 있을 때 태어나 아비와 대면한 지 얼마 되지도 않은 애틋한 자식이었다. 그후 1922년에는 막내 아우 교희가 서울 안국동의 셋집에서 세상을 떠나고, 이듬해에는 결혼한 지 얼마 안 된 둘째 아우 도희마저 요절하였다.

1925년에는 조부 홍승목이 79세를 일기로 타계하였다. 홍승목은 집안에서는 조선왕조의 고위 관리를 지낸 마지막 인물이요, 부친을 일찍 여읜 홍명희에게는 오랫동안 부친이나 다름없는 존재였었다.

그러한 조부의 죽음으로, 이제 홍명희는 일찍이 도쿄 유학 시절 이래 정신적으로 거리를 느끼고 있던 봉건시대와의 마지막 유대로부터 완전히 떨어져 나오게 된 셈이었다. 이와 아울러 명실공히 집안의 기둥이자 가장 웃어른이 된 홍명희는 철저히 근대적 지식인으로서 자신의 삶을 타개해 나가지 않으면 안 되게 되었다.

서울로 이주한 후 홍명희는 주로 교육계와 언론계에 몸담으면서 다양한 사회활동을 하였다. 1920년대 초에 그는 일시 휘문학교와 경신학교 교사를 지냈으며, 그후 중앙불교전문학교와 연희전문학교에 출강하기도 하였다. 1923년경에는 당시 유수한 출판사였던 조선도서주식회사의 전무로 근무하였다.

양건식(梁建植)은 그 무렵 홍명희의 모습을 다음과 같이 전하고 있다.

> '동경 유학생 중 삼재자(三才子)의 1인?' 퍽 경박하게 들리는 말이다. 그러나 재자라는 홍군은 나에게 한 단아한 선비로구나 하는 느낌을 먼저 주었다. 보통 중키에 약질로 생긴 사람이 조금 이마에 대머리가 진 갸름한 얼굴에 총명한 듯하고도 공겸(恭謙)하고 한아(閑雅)하고도 친절하며 그리고 상글상글 웃으면서도 수줍어하는 태도로 나의 눈앞에 나타날 때에 이를 한문식으로 평하여 여옥기인(如玉其人)이라 할는지, 세간에서 흔히 보는 문사와는 같지가 아니하였다. 학자·문인 이 두 가지의 특징을 겸해 가진 풍모에 조숙한 문인의 내로라 하는 경조(輕佻)한 기풍은 아니 보였었다.[20]

20) 백화(白華), 「문인 인상 호기(互記)—홍명희군」, 『개벽』 1924년 2월호(『벽초자료』, 229쪽).

홍명희는 도쿄 유학 시절부터 최남선·이광수와 함께 재사라는 평판이 자자했으므로, 양건식은 그가 '조숙한 문인'의 경박한 풍모를 지녔으리라고 예상했던 듯하다. 그러나 그의 앞에 나타난 홍명희는 '옥같이 깨끗한' '단아한 선비'의 인상을 주었다는 것이다.

1924년 5월 홍명희는 동아일보사 취체역(取締役) 주필 겸 편집국장에 취임함으로써 언론인으로서의 활동을 시작하였다. 3·1운동 이후 일제가 소위 문화정치를 표방하면서 언론과 출판을 제한적으로 허용함에 따라, 1920년에는 『조선일보』와 『동아일보』가 잇달아 창간되어 민간지의 시대가 열리게 되었다.

그러나 창간 당시의 사회적 여망과는 달리 김성수(金性洙)·송진우(宋鎭禹)를 경영진으로 한 동아일보는 민족개량주의적인 노선으로 치닫고 있었다. 그러던 중 1924년 1월 일제 식민통치에 타협적인 자치운동 노선을 시사한 이광수의 사설 「민족적 경륜」이 물의를 빚어, 각계의 성토와 불매운동에 직면하게 되었다.

그에 대한 미봉책으로 동아일보사측에서는 사장 송진우의 사표를 수리하고, 민족주의자로서 명망이 있던 이승훈(李昇薰, 본명 李寅煥)을 사장으로 영입함과 동시에 홍명희를 주필 겸 편집국장으로 초빙하게 된 것이다.

이처럼 신문사 내외의 압력에 따라 간부진이 대폭 개편되자, 홍명희는 『동아일보』를 진정한 민족지로 키우려는 의욕에 차 주필 겸 편집국장직을 수락했던 듯하다.

그리하여 동아일보사에는 홍명희의 아우 홍성희가 사업부장으로, 홍명희의 절친한 벗들인 이승복(李昇馥)이 조사부장으로, 정인보가 논설위원으로, 이관용(李灌鎔)이 촉탁기자로, 그리고 홍명희와 함께 신사상연구회 창립회원으로 활동하고 있던 구연흠(具然欽)이 지방부장으로 취임하는 등, 홍명희와 가깝고 뜻이 맞는 인물들이 상당수 입사하여 요직을 맡았다.

기자들 중에도 화요회 회원이던 청년 사회주의자 박헌영(朴憲永)·임원근(林元根)·허정숙(許貞淑), 그리고 홍명희를 따르던 젊은 문인들인 심훈·김동환(金東煥)·안석영(安夕影) 등이 재직하게 되어, 사내 분위기가 일신되는 듯하였다.

이와 같이 필진이 달라짐에 따라, 이 시기 『동아일보』는 사설을 비롯한 전반적인 논조가 현저히 일제에 비타협적인 방향으로 선회하였다. 그리고 그 결과 기사나 사설이 일제 당국에 의해 압수된 횟수가 이전에 비해 엄청나게 늘어났다.

홍명희는 문예 방면에 특별히 관심을 기울여 이듬해 연초부터는 학예부장을 겸임하기도 하였다. 당시 『동아일보』에서는 한국 신문사상 최초로 '신춘문예'를 공모했는데, 그 이후 신춘문예 제도는 다른 신문들에서도 채택되어 오늘날까지 수많은 문인들을 배출한 중요한 통로가 되어 왔다.

그런데 이광수의 사설 파문으로 야기된 사내분규가 어느 정도 진정되자, 사주 김성수는 여론 무마용으로 초빙했던 사장 이승훈을 불과 5개월 만에 고문직으로 밀어내고 직접 사장으로 들어앉아 경영과 편집의 전권을 장악하였다. 이러한 와중에서 홍명희는 점차 영향력을 잃고 신문사 일에 소극적으로 되어 갔던 듯하다.

애초의 기대와는 달리 동아일보사에서 뜻을 펼 수 없게 된 홍명희는 마침내 1925년 4월 사직서를 내고 시대일보로 자리를 옮겼다. 그러자 그의 후임으로 송진우가 주필에 임명됨으로써 동아일보는 종전의 김성수·송진우 체제로 되돌아가고 말았다.

『시대일보』는 최남선이 간행하던 주간지 『동명(東明)』의 후신으로서, 1924년 3월 제호를 바꾸어 일간지로 출발한 신문이었다. 창간 이후 인기를 누리던 『시대일보』가 경영난으로 신흥종교단체인 보천교(普天教)로 경영권이 넘어갈 위기에 처하게 되자, 홍명희는 주위의 뜻있는 인사들과 함께 재단을 구성하여 시대일보를 인수하게 된 것이다.

시대일보에서 홍명희는 처음에 편집국장직을 맡았다가 얼마 안 가 부사장으로, 이어서 사장으로 승진하였다. 시대일보로 옮긴 홍명희는 이번에야말로 동아일보에서 이루지 못한 뜻을 살려 진정한 민족지를 만들려는 의욕을 품었던 듯하다.

그리하여 동아일보에 재직할 때 그와 뜻을 같이하던 동지들이 거의 모두 시대일보로 이동하여 간부진에 포진하였다. 홍성희, 이승복, 구연흠은 시대일보에서 각각 계획부장, 상무이사, 논설부장직을 맡았다. 그리고 동아일보 편집국장 대리였던 한기악(韓基岳)은 시대일보에서 편집국장 대리를 거쳐 홍명희의 후임으로 편집국장이 되었으며, 이관용은 홍명희가 시대일보 사장직에 오르면서 부사장직을 맡았다.

이와 같이 새로운 진용으로 재출발을 하게 되자 『시대일보』는 『동아일보』 『조선일보』와 경쟁하면서 이른바 3대 민족지의 정립시대를 맞이하게 되었다. 그리하여 한동안은 발행부수가 『동아일보』를 능가하기까지 하였다. 그러나 합자회사 형태로 재출발한 시대일보사는 신문사를 안정되게 경영하는 데 필요한 자금 확보에 실패하여 다시금 재정난에

봉차하였다.

그후 『시대일보』는 총독부에 형식적인 납본만 하며 겨우 명맥을 유지하다가, 1926년 8월부터 휴간한 끝에 결국 발행권이 취소되어 폐간되고 말았다.

『시대일보』가 폐간된 후인 그해 10월 홍명희는 정주 오산학교 교장으로 부임하였다. 오산학교는 1908년 이승훈이 설립한 서북지방의 명문교로서, 민족교육의 전당으로 널리 알려져 있었다. 그 무렵 오산학교는 재단법인이 설립되고 오산고등보통학교로 승격되는 등 발전을 거듭하는 전환기에 처해 있었다.

그런데 공교롭게도 홍명희가 겨울방학을 맞아 상경한 그해 말부터 신간회 창립에 관한 논의가 급진전되어, 홍명희는 더 이상 정주에 남아 학교 일에만 전념할 수 없는 상황에 놓이게 되었다. 결국 신간회 활동에 전념하기 위해 홍명희는 1년이 채 못 되어 오산학교 교장직을 사임하고 말았다.

홍명희는 동아일보에 재직할 때 「학예란」과 「학창산화」라는 제하에 연재한 칼럼들을 모아 1926년 조선도서주식회사에서 첫 저서 『학창산화』를 간행하였다.

광범한 독서를 바탕으로 다방면에 걸친 지식을 신문·잡지에 소개하는 현대적인 칼럼의 형식은 우리나라에서는 홍명희가 처음 개척한 것이라 할 수 있다. 이는 조선시대 지봉 이수광(李睟光)의 『지봉유설(芝峰類說)』이나 성호 이익(李瀷)의 『성호사설(星湖僿說)』 등의 전통을 현대화한 셈이다.

도쿄 유학 시절에 홍명희는 『대한흥학보』에 「원자 분자설」 「동서 고

1926년 조선도서주식회사에서 간행된 홍명희의 저서 『학창산화』

적의 일반」 등의 제목으로 유사한 성격의 글들을 발표한 적이 있었다. 『동아일보』의 칼럼들은 이를 이어받되, 내용상 서양을 중심으로 한 현대세계의 지식을 많이 담고, 형식 면에서도 현대의 신문이 요구하는 짧고 경쾌한 형식으로 약간의 변화를 준 것이다.

『학창산화』는 언어·문학·역사·철학·사회과학·자연과학 등 광범한 분야의 지식을 다루고 있어, 홍명희가 당시 지식인들 중 유례가 드물 만큼 폭넓은 지적 관심과 조예를 지니고 있었음을 말해 준다. 특히 도쿄 유학 시절 자연과학에 매료되어 한때 자연과학을 전공하려 했었다는 홍명희의 관심을 반영하여, 자연과학에 관한 항목들이 매우 큰 비중을 차지하고 있다.

한편 『학창산화』는 우리나라 최초의 수필집이라 간주되기도 하듯이, 단순히 여러 분야의 지식을 나열하기만 한 책은 아니다. 그 가운데 당시 홍명희의 의식세계를 엿볼 수 있는 대목이 적잖이 포함되어 있는 것이다. 여기에서 그는 양반 출신으로 한학을 수학한 인물이라고는 믿기지 않을 만큼 합리적이고 진보적인 사고를 보여 주고 있다.

또한 『학창산화』에는 우리 민족문화에 대한 주체적인 의식과 동서고금의 문물에 대한 폭넓은 식견, 특히 풍속사와 어원에 대한 깊은 조예, 그리고 온갖 사물의 디테일에 대한 홍명희의 남다른 관심이 드러나 있다. 바로 이러한 그의 정신적 특질은 후일 『임꺽정』과 같은 탁월한 리얼리즘 역사소설을 낳게 한 원동력으로 작용했을 것이다.

사상운동과 프로문예운동에 관여하다

출옥 이후 홍명희는 일단 교직과 언론계에 몸담기는 했지만, 다른 한편 1920년대의 새로운 사회정세하에서 민족해방운동의 가능성을 끊임없이 모색하고 있었다.

3·1운동으로 인해 일제 총독정치가 일시 유화적인 방향으로 선회하자, 당시 조선에는 전례없이 고조된 사회 분위기가 형성되고 있었다. 그리하여 1920년대 부르주아 민족운동은 일제치하에서의 실력 양성과 자치를 추구하는 민족개량주의 노선과, 일체의 타협을 거부하고 절대독립론을 견지한 비타협적 민족주의 노선으로 분화해 갔다. 한편 이러한 부르주아 민족운동과는 별도로, 3·1운동 이후 민족해방을 위한 새

로운 실천적 대안으로서 사회주의 사상이 급속히 보급되었다.

홍명희는 이미 도쿄 유학 시절인 1909년에 갓 일역된 크로포트킨의 『빵의 약탈』을 읽었으므로, 조선의 지식인들 중에서는 초보적이나마 사회주의 서적에 접한 거의 최초의 인물인 셈이었다. 그후 그는 중국과 남양에서 활동하는 동안 러시아혁명과 사회주의에 대해 일정한 식견을 갖추게 되었을 것으로 짐작된다. 그러나 그가 사회주의에 대해 적극적인 관심을 갖게 된 것은 3·1운동으로 옥고를 치르고 나온 이후부터였다.

국내에서 사회주의에 대한 인식이 극히 미미하던 1921년 무렵에 홍명희는 맑스주의 원전들과 아울러 가와카미 하지메〔河上肇〕, 야마가와 히토시〔山川均〕 등 일본 맑스주의자들의 책을 읽었다. 그리고 당시 급진적인 지식인들의 사상단체인 신사상연구회와 그 후신인 화요회, 그리고 화요회를 주축으로 사회단체들의 통합을 추진하기 위해 결성한 정우회(正友會)에 참여하여 주요 회원으로서 활동하였다.

신사상연구회는 1923년 7월 사회주의 사상을 연구하려는 목적으로 결성된 사상단체였다. 애초에는 소규모의 동호회 비슷하여, 창립회원은 홍명희·홍증식(洪增植)·이재성·이승복·김병희(金炳僖)·구연흠 등 16명이었다. 이들은 사회주의에 대한 강습과 토론회, 이론서와 잡지 간행을 당면 사업으로 내세웠다.

창립회원의 주축을 이룬 것은 홍명희와 비슷하게 신학문을 익힌 30대 인사들이었다. 그중 특히 이재성과 이승복은 홍명희의 절친한 벗으로서, 이재성은 홍명희와 함께 괴산 만세운동을 주도하여 옥고를 치르기까지 한 인물이었다.

그후 신사상연구회에는 조봉암(曺奉岩) · 박헌영 · 임원근 · 김단야(金丹冶) 등 해외에서 사회주의 이론을 체계적으로 학습하고 사회주의운동단체에서 경험을 쌓은 청년회원들이 대거 가입하였다. 그에 따라 신사상연구회는 20대의 신입회원들이 주류를 이루게 되었으며, 청년운동 부문이 크게 강화되었다.

1924년 11월 신사상연구회는 맑스의 생일이 화요일이었다 하여 화요회로 명칭을 바꾸면서, 동시에 맑스주의 행동단체로 그 성격을 전환하였다. 이 화요회에는 후일 조선공산당 창립의 주역이 되는 김찬(金燦)을 위시한 20대의 쟁쟁한 사회주의운동가들이 참여하여, 1926년 초에는 회원이 100여 명에 이를 정도로 성세를 이루었다.

당시 동아일보 주필 겸 편집국장으로 재직하고 있던 홍명희는 신사상연구회가 화요회로 전환한 뒤에도 활동을 계속하여 간부로 있었다. 그의 아우 홍성희 역시 화요회 회원으로서 1926년 초에는 집행위원의 한 사람으로 활동하고 있었음이 확인된다.

1925년 4월 화요회의 주도하에 북풍회(北風會)의 일부가 가담하여 조선공산당이 극비리에 결성되었다. 그후 조선공산당은 1928년 제4차 조선공산당이 해체되기까지 수차례에 걸친 일제의 대대적인 검거를 당하면서도 재건을 거듭하며 끈질기게 활동하였다.

한편 합법적인 단체로서 화요회는 북풍회 등 몇몇 사회주의 계열의 단체와 합동을 추진하여, 우여곡절 끝에 1926년 4월 정우회를 발족시켰다. 정우회는 사회주의운동단체이기는 했지만, 민족통일전선을 추진하려는 목적으로 결성된 단체였다.

1924년 중국의 국공합작(國共合作)에 고무된 코민테른이 조선공산당에 중국과 같은 형태의 '국민당' 결성을 촉구하자, 조선공산당은 결성 이래 줄곧 좌우 양 진영을 하나의 대오로 묶은 민족통일전선의 수립을 모색하였다. 그리하여 제2차 조선공산당은 화요회를 중심으로 사회주의운동단체의 협동을 추진한 끝에 정우회를 발족시켰던 것이다.

정우회는 1926년 11월 분파 투쟁의 청산과 사상단체의 통일을 주장한 정우회선언을 발표하여 좌우 양대 운동 진영에 큰 충격을 주었다. 뿐만 아니라 1927년 2월에는 정우회선언의 실천을 위해 솔선하여 자진 해체를 단행함으로써, 신간회 결성을 위한 바탕을 마련하였다.

홍명희는 화요회가 민족통일전선을 지향하는 정우회로 확대 개편되는 데 전적으로 찬동하는 입장이었다. 그와 홍성희는 화요회에 뒤이어 정우회 회원으로도 계속 활동했으며, 특히 홍성희는 1926년 9월 정우회 집행위원의 한 사람으로 피선되기도 하였다.

그 무렵 홍명희의 장남 홍기문도 사회주의운동에 가담하였다. 국내에서 신학문을 공부할 시기를 놓쳤던 홍기문은 후원자의 도움을 받아 뒤늦게 상하이와 도쿄에 유학을 갔다가, 그곳에서 맑스주의에 경도되었던 것이다. 도쿄에서 그는 재일 유학생들이 만든 북풍회 계열의 사회주의단체 일월회(一月會)에 가입하였다.

그러므로 화요회 회원이던 부친과 계파를 달리하게 된 홍기문은 부친의 사상적 노선에 대해 불만을 품고 공격하는 내용의 편지를 자주 보내 오곤 하였다. 당시 홍명희·홍기문 부자는 사회주의운동의 대오에 참여한 점에서는 일치되었지만, 구체적인 운동 노선이나 정세 인식 등에서는 서로 미묘한 갈등관계에 있었던 것이다.

한편 이 시기에 홍명희는 비타협적 민족주의자들이 중심이 되어 조직한 조선사정조사연구회(朝鮮事情調査研究會)에도 참여하였다. 조선사정조사연구회는 1925년 9월 백남운(白南雲)·김준연(金俊淵)·안재홍·조병옥(趙炳玉)·이관용·홍명희 등이 회합하여 결성한 일종의 학술단체였다.

그들은 조선 사회를 여러 분야로 나누어 연구하고 매월 그 결과를 발표·토론하는 한편, 대중을 상대로 강연을 하거나 팜플렛을 발행하는 것을 주요 사업계획으로 하였다. 그러나 몇몇 회원들의 개별 논문이 신문·잡지에 발표된 것 이외에는 정기적이고도 활기찬 조직활동을 하지는 못했던 것 같다.

일제 경찰은 조선사정조사연구회가 단순한 학술단체가 아니라 민족운동 기관을 목표로 한 단체라 파악하고 있었다. 그러나 조선사정연구회는 사상적 편차가 큰 다양한 성향의 인물들로 구성되었기 때문에, 어떤 단일한 이념을 지향하는 조직으로 규정하기는 어렵다.

조선사정조사연구회 회원들 중에는 민족개량주의 노선을 따른 인사도 있었고 사회주의운동에 관여한 인물들도 있었으나, 핵심 세력은 안재홍·이관용 등과 같은 비타협적 민족주의 진영에 속한 인물들이 대부분이었다. 1927년 2월 신간회가 결성되자, 그중 김준연·안재홍·한위건(韓偉健)·조병옥·이관용·홍명희 등 다수의 인사가 신간회에 참여하게 된다.

홍명희는 『학창산화』나 『임꺽정』에 확연히 드러나 있는 바와 같이 조선의 지리·역사·풍속·언어·문학 등에 대해 각별한 관심과 해박한 지식을 지니고 있었다. 그런 까닭에 "조선에는 조선의 역사가 있고 독특한 민족성이 있다"고 주장하며 조선의 현실을 조사·연구함으로써

"민족정신의 보존에 노력"한다는 조선사정조사연구회의 창립 취지에 공감했을 것이다.

또한 조선사정조사연구회의 중심 인물이었던 안재홍과 이관용은 홍명희의 절친한 벗들이었다. 안재홍은 1913년 해외 독립운동의 가능성을 살펴보고자 상하이에 들렀을 때 홍명희와 교분을 맺은 이후 계속 친밀한 교우관계를 유지하고 있었다. 이관용은 홍명희와 죽마고우로서, 1920년대 내내 언론활동과 민족해방운동을 함께 한 인물이었다.

당시 홍명희는 무엇보다도 민족주의와 사회주의의 협동전선을 염두에 두고 있었기에 비타협적 민족주의자들이 주도하는 조선사정조사연구회에 가담했던 것 같다. 그러나 중심 인물로서 활발한 활동을 하지는 않았던 듯, 조선사정조사연구회에서 실제 연구를 수행하고 그 성과를 보고한 사례가 발견되지는 않는다.

그 무렵 홍명희는 국제어 에스페란토의 연구와 보급을 위해 조직된 조선에스페란토협회에서도 활동하였다. 에스페란토는 자멘호프(L. L. Zamenhof)가 1887년 폴란드 바르샤바에서 처음 발표한 국제어이다. 당시에는 세계적으로 에스페란토운동이 활발했으며, 국내에서도 신문·잡지에 에스페란토에 대한 소개나 지상강좌가 게재되는 등 에스페란토에 대한 관심이 높았다.

1910년대 상하이에서 에스페란토를 배워 조선 최초의 에스페란티스토로 알려져 있던 홍명희는 1923년 여름 조선에스페란토협회가 주최한 에스페란토 강습회에서 강의를 하였다. 그리고 김억(金億)이 쓴 교재『에스페란토 독학(獨學)』에 에스페란토로「머리말(Antaŭparolo)」을 써 주었다. 이듬해에는『동아일보』에 연재하던 칼럼의 하나로「국제어」

라는 글을 발표하기도 했다.

이러한 활동 사실과 아울러 그가 남긴 글들을 살펴보면, 홍명희는 에스페란토의 필요성과 역사에 대해 상당한 이론적 지식을 가지고 있었고 어학적인 실력도 뛰어났음을 알 수 있다. 그러한 연고로 그는 해방 후 에스페란토조선학회 위원장으로 추대되기도 하였다.

또한 이 시기 홍명희는 당시 문단에서 크게 세력을 떨치고 있던 조선프롤레타리아예술동맹(KAPF)과 일정한 관련을 맺고 있었으며, 프로문학 진영의 대선배로 대접받고 있었다.

홍명희는 평생 직업적인 문인으로 자처하지 않았거니와, 더욱이 이 시기는 아직 『임꺽정』 연재를 시작하지도 않은 시점이었다. 하지만 그는 당시 지식인 사회에서 문인으로 간주되고 남다른 기대를 받고 있었다. 그런데다가 화요회와 같은 사회주의운동단체의 주요 회원으로 활동하고 있었던 만큼, 프로문학운동단체인 카프와 관련을 갖게 된 것은 지극히 자연스러운 일이라 할 수 있다.

카프는 1925년 8월에 결성되었고, 그 기관지에 해당하는 『문예운동』은 1926년 1월에 창간되어 제2호까지 발행되었다. 그런데 창간호에는 홍명희의 평론 「신흥문예의 운동」이, 그해 5월에 간행된 제2호에는 「예술기원론의 일절」이 실려 있다.

「신흥문예의 운동」[21]에서 홍명희는 '예술을 위한 예술'의 경향을 비판하고, '신흥문예'를 '유산계급에 대항한 문학', '생활의 문학', '신흥계급의 사회변혁의 문학' 즉 '프롤레타리아 문예'로 규정한다. 그리고

21) 홍명희, 「신흥문예의 운동」, 『문예운동』 1926년 1월호(『벽초자료』, 69~72쪽).

"역사적 필연을 가진 신흥계급이 계급전(戰)에 있어서 반드시 이길 것이나 마찬가지로 문단세력에 있어서도 신흥문예가 그 주조(主潮)를 잡을 것은 멀지 않은 장래일 것"이라고 하여 그 역사적 필연성을 역설한다. 그리고 이 신흥문예운동은 "온갖 종류의 장애와 압박"을 극복하고 나아가야 하며, "프롤레타리아 제일선 운동과도 악수"해야 한다고 주장하고 있다.

이 평론은 프로문학의 역사적 필연성을 논하고 문예운동과 사회주의운동의 의식적 결합을 요구한 점에서, 이듬해 카프의 제1차 방향전환으로 대두한 이른바 목적의식론의 한 선구가 되는 글이라 할 수 있다. 그만큼 이 시기 홍명희의 문학관을 명확하게 보여 주고 있으며, 그가 남긴 평론 중 대표작의 하나라 할 수 있다.

1927년에 들어서면 홍명희는 신간회 활동에 전념하게 되고 카프는 제1차 방향전환을 겪게 되면서 양자의 관계는 더 이상 발전하지 않았던 것으로 보인다. 그러나 『문예운동』 창간호 맨 서두에 홍명희의 글이 창간사와 같은 비중으로 실려 있는 점, 창간호와 제2호에 연속해서 글이 실린 필자가 몇 명 안 되고 그중 홍명희가 가장 선배 격인 점을 간과할 수 없다.

당시 부르주아 민족주의문학 계열의 잡지 『조선문단』의 영향력을 의식하고 있던 카프 문인들은 우파 문단의 영수 격인 이광수를 제압할 수 있는 지도자를 절실히 필요로 하고 있었다. 그런데 신문학 창시자의 한 사람으로 알려져 있는데다가 화요회 회원이던 홍명희는 그 위치에 아주 적합한 인물이었다. 따라서 그들은 홍명희를 자기 파에 속하는 선배 문인으로 대우하면서 은연중 그가 프로문학운동의 지도적 인물로 나서

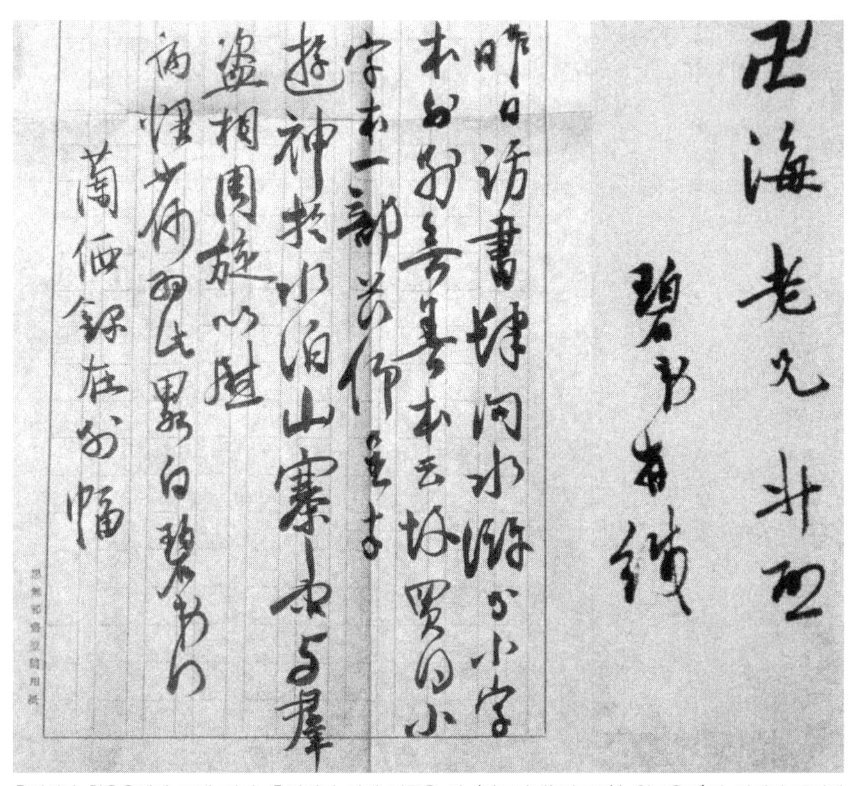

홍명희가 한용운에게 보낸 편지. 홍명희의 서재 이름을 따 '사무사재(思無邪齋) 원고용지'라 인쇄된 종이에 씌어 있다. 삼성출판박물관 소장

줄 것을 기대했던 것 같다.

더구나 홍명희는 초기 카프의 주요 인물들과 개인적으로 매우 가까운 사이였다. 카프가 창립되고 『문예운동』이 발간되던 무렵 홍명희는 시대일보 사장으로 재직중이었는데, 김기진(金基鎭)·안석영·조명희(趙明熙) 등은 바로 그 휘하에서 기자로 근무하면서 『시대일보』 학예면을 신흥문예운동의 중요한 근거지로 삼아 활동하고 있었던 것이다. 뿐만 아니라 그 무렵 도쿄 유학을 중단하고 귀국한 홍기문도 카프의 일원이었다.

이렇게 볼 때 홍명희는 한국근대문학사에서 『임꺽정』의 작가로서만 평가될 것이 아니라, 초기 프로문학운동에 일정한 기여를 한 문인으로도 인식되어야 할 것이다. 또한 그 점을 감안하면 해방 후 홍명희가 좌익 문인단체인 조선문학가동맹 중앙집행위원장으로 추대된 것도 결코 뜻밖의 일이 아니라고 할 수 있다.

신간회운동을 이끌다

1925년 6월 『개벽』지는 각 신문사 간부와 주요 사회단체 대표들을 대상으로 「치안유지법의 실시와 금후의 조선 사회운동」이라는 제하의 설문을 실시하였다. 이에 시대일보사 대표로서 홍명희는 "민족주의자라든지 사회주의자라든지 조선에 있어서는 다른 국가나 다른 민족과 처지와 사정이 특수하니까 각각 주의를 가지고 너나를 구별하여 파당을 세우지 말고 서로 악수하여 전진하는 것이 좋겠습니다"라고 응답하였다.

홍명희는 민족해방운동 진영이 좌·우로 분열되어 역량이 분산되고 상호간의 불신과 반목으로 인해 함께 일을 추진해 나갈 수 없는 현실이 매우 안타까웠다. 일제에 대해 순응적인 민족개량주의자들과는 어쩔 수 없지만, 비타협적 민족주의자와 사회주의자는 반드시 서로 악수하여 전진해야만 한다고 생각하였다.

때마침 중국에서 국공합작에 성공하여 민족유일당이 발족했다는 소식이 들려오자, 국내에서도 민족통일전선 결성에 대한 사회적 요청이 높아져 갔다. 특히 민족개량주의자들이 일제 총독부의 지원하에 자치운동단체를 결성하려 한 것은, 비타협적 민족주의자들과 사회주의자들이 결집하여 민족단일당을 이루려는 움직임을 촉진하는 중요한 계기가 되었다.

1926년 말 오산학교 교장으로 재직중이던 홍명희는 겨울방학을 맞아 상경한 길에 최남선을 방문하였다. 도쿄 유학 시절 이래 절친한 벗이었던 두 사람은 각자 3·1운동으로 인해 투옥되었다가 나온 뒤에도 자주 만나 문학 이야기를 나누며 가까이 지내고 있었다. 최남선이 민족개량주의 노선으로 기울어 가기는 했지만 당시까지만 해도 친일활동에 나서지는 않았으므로, 홍명희는 『백팔번뇌(百八煩惱)』 발문에 써 주었듯이 그가 "그의 님 '조선'에 대한 사랑의 정념"을 지니고 있다는 것만큼은 믿어 의심치 않았다.

오랜만에 만난 최남선은 민족개량주의자들이 자치운동단체를 결성하려 했다는 소식을 전하면서, 일제로부터 완전 독립을 요구하는 것은 불가능하니 독립은 당분간 유보하고 자치를 요구하는 것이 옳다는 평소의 소신을 피력하는 것이었다. 그들의 의중을 전해 듣고 답답한 마음에 홍명희는 밤새워 그와 자치 문제에 대해 격론을 벌였다.

이튿날 아침 최남선의 집을 나온 홍명희는 급히 벗 안재홍을 찾아갔다. 당시 조선일보사 주필로 재직중이던 안재홍은 평소 자치운동에 대해 비판적일 뿐 아니라, 민족협동전선 결성의 필요성에 대해 공감하고 있던 비타협적 민족주의자였다. 두 사람은 신석우(申錫雨)와 함께 대책을 협의한 끝에, 민족개량주의자들의 자치운동이 공식화되는 것을 막기 위해 하루빨리 비타협적 민족주의자들과 사회주의자들이 협동하여

'참다운 민족당'을 건설해야 한다는 데 의견을 모았다.

이어서 그들은 천도교 구파의 권동진(權東鎭)·박래홍(朴來泓)과 불교계의 한용운(韓龍雲) 등을 만나 찬동을 얻었다. 그리고 홍명희는 급히 베이징에 있던 신채호에게 서신을 보내 발기인으로 참가하겠다는 동의를 얻었다.

중국에 있는 동지들 중 신규식이 살아 있었더라면 큰 힘이 되어 주었을 텐데, 신규식은 이미 1922년 병환으로 세상을 떠나 새삼스럽게 그의 존재가 그리웠다. 신채호와는 그간 꾸준히 서신 왕래가 있어, 홍명희가 동아일보에 재직할 때 중국에서 쓴 신채호의 논문이 『동아일보』에 연재되도록 주선하기도 하고, 신채호의 부탁을 받아 그의 처자를 돌보아 주기도 하는 등 꾸준히 연락을 하고 지내 온 처지였다.

그들은 어디까지나 합법적인 단체를 만들려는 계획이었으므로, 일단 일제 총독부의 허가를 받지 않으면 안 되었다. 그러므로 당시 조선일보사 사주로서 일제 당국과 교섭하는 데 적임자인 신석우를 내세워 표면상 총독부의 허가를 얻기로 했다.

조직의 명칭은 대한제국의 맥을 잇는다는 의미에서 '신한회(新韓會)'로 정했으나, 일제 총독부가 그 이름으로는 허가를 해 줄 수 없다고 하여 문제가 생겼다. 동지들이 다시 머리를 맞대고 의논한 끝에 결국 홍명희가 제안한 '신간회'로 낙착이 되었다. 예로부터 한(韓) 자는 간(幹) 자와 같은 뜻으로 통용되어 왔고, 또 '신간출고목(新幹出枯木, 고목에서 새 가지가 나온다)'이라는 뜻깊은 고사성어가 있어 여러 모로 적절하다고 의견이 모아진 것이다.

한편 홍명희는 벗 이승복에게 부탁하여 홍기문과 함께 신간회의 강령·규약 등 구체적인 조직 준비를 하도록 하였다. 당시 신간회의 내막을 다룬 글들에서 홍명희에 대해 "스스로 신간회의 산파에 임하는 동시에 또한 그 어머니로 자처하는 경향까지 있다"고 한 것처럼 그는 신간회의 창립에 가장 크게 기여한 공로자였던 것이다.

신간회 창립 직전에 발표한 「신간회의 사명」[22]에서 홍명희는 신간회에 대한 자신의 생각을 간략히 밝힌 바 있다. 여기에서 그는 당시 자치운동을 추진하던 민족개량주의자들을 암암리에 비판하고, 우리의 민족해방운동이 올바른 목표를 향해 매진하기 위해서는 '과학적 조직'과 '단체적인 행동'이 필요한 바, 바로 거기에 신간회의 사명이 있음을 역설하고 있다. 나아가 그는 민족통일전선으로서의 신간회가 지향해야 할 노선을 다음과 같이 규정한다.

> 대체 신간회의 나갈 길은 민족운동만으로 보면 가장 왼편 길이나 사회주의운동까지 겸(兼)치어 생각하면 중간 길이 될 것이다. 중간 길이라고 반드시 평탄한 길이란 법이 없을 뿐 아니라 이 중간 길은 도리어 험할 것이 사실이요, 또 이 길의 첫머리는 갈래가 많을 것도 같다.

즉 그는 신간회가 지향해야 할 노선을 민족주의운동 중에서는 가장 '왼편 길'이나 전체적으로는 '중간 길'이라 규정하면서, 이처럼 좌·우양 진영 사이에서 균형을 취하면서 다양한 세력을 규합하는 것이 지난한 작업이라는 점을 분명히 인식하고 있다. 그러므로 신간회운동이 성

22) 홍명희, 「신간회의 사명」, 『현대평론』 1927년 1월호(『벽초자료』, 144~145쪽).

공하기 위해서는 오직 회원들의 '철 같은 확신과 불 같은 열성'이 있어야 한다고 하여, 창립회원들의 열성과 각오를 촉구하고 있다.

신간회 창립대회는 1927년 2월 15일 종로 기독교청년회관 대강당에서 성황리에 개최되었다. 상징적인 회장에는 기독교계의 원로 이상재(李商在)가 선임되었고, 실질적인 지도자인 부회장직에는 결성 과정에서 핵심적인 역할을 한 홍명희가 당선되었다. 그러나 그가 끝내 고사했으므로, 다시 전형하여 천도교계의 권동진이 부회장직을 맡게 되었다.

홍명희는 아우 홍성희와 함께 간사로 선임되었고, 간사들 중에서 선임된 7개 부서의 총무간사 중 조직부 총무간사직을 맡았다. 당시에는 총무간사회가 신간회를 주도한데다가 조직 확대가 가장 시급한 과제였기 때문에, 지회 설립을 지원하는 업무를 주로 맡은 조직부의 총무간사는 특히 중요한 직위였다.

게다가 조사연구부 총무간사 안재홍이나 선전부 총무간사 이승복과 같이 절친한 인물들이 함께 총무간사회를 이끌어 가게 되었으므로, 홍명희는 신간회에서 더욱더 의욕적인 활동을 펼칠 수 있게 되었다.

창립대회 이후 신간회가 지회 설립을 통한 조직 확대에 착수하자, 이에 호응하여 전국 각지에서 지회를 결성하려는 움직임이 경쟁적으로 일어났다. 홍명희는 여러 지회 설립대회에 파견되어 많은 지역 운동가들을 만나고 강연을 하는 등 정력적인 지원활동을 벌였다.

그리하여 창립 1주년이 되던 1928년 2월 신간회가 지회 123개, 회원수 2만에 이르는 거대한 조직으로 급성장한 데에는 홍명희의 공로가 지대하였다. 따라서 "조직기에 있어 본부 조직부장이던 홍명희 씨는, 창립기에 있어도 그 공로가 크거니와, 신간회 전기를 통하여 잊을 수 없는 공로자이다"라는 당시의 평가는 결코 지나친 것이 아니었다.

신간회 각 지회에서는 신간회를 선전하고 지역문제를 해결하려는 목적의 연설회를 개최하는 등 각종 계몽운동을 벌였다. 또한 소작쟁의나 노동쟁의에 개입하기도 하고, 언론·출판·집회·결사의 자유를 요구하기도 하였다. 신간회 본부의 간부들은 주로 지방 순회강연을 통해 이러한 지회 차원의 활동을 적극적으로 지원하였다.

창립 2주년이 지난 1929년 3월 신간회는 규약을 개정하여 종전의 간사회를 중앙집행위원회로, 총무간사회를 상무중앙집행위원회로 바꾸는 등 조직을 개편하고 임원을 개선하였다. 중앙집행위원장에는 민족변호사 허헌(許憲)이 당선되었다. 홍명희는 상무중앙집행위원의 한 사람으로 선임되었으며, 11월에 일부 간부들을 보선한 이후에는 출판부장을 겸하기도 하였다.

신간회 본부 차원의 활동 중 가장 괄목할 만한 것은 광주학생운동을 전국적인 반일시위로 확대하기 위해 민중대회를 추진했던 일이다. 1929년 11월 광주에서 반일 학생운동이 발발하자, 신간회 간부들은 3대 신문사 사장들과 함께 모여 대책을 논의하였다. 그 결과 광주학생사건의 진상을 폭로하고 구금된 학생들의 무조건 석방을 요구하며 민중들의 반일운동을 고무하고자 대대적인 민중대회를 개최하기로 결의하였다.

민중대회의 연사로는 권동진·허헌·홍명희·한용운 등 11명을 선정하고, 대회 개최를 알리는 격문 2만 매를 인쇄하도록 했다. 그런데 사전에 정보를 입수한 일제 경찰은 민중대회 개최 당일 새벽에 중앙집행위원장 허헌을 비롯한 간부들을 체포하고 신간회 본부를 수색하여 각종 인쇄물을 압수하였다.

요행히 그날 새벽 체포를 면한 홍명희는 이관용·조병옥·김무삼(金武森)·이원혁(李源赫)과 비밀리에 만나 차후 대책을 협의하였다. 그리하여 예정대로 민중대회를 열기로 하고, 결의문을 각 신문사에 배포하는 한편 '광주사건 대연설회' 개최를 알리는 격문을 살포하고 "본부와 같은 행동을 취하라"는 내용의 통지문을 신간회 각 지회에 발송하기로 했다.

이에 따라 김무삼은 그 자리에서 결의문과 격문을 작성했으며, 이원혁은 그중 결의문을 3대 일간지에 배포하였다. 그러나 그 직후 홍명희를 위시한 4명은 경찰에 체포되고 말았다. 혼자 남은 김무삼은 작성한 통지문을 신간회 각 지회로 우송하고 그날 저녁 인사동 조선극장에서 격문을 살포한 뒤 며칠 후 체포되었다.

신간회 민중대회사건으로 인해 검거된 사람은 90여 명에 달하였다. 일제는 이 사건을 빌미로 신간회의 강경노선에 쐐기를 박고자 12월 24일 홍명희를 포함한 11명을 보안법 위반 혐의로 구속 송치하였다.

그간 열흘 남짓 경기도 경찰부 유치장에 갇혀 있다가 서울지방법원 검사국에서 취조를 받게 된 그들은 혹시나 석방되지 않을까 하여 엄동설한에 하루종일 법원 앞에서 기다린 가족 친지들의 기대에도 불구하고 영장이 발부되어, 한밤중 서대문형무소 구치감으로 이송된 것이다.

그중 권동진·한용운 등 5명은 이듬해 1월 초 기소유예로 석방되었으나, 허헌·홍명희·이관용·조병옥·이원혁·김무삼은 기소되었다. 기소된 인물들은 중앙집행위원장 허헌을 제외하고는 모두 다른 사람들이 검거된 후 재차 회합하여 민중대회를 추진하려 했던 홍명희를 비롯한

5명이었다. 이들은 일제에 의해 신간회 민중대회사건의 핵심인물로 지목된 것이다.

그리하여 대규모 민중대회를 개최함으로써 광주학생운동을 거국적 항일운동으로 발전시키려 한 신간회 지도부의 계획은 좌절되고 말았다. 하지만 1930년 들어 학생운동의 불길이 전국적으로 확산된 데에는 민중대회사건으로 신간회 간부들이 검거된 사실이 커다란 영향을 끼쳤던 것으로 평가된다.

일정을 질질 끌다가 1931년 4월에야 개정된 언도공판에서 허헌·홍명희·이관용은 보안법 위반으로 각 징역 1년 6개월을, 조병옥·김무삼·이원혁은 같은 죄목으로 각 징역 1년 4개월을 선고받았다. 그들은 모두 상소를 포기하여 형이 확정되었다.

민중대회사건으로 일대 타격을 입은 신간회는 1930년 11월 김병로(金炳魯)를 중앙집행위원장으로 하는 새 집행부를 구성했다. 그러나 새 집행부는 일제 관헌과의 마찰을 되도록 피하고 자치운동을 표명한 천도교 신파와 암암리에 제휴하려 하는 등 현저히 온건한 노선을 취하였다. 이에 따라 신간회 내부에서는 본부의 노선 변화를 둘러싸고 본부와 지회 간의 알력이 표면화되었고, 우여곡절 끝에 신간회는 1931년 5월 해소되고 말았다.

민중대회사건으로 다시 투옥되다

신간회 민중대회사건으로 검거된 홍명희는 서대문형무소에서 햇수로

4년, 만 2년 남짓 옥살이를 하였다. 그러나 본래 자기 이야기를 즐겨하지 않는 그는 출옥 후 옥중생활을 회고한 글을 일체 남기지 않았다. 다만 『삼천리』지를 발행하던 김동환이 친한 사이인 홍기문으로부터 입수했던 듯, 홍명희가 옥중에서 장남 기문과 아우 성희에게 보낸 편지가 당시 잡지에 실려 있다.

기문에게 준 1930년 1월 11일자 편지는 다음과 같다.

그동안 혹한에 기거무양(起居無恙)하고 대소가(大小家) 각절일안(各節一安)하냐. 나는 생후 처음 추위를 겪는 것 같다. 소화불량하여 소화 잘 될 음식 부탁하라 하였더니 그 후에는 저육(猪肉)이 들어오니 우습지 아니하냐. 배추김치를 씹어 배 앓을 지경이니 소화 정도를 짐작할 듯, 생강지(生薑漬, 일본찬) 마늘선 등속을 구하여다 사식(私食)집에 주고 넣어 들여보내라 하면 대단 좋겠다. 그동안 서적 한 권 없이 가위(可謂) 죽을 고생이다. 곤충학 사 오기 전에 곤충기 들여보내라. 석천(石川)의 동물학강의가 있으면 좋겠다. 독일어 자습서 (아무것이라도) 속히 한권 사 보내라.

차입한 것은 청해도 주지 않는다. (고본〔古本〕 까닭인 듯) 좌우간 지질치 않은 일에 우습지 않게 고생하는 것보담 수만 있으면 1일이라도 달(達)히 나가는 것이니 여러 친구와 의논하여 하여라. 신년에 식구 생각하고 지은 시 명색 적어 보낸다.[23]

3·1운동으로 투옥되었을 때는 나이도 더 젊었고 봄에 옥살이를 시

23) 「재옥(在獄) 거두(巨頭)의 최근 서한집」, 『삼천리』 1930년 10월호, 16~17쪽.

자하여 그나마 고생이 덜했는데, 이번에는 나이도 마흔이 넘은데다가 하필 한겨울에 옥살이를 시작하게 된 까닭에 더 고생이 심하였다. 홍명희는 집안의 내림이라 스물두서너 살 때부터 머리가 벗어지기 시작했지만, 두 차례 옥살이를 하는 동안 머리칼이 뭉텅뭉텅 빠져 완전히 대머리가 되고 말았다.

그런데 지독한 추위와 위장병에 시달리면서도 읽을 책이 없어 '죽을 고생'이라고 하소연한 것은 평소 왕성한 독서가였던 홍명희다운 말이라 하겠다. 그는 옥중에서 모처럼 한가한 시간을 갖게 되자 당시 사회주의 사상에 관심을 가진 지식인들이 그 필요성을 절실하게 느끼고 있던 독일어 공부를 하겠다고 마음먹은 듯하다. 그리고 도쿄 유학 시절 이래 자연과학에 흥미를 가진 그답게 곤충학·동물학 서적을 차입해 달라고 부탁하고 있다.

여기에서 그가 "좌우간 지질치 않은 일에 우습지 않게 고생하는 것보담 수만 있으면 1일이라도 달히 나가는 것이니 여러 친구와 의논하여 하여라"고 한 것은, 가능한 한 빨리 출옥하여 신간회 활동을 재개하고 싶은 일념에서였으리라 짐작된다.

당시 신간회 간부들은 민중대회를 준비하기만 했을 뿐 거사 전에 검거되었으므로, 실정법에 의하면 일제로서도 중형을 가하기는 어려운 경우였다. 그런데도 일제는 민중대회사건을 구실로 신간회 본부 간부들을 가급적 오래 가두어 놓음으로써 신간회운동을 무력화시키려 하였다. 홍명희와 그의 동지들은 그러한 일제의 의도를 간파했기에 어떻게든 빨리 출옥하고자 한 것이다. 그후 형을 언도받고 나서 상소를 포기한 것도 역시 상소하면 일제가 재판을 고의로 지연시킬 것을 우려한 때

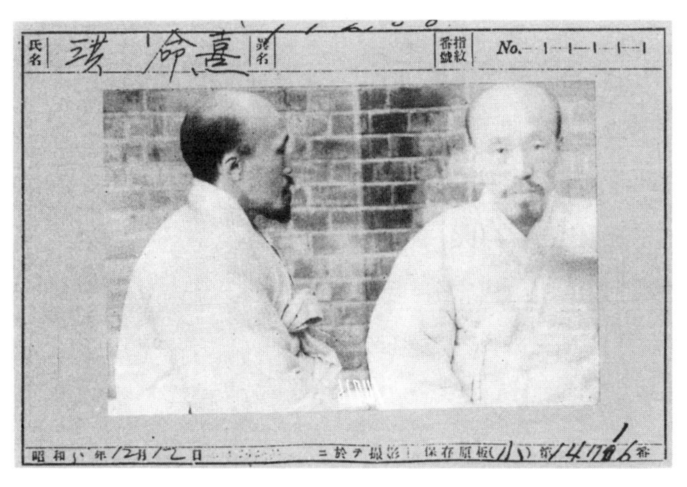

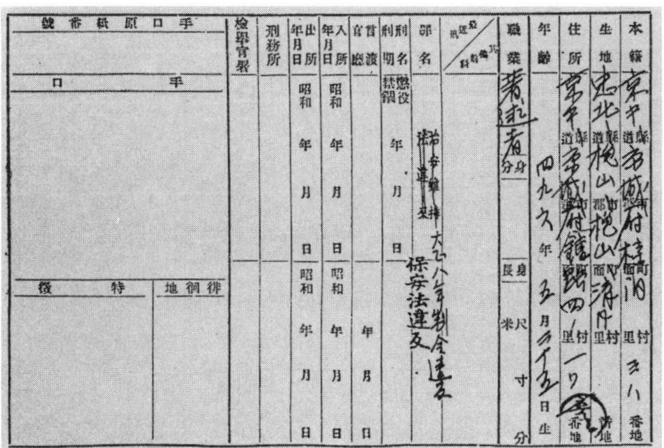

홍명희가 신간회 민중대회사건으로 투옥되어 있을 때 서대문형무소에서 찍은 수인(囚人) 사진과 수형(受刑) 기록

문이었다.

홍명희는 기문에게 보낸 편지의 말미에 계모 조씨와 처 민씨, 장남 기문, 차남 기무, 그리고 세 딸들을 위해 지은 5언 절구(五言節句) 한 수씩, 모두 5수의 한시를 적어 보냈다. 그중 기문에게 준 한시는 이러

한 내용이다.

> 문필의 재능이 어찌 수월하리오
> 허명을 얻는 데 그쳐선 아니 되느니
> 매사에 임하여 성실을 귀히 여겨라
> 재주 있으면 반드시 성실해야 하느니
> 文才何可易 不止得虛名
> 臨事誠如貴 有才須有誠

이처럼 홍명희는 그 자신 재사로 알려진 인물이었음에도 불구하고 가벼운 재주로 허명(虛名)을 얻는 것을 경계하고, 거기에 성실이 더해져야만 진실로 재주를 완성시킬 수 있다고 보았다. 이는 소문난 준재였던 아들 기문에게 경계하는 말이자 동시에 홍명희 자신의 신조를 피력한 것이라 하겠다.

「여운형(呂運亨) 옥중기」를 보면, 홍명희와 비슷한 시기에 옥중생활을 한 여운형은 평소 건장하던 체질에도 불구하고 "감옥소 덕에 얻은 병이 다섯 가지"였다고 할 정도로 병고에 시달려 수척해지고 늙어 버렸다고 한다. 이로 미루어 볼 때 원래 마르고 허약한 체질인 홍명희가 옥중에서 얼마나 큰 고통을 겪었을 것인가는 넉넉히 짐작할 수 있다.

1930년 11월 당시 한 신문에는 홍명희가 "위장병과 둔종(臀腫)으로 십여 일 전에 입원하여 치료중이나 대단 위독하여 수차 보석원(保釋願)을 제출하였으되 허가되지 않았으므로 그 가족과 친지들은 매우 우려중"이라고 보도되었다.

게다가 홍명희는 정치범이었던 관계로 "옥중의 옥"이라는 독방에 갇혀 지내야 했으며, 함께 복역하고 있던 동지들과는 낮에 출역을 할 때에나 겨우 만날 수 있었다. 후에 홍명희가 가출옥했을 당시 서류 중의 「행장표(行狀表)」에 의하면 홍명희는 출역하는 동안 세공(細工)을 익혀 상당한 기술을 습득했으며, 옥에서 나올 때 세공 작업의 상여금으로 1원 20전을 받아 가지고 나온 것으로 되어 있다.

한편 가장인 홍명희가 투옥되어 있는 동안 그의 가족들은 옥바라지로 힘든 나날을 보내는 가운데 적지 않은 신상의 변화를 겪고 있었다. 경제적인 형편이 더욱 어려워진데다가 몸이 약한 홍명희를 위해 사식비를 주선하느라고 아우 홍성희는 애가 마를 지경이었다.

차남 기무는 홍명희가 검거된 직후 도쿄로 유학을 떠났다. 1929년 휘문고보에 재학중이던 그는 광주학생운동과 관련하여 일경에 검거되어 혹독한 고문을 당하고 학교에서 제적되고 말았다. 그후 후원자의 도움을 받아 도쿄로 유학을 갔는데, 어려운 유학생활 중에서도 노동을 해서 번 돈으로 옥중의 부친에게 차입해 달라며 책을 사 보내 오곤 하였다.

장남 기문은 신간회 경성지회 간부로 활동하고 있었다. 도쿄 유학을 중단하고 귀국한 후 부친과 미묘한 사상적 갈등을 겪고 있던 그는 부친을 따라 신간회운동에 가담하기는 했지만, 예전처럼 부친을 숭배하고 전폭적으로 따르지는 않게 되었다.

게다가 홍기문이 본처를 두고 신여성인 심은숙(沈恩淑)과 연애에 빠진 일로 물의를 일으키게 되자, 부친과의 사이는 더욱 벌어지게 되었다. 세상이 달라지긴 했다지만, 양반 가문 출신으로 조혼하여 아들까지 둔 홍기문이 다른 여자와, 그것도 유명한 사회주의운동가 김경재(金璟

載)의 애인으로 세간에 널리 알려진 여자와 공공연히 연애를 하게 되니 큰 문제가 아닐 수 없었다. 그 일에 대해 홍명희는 집안의 다른 어른들처럼 몹시 나무라고 적극적으로 방해하지는 않았지만, 아무래도 탐탁하게 여기지는 않았던 것이다.

직업이 산파였던 심은숙은 신간회의 자매단체 근우회(槿友會)에서 활약하던 사회주의계 여성운동가였다. 김경재가 제2차 조선공산당사건으로 투옥된 뒤 심은숙은 근우회 활동을 하다가 신간회의 홍기문과 연애에 빠지게 된 듯하다.

부친이 옥중에 있는 사이에 홍기문은 본처와 정식 이혼하지는 못한 채 본가에서 나와 심은숙과 동거하여 아들 석부를 보았다. 그리하여 홍기문과 심은숙은 그럭저럭 세간에서 부부로 인정받았으나, 출옥 후 홍명희는 진노하여 한동안 아들과 새며느리에게 집안 출입을 금했다는 말도 있다.

투옥되기 전 홍명희가 한 잡지의 청탁에 못 이겨 쓴 「청춘을 어찌 보낼까」[24]라는 수필은 당시 문제되고 있던 홍기문의 연애사건과 관련하여 흥미를 끄는 글이다. 여기에서 그는 "나도 사막같이 오직 적막한 과거의 청춘 시기를 회고할 때 일종 담박한 애수가 없지 아니하다. 이 애수를 느끼는 까닭에 청년 남녀의 일은 아무쪼록 관후하게 생각하려는 사람"이라고 고백한다.

그러나 그는 예전에 자신이 『소년』 지에 번역 소개했던 안드레이 니에모예프스키의 산문시 「사랑」을 인용하면서, 조국을 상실한 우리 민

24) 홍명희, 「청춘을 어찌 보낼까」, 『별건곤』 1929년 6월호(『벽초자료』, 148~150쪽).

족의 현실이 청춘을 청춘답게 보낼 수 없게 하는 상황임을 환기시키고 있다. 조선 청년의 연애문제에 대해서도 그는 이러한 각도에서 의견을 피력한다.

> 나는 우리 청년 남녀간에 삼각 사각 내지 다각의 연애 소문이 나는 것을 들을 때 애석하는 맘이 없지 아니하고 더욱이 장래 유위한 청년 남녀가 연애에 매두몰신(埋頭沒身)한다는 말을 들을 때는 송구한 맘을 금치 못한다. (……)
>
> 나는 심하게 생각하여 우리 경우에서 정조 매매 행위는 고사하고 화(和)이니 강(强)이니 하는 불법행위도 용이히 용인할 수 있으나 많은 시간과 많은 심력을 허비하는 연애만은 용인하기 어렵지 아니할까? 생각하는 때도 없지 아니하다.
>
> 그러나 사막에도 봄 흔적이 없지 아니한 것과 같이 우리 청년 남녀에게도 연애가 없지 아니하다면 그 연애는 반드시 그 사람의 모든 활동력을 증장(增長)하여야 한다. 만일에 활동력을 모손(耗損)할 뿐이라 하면 그 연애는 저주를 면치 못할 연애요, 그 사람은 증오를 면치 못할 사람이다.

이와 같이 홍명희는 민족해방운동에 헌신해야 할 조선의 청년 남녀들이 연애문제로 시간과 정력을 허비하는 것을 비판하는 것은 물론, 죄악시하기까지 한다. 그러나 그럼에도 불구하고 연애를 하지 않을 수 없다면, 그 연애는 반드시 그들로 하여금 뜻있는 사회적 활동에 더욱 매진할 수 있도록 추동하는 힘이 되어야 한다는 결론을 내리고 있다.

이는 홍명희 자신의 연애관을 밝힌 동시에, 당시 물의를 빚고 있던

신간회 민중대회사건으로 옥고를 치르고 석방된 홍명희와 그의 동지들. 좌로부터 김무삼, 홍명희, 허헌, 이원혁, 조병옥, 이관용

장남 홍기문의 연애를 두고 고심 끝에 내린 결론을 피력한 것이라 생각된다.

그런데 흥미로운 것은 이러한 홍명희의 연애관에서 소련의 사회주의 여성운동가 알렉산드라 콜론타이(A. Kollontai)의 영향이 다분히 느껴진다는 점이다.

콜론타이는 『붉은 연애』(1923) 등의 소설에서 급진적인 연애관을 피력하여 전 세계적으로 커다란 반향을 일으켰다. 그녀는 남녀간의 사랑은 용기와 능력을 북돋움으로써 사회 진보에 공헌하는 동지적 사랑이어야 한다고 하면서, 연애에 있어서 자각한 남녀의 사상적 결합을 강조하였다.

또한 사회주의운동가들에게 있어서는 언제나 사회운동이 가장 중요하며 연애는 그에 종속되는 '개인사(個人事)'에 불과하다고 보았다. 따라서 연애에 시간과 정력을 낭비해서는 안 되며, 사회운동에 지장을 초래하지 않는 한에서 성적 욕구의 자유로운 충족을 용인할 것을 주장하였다.

「청춘을 어찌 보낼까」에서 홍명희가 조국을 상실한 우리 민족의 현실을 생각할 때 온갖 성적 방종까지도 용인할지언정 "많은 시간과 많은 심력을 허비하는 연애만은 용인하기 어렵"다고 주장한 것은 콜론타이의 연애관과 매우 흡사하다. 또한 조선의 청년 남녀가 부득이 연애를 하겠다면 "그 연애는 반드시 그 사람의 모든 활동력을 증장하여야" 한다고 한 것도 사회 진보에 공헌하는 동지적 사랑을 강조한 콜론타이의 주장과 상통하는 것이다.

홍명희는 그 세대의 남성들 중에서는 예외적일 정도로 진취적인 여성관을 가지고 있었다. 여성운동의 단일전선인 근우회가 창립했을 때 홍명희는 『동아일보』「일인일화(一人一話)」란에서 「근우회에 희망」이라는 제목으로 근우회에 대해 각별한 기대를 표명하는 발언을 하였다.

여기에서 그는 "완전한 합리적 인류사회에는 여자가 남자와 같이 정치적·문화적으로 활동할 균일한 기회를 가질 것입니다"라고 하여 남녀평등에 대한 확고한 소신을 피력하였다. 그리고 "우리 조선은 현금(現今) 세계 선진국에 비하여 후진이라 모든 것이 남에게 뒤진 중에 여성운동 같은 것은 더욱이 뒤진 것의 하나입니다"라고 여성운동의 필요성을 제기하였다.

이어서 "지금 우리 조선에는 크룹스카야가 구우즈나 크라프트와 같이 활동하게 된 판입니다"[25]라고 한 대목을 보면, 그가 서양 여성운동의 역사에도 상당히 전문적인 지식을 가지고 있었음을 엿볼 수 있다.

물론 19세기 말에 태어난 양반 출신 남성인 홍명희가 콜론타이의 주장에 전적으로 공감하여 1920년대 조선의 일부 사회주의자 청년 남녀들처럼 성적인 자유 방종을 찬성한 것은 아니었다. 그는 여성의 정조를 극도로 중시하는 봉건적인 사고방식에서 벗어나 있으면서도, 자유연애를 지고의 가치로 예찬하는 당시 지식인 남녀들의 풍조에 대해서도 일정하게 비판적인 태도를 취하고 있는 것이다.

신간회 민중대회사건으로 투옥되어 있던 홍명희는 드디어 1932년 1월 22일 동지들과 함께 가출옥으로 출감하였다. 징역 1년 6개월을 선고받았었지만, 미결일수를 합해 이미 만 2년 이상 복역한 뒤였다. 잔여 형기를 불과 2개월 남긴 시점에 일제가 기만적인 가출옥 처분을 내린 것은, 가출옥시켜 경찰관서의 감독에 부치는 것이 만기출소시키는 것보다 출소 후 활동에 대해 통제하기가 용이한 방법이었기 때문이다.

출옥 후 홍명희는 2년 전 신채호가 중국에서 자신에게 보내온 편지를 뒤늦게야 받아보게 되었다. 상하이 시절 이래의 지기였던 신채호가 무정부주의 관련 사건으로 체포되어 다롄〔大連〕의 법정에서 10년형을 선고받고 뤼순〔旅順〕 감옥으로 이감되기 직전인 1930년, 마찬가지로 옥중에 있던 자신에게 보낸 글이었다.

---

25) 홍명희, 「근우회에 희망」, 『동아일보』 1927년 5월 29일자(『벽초자료』, 146~147쪽). 크룹스카야(Nadezhda Konstantinovna Krupskaya)는 레닌의 부인이자 러시아의 사회주의 여성운동가. 구우즈(Olympe de Gouges)는 프랑스 혁명기에 「여성 권리 선언서」를 기초한 여성운동가. 울스톤크라프트(Mary Wollstonecraft)는 프랑스혁명의 영향을 받아 『여성의 권리 옹호』를 쓴 영국의 여성운동가. '크라프트'는 '울스톤크라프트'의 성을 잘못 안 것이다.

> 산같이 쌓였던 말이 붓을 잡고 보니 물같이 새어 버리는 것 같습니다. 무슨 말부터 써야 할는지요. 세전(歲前)엔가 언제 졸형(拙荊, 처)의 서(書) 중에 "홍선생은 검사국으로 넘어갔습니다" 한, 두미(頭尾) 모르는 소식을 들었더니 지금도 형이 그곳에 계신지요. 제(弟) 불원간 아마 십년 역소(役所)로 발정(發程)할 것이니, 아— 이 세상에서 다시 면목(面目)으로 상봉하게 될는지가 의문입니다. 형에게 한마디 말을 올리려고 이 붓이 떱니다. 그러나 억지로 참습니다. 참자니 가슴이 아픕니다마는 말하련즉 뼈가 저립니다. 그래서 아픈 가슴을 부등키어 쥐고 운명이 정한 길로 갑니다.[26]

후에 신채호가 사망했을 때 그를 추도한 글에서 홍명희는 이 편지의 구절들을 인용하며 "이것이 정녕한 유서가 아니고 무엇인가"라며 새삼스럽게 놀라움을 표현하였다. 그리고 "영원히 가슴에 품고 간 '한마디 말'은 무슨 말일까. 이 말은 정녕코 나 개인에게보다도 우리들에게 부치고 싶은 말일 것이다"라고 하였다.[27]

자신의 생의 최후를 예감한 듯한 신채호의 이 편지는, 홍명희로 하여금 두 사람이 비록 멀리 떨어져서나마 마찬가지로 민족해방을 위해 고난을 겪고 있는 동지로서 아픔을 공유하고 있음을 절감하게 했을 것이다.

---

26) 신채호, 「홍벽초 씨에게」, 『단재 신채호 전집』 별집, 개정판, 형설출판사, 1982, 358쪽.
27) 홍명희, 「곡 단재」, 『조선일보』 1936년 2월 28일자(『벽초자료』, 51쪽).

대하 역사소설 『임꺽정』 연재

『임꺽정』「봉단편」 연재를 시작하다

신간회운동으로 한창 분주하던 1928년 11월 21일부터 홍명희는 역사소설 『임꺽정』을 『조선일보』 지상에 연재하기 시작하였다. 최남선·이광수와 함께 신문학 창시자의 한 사람으로 알려지기는 했다지만, 시대일보 사장에 오산학교 교장까지 지낸 사회 저명인사가 마흔한 살의 늦은 나이에 소설가로 데뷔한 셈이었다.

그후 그는 몇 차례 연재를 중단했다가 속개하면서 장장 13년에 걸쳐 『임꺽정』을 연재하였다. 뿐만 아니라 무려 10권에 달하는 대하소설이 된 『임꺽정』은 홍명희에게 예기치 않았던 불후의 작가적 명성을 가져다 주었다.

홍명희가 『임꺽정』을 집필·연재한 기간은 크게 세 시기로 나누어 볼 수 있다. 첫 번째는 1928년 11월부터 1929년 12월 그가 신간회 민중대회사건으로 투옥되기까지 『임꺽정』 중 「봉단편」「피장(皮匠)편」「양반편」을 연재한 시기이다.

두 번째는 출옥 후인 1932년 12월부터 1935년 12월 신병으로 인해 다시 연재를 중단하기까지 「의형제편」 3권과 「화적편」의 서두인 '청석골' 장을 연재한 시기이다.

세 번째는 1937년 12월부터 1939년 7월까지, 그리고 1940년 10월, 「화적편」의 나머지 3권 가까운 분량을 연재한 시기이다.[28] 『임꺽정』은 이 시기 말미 부분에서 작가의 병환으로 인해 신문 연재가 중단되었다가 이듬해 『조선일보』가 폐간된 후 『조광』 지에 한 차례 실렸으나, 결국 미완(未完)으로 남게 되었다.

그 중에서 두 번째 연재가 시작된 1932년 이후 홍명희는 『임꺽정』 집필에 몰두하여, 1930년대의 그의 삶은 작가적 활동으로 집약될 수 있다. 반면 첫 번째 연재기인 1920년대 말은 그가 신간회운동으로 분주한 가운데 생계의 방편 겸 일종의 여기(餘技)로 『임꺽정』을 썼던 시기라 할 수 있다.

『임꺽정』 연재를 시작할 때 홍명희는 반드시 소설을 창작하려고 의도한 것은 아니었다. 홍명희가 신간회운동에 전념하고자 오산학교 교장직을 사임하여 생계가 막연해지자, 당시 조선일보 간부로 있던 신간회 동지 안재홍과 신석우 등은 그에게 신문사에서 다달이 생활비를 제

28) 『임꺽정』은 1939~1940년에 조선일보사출판부에서 전8권 중 4권이, 1948년 을유문화사에서 전10권 중 6권이 간행되었다. 그후 『임꺽정』은 남한에서는 오랫동안 금서가 되어 있다가, 1985년 사계절출판사에서 종전에 간행되지 않았던 「봉단편」 「피장편」 「양반편」을 포함하여 전9권으로 간행되었다. 1991년에는 초판에서 누락되었던 미완성된 「자모산성」 부분을 포함하여 전10권의 재판이 간행되었다. 여기에서의 권수는 사계절출판사의 재판을 기준으로 한 것이다.

공하는 대신 무어든 글을 쓰라고 종용하였다. 홍명희는 앞서 동아일보에 재직할 때 동서고금의 지식을 소개하는 칼럼을 연재하여 독자들의 인기를 모았고 이를 『학창산화』라는 단행본으로까지 출간했으므로, 조선일보사측에서는 그와 유사한 흥미로운 읽을거리를 기대했던 것 같다.

『임꺽정』 연재가 시작되기 며칠 전인 11월 17일자 『조선일보』에는 "조선서 처음인 신강담(新講談)/벽초 홍명희씨 작(作)/임꺽정전(林巨正傳)"이라는 제목 아래 연재 예고가 실렸다. 여기에서는 "조선에 있어서 새로운 시험으로 신강담 『임꺽정전』을 싣게 되었습니다"라고 하면서, "작자는 조선 문학계의 권위요 사학계의 으뜸인 벽초 홍명희 선생이니 이 강담이 얼마나 조선문단에 큰 파문을 줄는지 추측되는 바"라고 선전하였다.

본래 강담은 우리나라의 야담(野談)과 유사한 일본 전래의 구비문학의 일종으로서, 실록이나 전쟁담을 바탕으로 한 이야기를 대중을 상대로 구연하던 것이었다. 그런데 후대에 와서 그 구연 내용을 기록한 '속기(速記) 강담'과 작가가 창작한 이른바 '신강담'이 등장하여 새로운 대중적 역사물로 자리잡으며 널리 유행하게 되었다.

1920년대 들어 우리 문단에서도 일부 문인들이 '야담' 또는 '강담'에 관심을 갖게 된 것은 조선 후기 야담의 전통을 계승한 것이기도 했지만, 다른 면에서는 이 같은 일본의 신강담의 영향을 받은 것이기도 했다.

한편 이 시기에는 식민지치하에서 민족의 정체성을 추구하려는 노력의 일환으로 조선어와 조선사에 대한 대중의 관심이 높아지던 추세였다. 따라서 홍명희는 독자 대중에게 야사의 기록을 바탕으로 하여 조

林巨正傳 (1)

碧初 洪命憙 作

夕影 安碩柱 畵

一、머리말씀

『조선일보』 1928년 11월 21일자에 실린 홍명희의 역사소설 『임꺽정』 연재 1회분. 현대적인 안석영의 삽화가 이채롭다.

선사, 특히 조선의 민중사에 대한 흥미로운 읽을거리를 제공함으로써 계몽적인 효과를 얻을 수 있다고 생각했던 듯하다.

이는 유년 시절 이래 한학 수업과 광범한 독서를 통해 조선의 역사와 풍속·언어에 대한 해박한 지식과 남다른 조예를 지니고 있던 그에게 아주 적합한 과제였던 셈이다.

물론 그렇다고 해서 홍명희가 『임꺽정』 연재를 시작할 때 역사소설이 아니라 순전히 강담 형식으로 쓰고자 했던 것은 아니다. 『임꺽정』 연재 제1회 「머리 말씀」에서 "삼십지년 할 일이 많은 몸으로 고담(古談) 부스러기 가지고 소설 비슷이 써 내게 되는 것" 운운한 점으로 미루어 보면, 연재 초기에 홍명희는 강담과 역사소설 사이에서 뚜렷한 형식을 정하지 못한 채 집필을 시작했던 듯하다.

「봉단편」「피장편」「양반편」은 『임꺽정전』이라는 제목으로 1928년 11월 21일부터 1929년 12월 26일까지 300여 회에 걸쳐 연재되었다.

여기에서는 임꺽정을 중심한 화적패가 아직 결성되기 이전인 연산조의 갑자사화(甲子士禍, 1504년)로부터 명종조의 을묘왜변(乙卯倭變, 1555년)에 이르는 50여 년간의 시대상황을 광범하게 묘사하고 있다. 즉 도처에서 화적패가 출몰하지 않을 수 없도록 어지러웠던 그 시대 지배층의 정치적 혼란상을 소상히 그리는 한편, 임꺽정의 특이한 가계와 성장과정을 보여주고 있다.

오늘날 임꺽정은 조선 중기에 활약한 의적으로 대중에게 널리 알려져 있지만, 홍명희가 그를 주인공으로 한 소설 『임꺽정』을 연재하기 전까지는 별로 알려지지 않은 인물이었다. 임꺽정은 홍명희가 역사소설의 주인공으로 선택하여 그의 활약을 소설화함으로써 비로소 역사상의 유명 인물로 부활하게 된 것이다.

그런데 당시에는 물론 현재까지도 우리나라 역사소설들은 지배층의 인물을 주인공으로 하여 궁중비화나 권력투쟁을 다룸으로써 통속적인 흥미를 자아내려는 작품이 대다수이다. 그리고 유명한 역사적 인물의 전기 형식을 취함으로써 역사의 주체를 민중이 아닌 위대한 개인으로 보는 영웅사관을 답습하고 있다.

이와 달리 『임꺽정』은 천민인 백정 신분의 인물 임꺽정을 주인공으로 한 점에서 식민지시기의 역사소설 중 극히 예외적인 작품이라 할 수 있다. 그러한 주인공을 선택한 데에는 역사의 주체는 민중이라 보는 홍명희의 진보적 역사관과, 역사소설은 궁중비화를 배격하고 민중의 사회사를 지향해야 한다는 그의 진보적 역사소설관이 작용한 것이다.

연재 초기에 홍명희는 "임꺽정이란 옛날 봉건사회에서 가장 학대받던 백정계급의 한 인물이 아니었습니까. 그가 가슴에 차 넘치는 계급적 ○○(분노)의 불길을 품고 그때 사회에 대하여 ○○(반기)를 든 것만 하여도 얼마나 장한 쾌거였습니까"라고 하면서, 이러한 인물은 "현대에 재현시켜도 능히 용납할 사람"이라고 주장하였다.[29)]

그는 견고한 봉건체제 속에서 계급 모순에 저항하는 임꺽정의 반역자적인 면모에 강한 매력을 느껴 창작에 임한 것이다. 일제 당국의 검열에 걸려 핵심적인 단어들이 복자(伏字) 처리된 데서도 드러나듯이, 이러한 작가의 의도는 당시로서는 매우 불온한 것으로 간주될 만하였다.

한편 『임꺽정』을 처음 읽는 독자들은 소설의 제목이 『임꺽정』인데도 그 서두 부분에 주인공 임꺽정이 등장하지 않는 데에 의아한 느낌을 받기 쉽다. 『임꺽정』과 거의 동시에 『동아일보』에 연재되기 시작한 이광수의 『단종애사』는 그 서두가 왕세손(王世孫)인 단종의 탄생을 세종에게 아뢰는 장면에서부터 시작된다. 그처럼 『임꺽정』도 으레 임꺽정의 출생으로 시작하는 일대기 형식으로 전개되리라 기대하는 것이 한국에서 역사소설에 대한 일반의 통념이다.

그러나 『임꺽정』에는 제1권인 「봉단편」이 다 끝날 때까지도, 임꺽정의 출생 이전인 연산군 시대를 배경으로 하여 홍문관 교리 이장곤과 그의 처가 된 백정의 딸 봉단이 이야기만 전개되고 있는 것이다.

이와 관련하여 홍명희는 『임꺽정』 「의형제편」 연재에 앞서 기고한 작가의 말에서 다음과 같이 밝힌 바 있다.

> 내가 처음 『임꺽정전』을 쓸 때에 복안을 세운 것이 있었습니다. 첫 편은 꺽정의 결찌의 내력, 둘째 편은 꺽정의 초년 일, 셋째 편은 꺽정의 시

---

29) 홍명희, 「『임꺽정전』에 대하여」, 『삼천리』 1929년 6월호(『벽초자료』, 34쪽).

대와 환경, 넷째 편은 꺽정의 동무들, 다섯째 편은 꺽정이 동무들과 같이 화적질하던 일, 끝 편은 꺽정의 후손의 하락, 도합 여섯 편을 쓰되 편편이 따로 떼면 한 단편으로 볼 수 있도록 쓰려는 것이었습니다.[30)]

이러한 애초의 구상에 따라 「봉단편」은 '꺽정의 결찌' 즉 그의 친척들의 내력을, 「피장편」은 '꺽정의 초년 일' 즉 그의 성장과정을, 「양반편」은 '꺽정의 시대와 환경' 즉 중종 말부터 명종대에 이르는 양반사회의 정쟁을 그리게 된 것이다. 이와 같이 작가가 이 세 편에서 임꺽정의 본격적인 활동 이전의 사회 현실을 일견 장황할 정도로 폭넓게 그려 보인 것은, 역사적 인물인 임꺽정의 등장을 위해 필수적인 사전 준비를 튼실히 한 셈이다.

또한 「봉단편」 「피장편」 「양반편」에는 조광조(趙光祖) · 이지함(李之菡) · 황진이(黃眞伊) · 이이(李珥) 등 임꺽정과 동시대의 저명 인물들이 숱하게 등장하고 있다. 그리고 임꺽정이 스승 갖바치를 따라 백두산에서부터 한라산에 이르는 우리 국토를 순례하는 과정에서 조선의 명승지가 두루 소개되고 있다.

이처럼 소설 속에 역사상의 수많은 인물들을 등장시키고 주인공으로 하여금 전국 각처를 순례하도록 한 것은, 일제의 민족교육 말살정책에 맞서 조선의 지나간 역사와 국토에 대한 대중의 관심을 환기하고자 한 홍명희의 뚜렷한 의도에 따른 것이다.

다만 1930년대에 연재된 「의형제편」과 「화적편」에 비해 볼 때, 이 세

30) 「벽초 홍명희 씨 작 『임꺽정전』 명(明) 12월 1일부터 연재」, 『조선일보』 1932년 11월 30일자(『벽초자료』, 36쪽).

편은 형상화가 불충분한 채로 많은 인물들이 등장하고 사건이 지나치게 빠르고 광범하게 전개되고 있다고 느껴진다. 따라서 당시 현실에 대한 사실적인 묘사의 효과가 적잖이 감소되어 있는 것이 사실이다. 또한 부분적으로 지배층 내부의 암투를 다룬 궁중비화의 성격을 띠고 있으며, 등장인물들이 선인과 악인의 대립으로 설정되어 있는 문제점을 드러내고 있다.

이는 『임꺽정』 중 「봉단편」 「피장편」 「양반편」이 유달리 야사의 기록에 지나치게 크게 의존한 데서 초래된 문제점이라 할 수 있다. 더 근본적으로는 연재 초기에 작가가 강담과 역사소설 사이에서 장르를 확정하지 못한 채 어정쩡한 태도로 창작에 임한 때문이라 하겠다.

홍명희 역시 그 점이 마음에 걸렸던지, 1932년 「의형제편」 연재에 앞서 기고한 작가의 말에서 후일 「봉단편」 「피장편」 「양반편」을 부분적으로 수정하여 출판하려 한다고 밝혔다.

그러나 『임꺽정』이 계속 연재되어 가는 동안 홍명희는 자신의 내부에 잠재해 있던 소설가로서의 천분을 한껏 발휘하기 시작하였다. 그리하여 사실적인 생활환경 묘사, 등장인물의 개성적 형상화, 우리말의 맛을 살린 빼어난 대화 등 강담에서는 기대할 수 없는 역사소설의 묘미를 보여 주었다.

게다가 주인공의 등장과 더불어 작품의 본 줄거리가 전개되면서 뚜렷한 소설적 골격을 갖추게 됨으로써, 『임꺽정』은 야담적인 요소들을 점차 불식하고 본격적인 역사소설의 궤도에 성공적으로 진입하게 된다.

『임꺽정』 신문 연재 1회분은 200자 원고지로 13매가량이나 되었다. 그러니 본시 구상에 완벽을 기하고 문장에 대한 결벽이 심한 홍명희로서는 날마다 그만한 분량을 써 낸다는 것이 결코 쉬운 일이 아니었다.

더구나 당시 홍명희는 신간회운동으로 분주하여 창작에만 전념할 수 없는 상황이었다. 따라서 그는 흔히 사랑방에 가득 모여 있는 방문객들에게 잠시 담소하며 기다리라 해 놓고는, 한켠에서 『임꺽정』 다음 회분 원고를 쓰기도 했다고 한다. 그런데 이처럼 경황 없는 중에 써 낸 부분도 스토리의 전후가 어긋난다든가 문장이 흐트러진 대목이 전혀 없어 주위 사람들의 찬탄을 불러일으켰다는 것이다.

연재 초기 『임꺽정』의 삽화는 카프 소속 작가이자 화가인 안석영이 맡았다. 당시 조선일보사에 몸담고 있던 안석영은 동아일보와 시대일보 시절 홍명희 밑에서 기자로 근무한 적이 있는데다가, 신간회 간사로서 홍명희를 각별히 따르던 처지였다. 그러기에 그는 조선일보사 간부들이 홍명희에게 『임꺽정』 연재를 청탁할 때부터 끼어들어 응석을 부리듯이 연재소설 집필을 졸랐었다.

신간회 일로 바쁜데다가 유난히 퇴고에 시간을 많이 들이는 홍명희는 며칠 연재할 분량의 원고를 미리 보내 주는 경우가 거의 드물었다. 하루하루 마감시간에 대어 겨우 완성하는 까닭에 매일 신문사 급사가 와서 다음날치 신문에 실을 원고를 받아 가곤 하였다.

시간이 더 촉박해지면 삽화가 안석영이 몸소 달려와 집필하는 홍명희 앞에 지켜 앉아 있다가 아슬아슬하게 받아 가는 경우도 있었다. 그런 식으로 『임꺽정』 원고를 겨우 받아 가지고 신문사로 돌아가 보면, 마감시간이 임박하여 심지어는 10분, 15분 만에 삽화를 완성해야 하는 경우도 있었다. 그러니 자신도 화가로서 충분한 시간을 들여 좋은 작품을 완성하고 싶던 안석영은 스스로 흡족할 만한 그림을 그리기 어려워

괴로웠다고 한다.

『임꺽정』은 남녀노소를 불문하고 수많은 독자들에게 인기를 끌었으므로, 하루라도 연재를 거를라치면 독자들의 항의 전화와 투서가 밀려들어 신문사에서는 곤욕을 치를 지경이었다.

1929년 12월 13일 홍명희가 신간회 민중대회사건으로 돌연 검거되자, 인기 연재소설이 중단될 위기에 처한 조선일보사측에서 당국과 교섭을 벌인 결과, 홍명희는 며칠 동안 경기도 경찰부 유치장에서 『임꺽정』 집필을 계속할 수 있었다. 그러자 평소 방문객들에게 시달리던 그는 유치장 속에서 집필에만 전념할 수 있게 되어 한결 '편하였고', 항상 바쁜 작가의 사정 때문에 흔히 원고를 제 시간에 건네받지 못해 애를 태우던 신문사측에서도 제때에 원고가 들어오니 '기분이 좋았다'는 우스갯소리도 있다.

그러나 홍명희가 12월 24일 구속되어 서대문형무소 구치감에 수감되자, 『임꺽정』 연재는 결국 중단되고 말았다. 연재 중단을 알리는 『조선일보』의 사고(社告)에는, 『임꺽정』 '상편'의 마지막 장에 해당하는 '왜변' 장이라도 끝내 보려 했으나 낮에는 머리가 아프고 밤에는 심한 추위로 손이 곱아서 결국 끝을 내지 못하고 중단하게 되어 독자 여러분께 미안하다는, "경찰부 유치장에서 저자"가 쓴 해명이 실렸다.

유치장에서 집필된 『임꺽정』「양반편」 말미 부분은 공교롭게도 소제목이 '왜변'으로서, 을묘왜변에 출정한 이봉학이 왜구와 접전하는 장면을 그린 대목이었다. 신간회 민중대회사건으로 인해 검거된 몸으로 일제의 경찰 유치장에서 바로 이 대목을 구상하고 집필하던 당시 홍명희의 항일의식과 울분이 어떠했을지, 넉넉히 짐작할 수 있다고 하겠다.

출옥 후 「의형제편」 연재를 시작하다

1929년 말 신간회 민중대회사건으로 검거되어 옥살이를 하다가 1932년 초에 출감한 홍명희는 그 사이에 세상이 크게 달라진 것을 절감하게 되었다.

1920년대 국내 민족해방운동의 역량을 총집결하고자 했던 민족협동전선 신간회는 이미 해소되어 버린 뒤였다. 한동안 활발하던 노동자 농민대중의 투쟁도 만주사변 이후 본격적인 파시즘 체제로 전환한 일제의 탄압을 받아 점차 무력화되고 말았다.

그러니 정세가 일변할 때까지 국내에서 종래 신간회와 같은 사회운동은 거의 불가능한 것으로 여겨졌다. 더구나 홍명희와 그의 동지들은 가출옥으로 출감한 까닭에 경찰의 엄격한 감시하에 놓여 있어 운신의 폭이 매우 좁았다.

번민 끝에 홍명희는 감옥에 가기 전부터 자의 반 타의 반으로 시작했던 문필생활에 전념하여 본격적인 작가의 길을 걸으면서, 일제에 타협하지 않고 지조를 지키며 살아가는 길을 택하기로 하였다.

다른 한편 경제적인 사정 때문에도 『임꺽정』 연재를 계속하는 것이 불가피하였다. 『임꺽정』을 연재할 때도 대가족의 생활비로 충분한 수입이 보장된 것은 아니었지만, 그 무렵에는 가장이 옥살이를 하는 동안 원고료 수입이 끊긴데다 옥바라지까지 해야 했던 까닭에 가족들은 극심한 경제적 어려움에 시달리고 있었다.

그 사이 이래저래 조상 대대로 내려오는 값진 골동품이나 오랫동안 간직해 오던 좋은 책들도 무수히 팔아넘겨서, 이제 귀중본은 선조 어

1930년대의 홍명희 일가. 홍성희의 장남 기풍의 결혼 기념 사진이다. 뒷줄 오른쪽부터 홍명희의 아우 성희, 홍명희, 누이 인희, 숙희, 홍명희의 처 민순영, 홍성희의 처 김씨. 가운뎃줄 맨 왼쪽이 홍명희의 차녀 무경, 그 옆이 장녀 수경. 앞줄 중앙에 앉아 있는 이가 홍명희의 계모 조씨, 그 왼쪽이 막내딸 계경이다.

른들의 필적이나 인장이 박힌 것 정도만 남았다고 해도 과언이 아니었다. 갑자기 귀한 손님이 와서 술상을 차려 내야 하거나 대갓집 종손이라 유난히도 잦은 제삿날이 닥치면, 그의 부인은 옷장을 뒤져 전당포에 맡길 만한 비단옷이 한두 벌이라도 남아 있는지 살펴보며 한숨을 내쉬곤 하였다.

그런데다가 조선일보측에서도 독자들의 여망에 따라 『임꺽정』의 연재 재개를 간절히 바라고 있었다. 홍명희가 출옥한 직후인 1932년 4월부터 『동아일보』에는 이광수의 『흙』이 인기리에 연재되고 있었다. 그러므로 동아일보와 경쟁관계에 있는 조선일보측에서는 홍명희에게 가급적 빨리 『임꺽정』 연재를 재개해 달라고 졸랐다.

그러나 공교롭게도 그 무렵 조선일보는 복잡한 사내분규로 휴간 사태를 겪게 되어, 『임꺽정』 연재는 한동안 미루어지지 않을 수 없었다. 우여곡절 끝에 『조선일보』는 그해 11월 복간되었고, 이듬해 3월 금광으로 거부가 된 방응모(方應謨)가 경영권 일체를 인수하면서 안정된 경영체제로 들어가게 되었다.

『조선일보』가 복간된 직후인 1932년 12월 1일, 홍명희의 『임꺽정』 두 번째 연재가 시작되었다. 만 3년 만에 『임꺽정』 연재를 재개하면서 홍명희는 앞서 중단된 「양반편」의 마지막 대목을 완결하지 않은 채, 「의형제편」이라는 편명으로 전혀 새로운 이야기를 풀어 나가기 시작하였다.

「의형제편」 연재에 앞서 기고한 작가의 말에서 홍명희는 『임꺽정』 전체를 모두 6편으로 구성하되 각 편을 독립된 형식으로 쓰려 했던 자신의 원래 복안을 설명하였다. 그리고 앞으로 제4편부터 쓰더라도 "워낙 복안을 편마다 따로 뗄 수 있게 세운 까닭으로 설혹 전편을 통히 모르는 독자에게라도 사건의 맥락이 혼란할 경우는 없을 줄로 믿습니다" 라고 덧붙였다.

「의형제편」은 책 3권 분량에 해당하는 방대한 내용으로서, '박유복이' '곽오주' '길막봉이' '황천왕동이' '배돌석이' '이봉학이' '서림' '결의'의 8장으로 이루어져 있다. 여기에서는 후일 임꺽정의 휘하에서 화적패의 두령이 되는 주요 인물들이 각자 양민으로서의 삶을 포기하고 화적패에 가담하기까지의 경위를 그리고 있다.

소제목이 청석골 두령들의 이름으로 되어 있는 데서도 드러나듯이,

「의형제편」에서는 개개의 장(章)이 주인공이 다른 한 편의 완결된 소설로 보아도 좋을 만큼 독립적인 구성을 지니고 있다. 애초부터 『임꺽정』의 각 편을 저마다 독립된 작품으로도 읽힐 수 있게끔 자기완결적인 구성으로 써 나가려 했던 홍명희의 의도는 갈수록 강화되어, 여기에서는 각 장까지도 독립된 형식을 취한 것이다.

「봉단편」「피장편」「양반편」을 쓰는 동안 습작기를 거친 셈이라, 「의형제편」을 쓸 무렵에 홍명희는 작가로서 전성기에 도달했다고 해도 과언이 아닐 만큼 예술적 기량이 성숙해 있었다. 게다가 당시 그는 시대적 한계에 부딪쳐 신간회운동과 같은 민족·민중의식의 정치적 실천을 추구하는 것을 포기한 대신, 그러한 의식을 문학을 통해서나마 구현하고자 혼신의 힘을 기울여 창작에 임하였다. 그 결과 이 시기에 연재된 「의형제편」은 구성과 문체, 인물의 형상화, 일상생활의 세부묘사 등 모든 면에서 탁월한 수준을 보여 주고 있다.

야담식의 서술이 상대적으로 큰 비중을 차지하고 있던 「봉단편」「피장편」「양반편」에 비해 「의형제편」은 구체적인 묘사 위주로 전개되어 있다. 그리고 지배층의 이야기가 적어진 반면 하층민의 일상생활에 관한 묘사가 대부분을 차지하고 있다.

「의형제편」 각 장의 주인공 격인 두령들은 다종다양한 신분의 하층민들로 설정되어 있다. 그런데 작가는 이러한 인물들이 화적이 되기까지의 인생역정을 사건 위주의 직선적인 필치로 서술해 나가는 것이 아니라, 그 사건들의 도중에 등장인물들이 스쳐 지나가는 사소한 일상적 장면들을 놀랍도록 면밀하고 생생하게 그려 내고 있다.

그 무렵 『삼천리』 지에 발표한 작가의 말에서 홍명희는 『임꺽정』에 대해 이렇게 말한 바 있다.

> (……) 나는 이 소설을 처음 쓰기 시작할 때에 한 가지 결심한 것이 있지요. 그것은 조선문학이라 하면 예전 것은 거지반 지나(支那) 문학의 영향을 많이 받아서 사건이나 담기어진 정조(情調)들이 우리와 유리된 점이 많았고, 그리고 최근의 문학은 또 구미(歐美) 문학의 영향을 받아서 양취(洋臭)가 있는 터인데 『임꺽정』만은 사건이나 인물이나 묘사로나 정조로나 모두 남에게서는 옷 한 벌 빌려 입지 않고 순조선 거로 만들려고 하였습니다. '조선 정조에 일관된 작품' 이것이 나의 목표였습니다.[31]

이러한 의도에 따라 『임꺽정』은 근대적인 리얼리즘 소설이면서도 이야기투의 문체를 취하여 구수한 옛날이야기의 한 대목을 듣는 듯한 친숙한 느낌을 준다. 그리고 전래의 민담이나 전설 등이 적재적소에 삽입되어 흥미를 돋우고 있으며, 관혼상제, 세시풍속, 무속 등 조선시대의 풍속들이 다채롭게 묘사되어 있다. 또한 한문투 아닌 우리 고유의 인명이나 지명, 토속적인 고어와 속담들이 풍부하게 활용되고 있다.

그리하여 『임꺽정』은 '조선 정조'를 적극 표현함으로써 민족문학적 개성을 탁월하게 성취한 작품이 되었거니와, 그 중에서도 「의형제편」에서는 그와 같은 특색이 더욱 두드러지게 나타나고 있다. 따라서 「의형제편」은 『임꺽정』이 지닌 사실주의적이자 민중적이며 민족문학적인 특성을 가장 잘 구현하고 있는 부분으로 평가된다.

---

31) 홍명희, 「『임꺽정전』을 쓰면서」, 『삼천리』 1933년 9월호(『벽초자료』, 39쪽).

『임꺽정』 두 번째 연재가 시작될 때 삽화는 종전과 마찬가지로 안석영이 맡았으나, 도중에 무아(舞兒) · 김규택(金奎澤, 호 熊超) · 구본웅(具本雄) 등으로 바뀌었다가, 뒤에는 다시 안석영의 삽화로 돌아갔다. 구본웅의 회고에 의하면, 그가 『임꺽정』 삽화를 맡게 되었다며 홍명희를 찾아갔더니, 홍명희는 서재에 붙여 놓은 지도를 가리키며 임꺽정 일당이 다니던 길을 일일이 설명해 주었다고 한다.

『임꺽정』이 폭넓은 지역을 배경으로 하면서도 정확하고 상세한 지리적 정보를 담고 있다는 점에서는 지리학자들도 탄복해 마지않거니와, 이는 홍명희가 조선시대의 고(古)지도와 지리서, 그리고 식민지시기에 출간된 각종 지도 등을 두루 활용한 결과였다. 심지어는 전문가들이 주로 보던 '5만분의 1' 지도까지 참조했을 정도였다.

당시의 한 잡지 가십란에 의하면, 홍명희는 『임꺽정전』을 쓰는 동안 '봉산서 임진강 나루까지 몇 리' 식으로 자세한 지리적 정보를 담은 비망록(備忘錄)을 가지고 있었다고 한다. 어쩌다가 그만 깨알같이 쓴 그 종잇조각을 분실하여 한동안 몹시 고통을 당했는데, 다행히 며칠 만에 찾아 내어 안도의 한숨을 내쉬었다는 것이다.

그 무렵 홍명희를 가끔 방문한 적이 있다는 조용만(趙容萬)의 회고에 의하면, 홍명희는 손님과 마주앉아 이야기를 주고받다가도, 깔고 앉은 방석 밑에 넣어 두었던 소설 원고를 꺼내어 몇 자 고쳐 쓰고 또다시 그 방석 밑으로 소설 원고를 집어넣곤 하였다. 그런 식으로 심혈을 기울여 퇴고를 거듭한 만큼, 신문에 실린 뒤에 보면 물 흘러가듯 유려한 문장이 되어 있었다는 것이다.

익선동의 셋집에 살고 있던 홍명희는 대개 아침 나절에는 원고지와

씨름을 하고, 오후가 되면 두루마기에 중절모 차림으로 동네 헌책방에 바람 쐬러 나가곤 하였다. 괴산 만세시위를 함께 주도했던 동지이자 먼 친척이기도 한 김인수의 부친이 근처에 고서점을 열고 있었던 것이다. 좁은 마루방에 고서가 천장에 닿도록 겹겹이 쌓여 있어 보잘것없어 보였지만, 서울에서 유명한 '양반 책사'라고 해서 나이 든 양반들이 모여들어 사랑방 구실을 하는 곳이었다.

그 책방에서 홍명희는 가끔 희귀한 한적(漢籍)들을 구경하기도 하고, 드나드는 사람들과 한담을 나누기도 하였다. 그곳에 매일 나오는 사람 중의 하나가 유명한 국문학자 김태준(金台俊)이었다. 우리나라에서 최초로 『조선한문학사』와 『조선소설사』를 쓴 김태준이지만 우리 역사와 문학에 대해 모르는 것이 있으면 일일이 물었고, 그때마다 거침없이 답해 주는 홍명희의 박식에 탄복을 금치 못했다고 한다.

1934년 9월 4일 약 400회에 달하는 「의형제편」 연재가 끝났다. 홍명희는 며칠 동안 쉬며 구상을 가다듬은 뒤, 9월 15일부터 「화적편」의 서두인 '청석골' 장을 연재하기 시작하였다. 「봉단편」부터 「의형제편」을 연재할 때까지는 작품 제목이 '임꺽정전'으로 되어 있었으나, 이번에는 '화적 임꺽정'이라는 제목으로 연재가 나가게 되었다.

현재 4권에 조금 못 미치는 분량으로 되어 있는 『임꺽정』 「화적편」 중 첫째 권에 해당하는 '청석골' 장은 임꺽정의 화적패가 본격적으로 결성된 이후의 활동을 다루고 있다. 여기에서 청석골 화적패의 대장으로 추대된 임꺽정은 상경하여 서울 와주(窩主, 도둑 소굴의 우두머리) 한온의 집에 머물면서 기생과 정을 맺고 세 명의 첩을 맞아들이는 등 외도행각을 벌이다가, 처자의 성화에 못 이겨 귀가하게 된다.

이러한 「화적편」의 서두 부분은 형식 면에서는 「의형제편」보다도 더 욱 원숙한 수준을 보여 주고 있다. 등장인물 개개인의 성격이 적실한 행동과 대화를 통해 더욱 뚜렷하게 형상화되고 있으며, 여러 계층의 생활상과 다채로운 풍속 세태가 탁월하게 묘사되어 있는 것이다.

그러나 내용 면에서 보면 민중생활에 밀착된 묘사에서 일탈하여 의외의 사건으로 이야기가 빗나가고 있을 뿐 아니라, 사건 진행이 지나치게 느려지고 있음을 발견하게 된다. 이처럼 「화적편」 '청석골' 장이 내용상 궤도 이탈의 조짐을 보이게 된 것은, 이 시기 홍명희가 질병과 가난에 시달리는 한편 시대현실의 변화에 따라 사회적 전망을 점차 잃어가게 된 사정과도 무관하지 않을 것이다.

홍명희는 태어나면서부터 유달리 병약하여 일생 동안 병고에 시달리다시피 했는데, 그 무렵에는 특히 건강이 악화된 상태였다. 1935년 한 해 동안 그는 신장염으로 인해 이곳저곳에서 요양을 했으며, 특히 그해 여름에는 몇 달간 금강산의 한 조용한 선원(禪院)에 머무르기도 했다.

『임꺽정』은 연재되는 동안 내내 휴재가 잦은 편이었지만, 「화적편」 '청석골' 장을 연재할 때는 더욱 심해서 460여 일 동안에 140회가량이 연재된 데 지나지 않았다. 특히 1935년에는 2월부터 7월까지 5개월 이상이나 휴재하였다. 게다가 그와 같이 간헐적으로 이어지던 연재마저도 작가의 병환으로 인해 1935년 12월 24일자로 결국 중단되고 말았다.

신병으로 연재를 다시 중단하고

「화적편」 '청석골' 장을 가까스로 마무리한 홍명희는 세 번째 연재가 시작된 1937년 12월까지 만 2년간 『임꺽정』 집필을 중단하였다.

이 시기에 홍명희는 병고에 시달리고 있었을 뿐 아니라, 심적으로도 울적한 나날을 보내고 있었다. 1933년 아우 홍성희는 단신 출국하여 남양으로 향하였다. 조선일보 판매부장으로 재직하던 홍성희는 1932년 사내분규 때 조선일보사를 사직한 뒤 한때 정미업에 손을 댔다가 실패하고 말았다. 그후 그는 십수 년 전에 홍명희가 시도했듯이 해외에서 사업도 할 겸 독립운동의 가능성을 모색해 보고자 말레이시아로 떠난 것이다.

이처럼 가장 가까운 혈육이자 동지이던 아우 홍성희가 출국하여 고적하게 된 데다가, 그 무렵 홍명희는 몇몇 가까운 친지들과 연달아 사별하는 아픔을 겪게 되었다.

1933년 8월에는 당시 조선일보 편집고문이던 절친한 벗 이관용이 급서하였다. 이관용은 구왕실 종친의 후손으로서, 유럽의 명문 대학에서 수학한 철학박사였다. 홍명희에게는 죽마고우이자 민족운동을 함께 하다가 신간회 민중대회사건으로 같이 옥고를 치르기까지 한 각별한 동지이기도 하였다.

그러한 이관용이 휴가를 맞아 해수욕을 갔다가 익사했다는 어이없는 소식에 홍명희는 "꿈 같은 흉보"라고 탄식하였다. 자신의 절친한 벗이요 민족을 위해서도 아까운 인재를 잃은 슬픔으로 크게 상심했던 것이다.

아우 홍성희가 남양으로 떠나는 것을 기념하여 형제가 함께 찍은 사진. 앉아 있는 이가 홍명희이다.

1936년 2월 중국에서 단재 신채호가 옥사했다는 소식은 홍명희에게 또 하나의 충격적인 흉보였다. 근 20년 전 베이징에서 헤어진 뒤 다시는 만나지 못했지만 평생 서로 진심으로 경애하는 벗이요 동지로 지내던 신채호가 무정부주의 비밀결사사건으로 뤼순 감옥에서 복역중 병사하고 만 것이다.

당시 『조선일보』에 실린 「곡 단재」라는 글에서 홍명희는 "살아서 귀신이 되는 사람이 허다한데 단재는 살아서도 사람이고 죽어서도 사람이다. 이러한 사람이 한줌 재가 되다니" 하며 애통해하였다. 그 무렵 시세를 좇아 친일의 길로 나선 변절자들을 살아 있으되 죽은 것이나 진배

없는 무리들로 은근히 매도하면서, 반면에 신채호는 살아 있을 때도 참된 인간이요, 죽고 난 뒤에도 영원히 살아 있는 인간이나 다름없다고 예찬한 것이다.

신채호가 사망한 지 몇 달 후인 그해 9월에는 홍명희가 아끼던 후배 심훈이 요절하였다. 심훈은 홍기문의 죽마고우로서, 홍명희에게는 "동생과 같은 친구"였다고 한다. 홍명희를 무던히도 따르던 심훈은 1924년 동아일보에 입사하여 당시 주필 겸 편집국장이던 홍명희 밑에서 기자를 지내기도 했다. 그후 문단에 진출하여 시와 소설 들을 왕성하게 발표하다가, 장편소설 『상록수』 출판을 준비하던 중 장티푸스에 걸려 급사한 것이다.

자기 작품이 출판될 때는 언제나 홍명희의 서문을 얹게 해 달라고 한 작자의 간청에 따라, 홍명희는 심훈의 생전에 간행된 장편소설 『영원의 미소』는 물론, 사후에 간행된 『상록수』와 『직녀성(織女星)』에도 서문을 써 주었다. 『상록수』 서문에서 홍명희는 이 작품이 이전의 그의 작품들에 비해 "현저한 진경(進境)이 있는" 것을 인정하면서 그가 장차 작가로서 대성할 것임을 믿는다고 하였다.

그런데 정작 심훈이 요절하고 말자, 홍명희는 참으로 애석하고 마음이 아팠던 것 같다. 『직녀성』 서문에서 홍명희는 자신이 나이 들고 늘 건강치 못한 까닭에 심훈이 장차 조선문학의 큰 유산이 될 만한 걸작을 완성했을 때 그 걸작에 서문을 짓지 못하고 죽을까 염려했더니, "어찌 뜻하였으랴, 나이 손위요 병이 많은 내가 뒤에 남아서 그의 전날 작품 『직녀성』에 서문을 써서 예정한 여러 편 서문을 마감할 줄이야"라고 애통해하였다.

마포 자택의 서재에서 집필하는 홍명희

1935년에 홍명희 일가는 서울의 사대문 안을 벗어나 한적한 교외이던 마포 강변 대흥동으로 집을 옮겼다. 일제 군국주의 파쇼체제가 점차 노골화해 가는 상황에서 지조를 지키며 살기 위해 반쯤 은둔하려는 의도에서였다.

1936년 4월호 『삼천리』 지에 실린 대담 「청빈낙도(淸貧樂道)하는 당대 처사(處士) 홍명희 씨를 찾아」[32]에서는 마포 시절 홍명희의 생활상과 심경을 엿볼 수 있다. 기자는 홍명희가 기거하던 서재 풍경을 다음과 같이 묘사하고 있다.

32) 「청빈낙도하는 당대 처사 홍명희 씨를 찾아」, 『삼천리』 1936년 4월호(『벽초자료』, 159~163쪽).

서화 병풍 쭉 두른 속에 유유하게 정좌하신 이 어른의 윤기 도는 넓은 이마에는 오십 평생의 허다한 세사(世事)를 세세히 경륜하신 거룩하신 어른임을 먼저 말하고 있는 듯하다. 한편 벽에 오세창(吳世昌) 씨의 글씨가 두 쪽으로 걸려져 있고, 책상 위에는 거무죽죽한 고서들이 가득히 쌓여져 있다. 그런가 하면 또 그 옆에는 발자크의 소설 전집이 나란히 놓여져 있음을 볼 수 있었다.

이곳에서 홍명희는 독서와 집필로 대부분의 시간을 보냈다. 그 외에는 가끔 마포 강가에 나가 산보를 하거나 고기잡이를 하고, 어쩌다 벗들이 찾아오면 맞이하여 이야기를 나누는 한적한 생활을 하였다.

과거에 그토록 활발하게 사회활동을 하던 그가 근래에는 두문불출(杜門不出)하여 '은사(隱士)'니 '처사'니 일컬어진다는 기자의 말에 대해 홍명희는 "허허…… 내가 무슨 '청빈낙도'하며 '처사'나 '은사'가 될 리가 있어요! 모든 세사에 골쌀을 늘 찌푸리고, 가난과 모든 불평 가운데서 우울한 날을 그날 그날 보내는 몸인데!"라고 겸손해하며 부인한다. 다만 과거와 달라진 "객관적 정세"가 근래 자신으로 하여금 이러한 생활을 하게 만들었을 뿐이라는 것이다.

이어서 "지난날 힘있게 일하시던 그 시절이 다시금 그리운 때는 없으십니까?"라는 기자의 물음에 그는 "지금은 다만 묵은 책, 새 책을 뒤적이며 붓대를 잡아 마음속을 털어놓는 것이 오직 나의 할 일이겠지요! 그러다가도, 어느 동무, 어느 기관에서 와서 손목을 이끌어 나오라고 하면 또 전날과 같이 일어서기도 하련만…… 이 사회가 부를 때면 주저하지는 않겠어요!"라고 답한다.

이처럼 홍명희는 갈수록 정치적 상황이 악화되어 가고 거기에 순응하여 변절하는 지식인들이 늘어가는 현실에 맞서, 반쯤은 은둔하는 자세로 살아가고 있었다. 그러나 그러한 은둔생활 가운데서도 국내외의 정치적 동향에 대해 민감한 관심을 갖고 지켜보면서, 만일 상황이 호전되어 활동의 여지가 생기기만 하면 다시금 사회운동에 나설 뜻을 잃지 않고 있었던 듯하다.

홍명희의 장남 홍기문은 그 무렵에 쓴 「아들로서 본 아버지」[33]라는 글에서 자신이 한때 부친과 미묘한 사상적 갈등을 겪은 끝에 다시 부친을 이해하고 존경하게 된 경위를 흥미롭게 기술하였다. 그리고 홍명희의 삶의 자세에 대해 다음과 같이 평하였다.

> 총괄해 말한다면, 우리 아버지는 용감하게 나가지는 못하나 날카롭게 보고 굳게 지키는 분이다. 거기 우리 아버지의 흠점과 단처도 있지마는 놀라운 점도 있다. (……) 날카롭게만 본다고 어찌 굳게 지킬 수 있으리? 아마도 자기 아버지에 대하여 또 자기의 과거에 대하여 나아가서는 진리에 대하여 남달리 풍부한 양심을 소유함이리라.

동시대인들의 인물평을 보면 홍명희는 성격이 유약하고 과단성이 부족하다고 되어 있다. 스스로도 「자서전」의 서두에서 자신은 고집을 세우지 못하는 약점을 가졌다고 고백한 바 있다. 하지만 그는 "내가 다른 데는 유약해도 무엇이든지 안 하는 데는 강하지"라고 말하곤 했다

33) 홍기문, 「아들로서 본 아버지」, 『조광』 1936년 5월호(『벽초자료』, 232~240쪽).

고 한다.

다소 우유부단하고 소극적이며 야심과 패기가 결여된 성격, 그리하여 박력 있고 용감하게 일을 추진하지는 못하지만 그 대신 원칙만은 저버리지 않고 끝끝내 양심을 지키는 자세, 이것이 이 시기 그의 삶의 태도였던 것 같다.

이는 홍명희의 천성에 기인한 것이기도 했지만, 일제치하에서 자기를 지키며 살아가기 위해 불가피하게 형성된 성격이요 삶의 자세이기도 했다. 아울러 "죽을지언정 친일을 하지 말고 먼 훗날에라도 나를 욕되게 하지 말아라"고 당부한 부친 홍범식의 유언을 따르는 길이기도 하였다.

홍명희는 『임꺽정』 연재를 중단한 휴재 기간에도 『조선일보』에 칼럼이나 문학평론 등을 이따금 기고하였다. 1920년대 말부터 홍명희는 여러 신간회 동지들이 간부로 있던 조선일보사와 각별한 관계에 있었거니와, 이러한 관계는 방응모가 사주가 된 이후 1940년 『조선일보』가 강제 폐간될 때까지도 꾸준히 지속되었다.

특히 1932년 말 조선일보사에 입사한 장남 홍기문이 여러 해 동안 학예부장으로 재직함에 따라, 그의 종용에 못 이겨서인 듯 홍명희는 건강이 좋지 못했음에도 불구하고 『조선일보』에 길고 짧은 글들을 종종 발표하였다.

『임꺽정』 연재가 두 번째로 중단된 직후인 1936년 홍명희는 『조선일보』에 「양아잡록(養痾雜錄)」과 「온고쇄록(溫故瑣錄)」이라는 제목의 칼럼을 연재하였다. '양아잡록'이란 요양 중에 쓴 잡다한 기록이라는 뜻이며, '온고쇄록'이란 옛것을 익히는 가운데 적은 하찮은 기록이라는 뜻이다.

이 칼럼들은 예전에 『동아일보』에 연재한 「학창산화」와 형식은 비슷하지만, 「음력」 「적서(嫡庶)」 「양반」 등 우리 전통문화를 소개하는 내용으로 일관한 점이 특이하다. 그 무렵에는 지식인 사회의 일각에서 '조선학운동'이 일어나고 홍명희도 조선의 문화와 역사에 대한 연구에 관심을 기울이고 있었거니와, 이 칼럼들 역시 그러한 관심의 일환으로 씌어진 셈이다.

이 시기에 홍명희가 발표한 글들 중 주목할 만한 것은, 톨스토이 사후 25주년을 기념하여 『조선일보』에 연재한 평론 「대(大) 톨스토이의 인물과 작품」[34]이다. 이는 톨스토이 문학의 가치를 정확하고도 구체적으로 논한 평론으로서, 홍명희의 사실주의적 문학관과 아울러 서양 근대문학에 대한 남다른 식견을 보여 주고 있다.

이 글에서 홍명희는 "탁월한 예술적 천품"과 "예민한 종교적 양심"이 빚어낸 상극과 모순을 극복하려고 노력 분투한 데 톨스토이의 진정한 위대함이 있었다고 본다. 이어서 톨스토이의 사상적 변화를 그 시대적 배경과 관련하여 설명하고, 톨스토이 문학의 위대성을 철두철미한 리얼리즘 정신에서 찾고 있다. 그리고 톨스토이의 대표작으로 『전쟁과 평화』 『안나 카레니나』 『부활』을 들고, 특히 『부활』에 대해 재미있는 관련 일화들을 소개하면서 비교적 상세하게 논하고 있다.

당시 일본 문단의 영향이었겠지만, 그 무렵 국내에서는 톨스토이 사망 25주년을 기념하여 각 신문과 잡지에서 대대적인 특집을 다투어 기

34) 홍명희, 「대 톨스토이의 인물과 작품」, 『조선일보』 1935년 11월 23일~12월 4일자(『벽초자료』, 75~86쪽).

획하였다. 그리하여 발표된 여러 문인들의 수많은 글과 비교해 볼 때, 홍명희의 글은 톨스토이에 대해 훨씬 더 풍부한 자료들을 활용해서 자기 나름의 견해를 도출하고 있어 단연 특출하다고 느껴진다. 이는 스스로 밝히고 있듯이 홍명희가 일찍이 동경 유학 시절 러시아 문학에 심취한 이후 톨스토이의 작품들을 남달리 꾸준히 수집·탐독해 온 덕분일 것이다.

또한 이광수를 비롯한 대부분의 특집 필자들이 종교적 박애사상가로서의 측면에 치중하여 톨스토이를 소개한 것과 달리, 홍명희는 톨스토이의 위대한 리얼리스트로서의 면모를 강조하고 있다. 그만큼 세계문학사상 톨스토이 문학의 위치에 대해 동시대의 문인들 중 누구보다도 정확한 이해를 지니고 있었던 것이다.

이는 홍명희의 역사소설 『임꺽정』을 논할 때 중국과 한국의 고전소설들의 영향 이외에도, 톨스토이의 작품을 비롯한 서양의 고전적 역사소설들과의 영향관계를 검토해 볼 필요가 있음을 시사해 준다.

휴재 기간에 홍명희가 발표한 글들 중 또 한 편의 주목할 만한 글은, 1936년 1월 『조선일보』에 「전쟁과 문학」이라는 특집의 일부로 실린 「문학에 반영된 전쟁」[35)]이다. 당시 『조선일보』에서 이와 같은 특집을 기획한 것은, 만주사변 이후 일본 제국주의가 중국 침략 의도를 노골화하면서 군국주의로 치닫고, 유럽에서도 파시즘과 전쟁의 기운이 급속히 퍼져 가던 상황이었기 때문이다.

「문학에 반영된 전쟁」의 서두에서 홍명희는 "전쟁이 문명과 같이 시

---

35) 홍명희, 「문학에 반영된 전쟁—특히 대전(大戰) 후의 경향」, 『조선일보』 1936년 1월 4일자(『벽초자료』, 87~92쪽).

작되고 문명과 같이 진보된 것"임을 전제하고, 특히 자본주의 발달에 따른 무기의 발달로 전쟁의 참화가 더욱 극심해지고 있다고 지적한다. 그리고 장차 제2차 세계대전이 발발하여 대규모의 참화가 벌어질 가능성에 대해 크게 우려하고 있다.

한편 그는 제1차 세계대전 후 전쟁문학의 가장 중요한 특징으로서 반전문학(反戰文學)의 발생을 든다. "영웅·명장·용사에 대한 찬송가이던 과거의 전쟁문학을 대전이 청산시키었다"는 것이다. 그에 따라 레마르크의 『서부전선 이상 없다』를 비롯한 유럽의 반전문학을 광범하게 소개하고 있다.

이어서 그는 파시즘의 대두에 맞서 평화를 옹호하고 세계대전의 재발을 막고자 1935년 6월 파리에서 '문화옹호국제작가회의'를 열고 국제작가협회를 조직한 유럽의 진보적인 작가들의 활동을 지지하며 글을 끝맺고 있다.

홍명희의 이 글을 이틀 후 같은 지면에 실린 이광수의 「전쟁기의 작가적 태도」와 대조해 보면, 두 사람의 전쟁관에서 엄청난 차이를 발견하게 된다. 홍명희의 「문학에 반영된 전쟁」이 반전 평화주의자의 글이라면, 섬찟할 정도로 전쟁을 미화하고 전쟁에서의 승자를 예찬하고 있는 이광수의 「전쟁기의 작가적 태도」는 호전적인 군국주의자의 글이라고 해도 과언이 아니다.

홍명희와 이광수는 도쿄 유학 시절 절친한 벗이었지만, 1920년대 이후 이광수가 민족개량주의로 기울어 감에 따라 점차 그 사이가 벌어져 매우 소원한 관계가 되어 있었다. 두 사람은 민족해방운동상의 노선이 다를 뿐 아니라, 활동하는 장이 서로 달랐고 가까이 지내는 사람들이 서로 달랐다.

그런데 『조선일보』의 특집으로 연이어 실린 이 두 편의 글을 보면, 일제의 파시즘이 일층 강화되고 있던 1930년대 중반에 이르러 두 사람의 세계관과 문학관은 도저히 화해할 수 없을 정도로 대립하게 된 것을 확인하게 되는 것이다.

한편 홍명희는 그 무렵 세계적으로 부르주아적 리얼리즘의 대표적 작가로서 재평가되고 있던 발자크에도 관심을 가져, 일역되어 나온 발자크 전집을 독파하였다. 뿐만 아니라 서양 문학을 원문으로 읽기 위해 본격적인 외국어 공부를 하겠다고 마음먹었을 정도로 문학수업에 대해 열의를 가지고 있었다.

그리고 『임꺽정』을 완결한 뒤에는 당대의 현실을 그린 현대소설을 집필할 생각도 가지고 있었다. 『삼천리』 지와의 대담에서 그러한 포부를 밝힌 후 그는 박문서관 편집진으로부터 『현대 걸작 장편소설집』에 들어갈 신작소설 집필을 간청받고 수락하기까지 하였다. 그러나 유감스럽게도 끝내 그러한 기대에 호응하는 작품을 남기지는 못하고 말았다.

「화적편」 연재 재개와 『임꺽정』 출간

1937년에 들어서자 홍명희는 우리 나이로 쉰 살이 되었다. 『임꺽정』에서 입담 좋은 나룻배 사공이 "연세가 올해 몇이시우?"라는 물음에 "쉬지근해진 지가 한참 됐소"라고 답하더니, 바로 그 '쉬지근해진' 나이가 된 것이다.

해가 바뀌었어도 홍명희는 건강이 별로 나아지지 않았다. 그 전해에는 『임꺽정』 연재는 중단했지만 다른 글들은 더러 썼는데, 새해 들어서서는 그런 잡문들조차 쓰기 어려웠다.

그는 여전히 마포 강변의 조용한 집에서 고적한 생활을 하였다. 그런 중에도 신문 잡지나 어쩌다 찾아오는 지인들을 통해서 세상 돌아가는 소식을 듣노라면 심기가 영 좋지 않았다. 그해 7월에는 급기야 중일전쟁이 발발해서 일제 군국주의 파시즘 체제가 더욱 노골화해 가고 있었다. 예전에 알고 지내던 사람들 가운데 누구누구가 친일로 돌아섰다는 안 좋은 소문이 간간이 들려왔다.

그해 연초 한 잡지에 실린 「문학청년들의 갈 길」[36]은 그러한 시대적 상황하에서 문학을 자신의 삶의 형식으로 받아들이게 된 홍명희의 심경의 일단을 엿볼 수 있게 해 주는 글이다.

> 나는 지금 조선의 현상으로 보아서 다른 문화면이 응고되어 있으니 생동하는 맥으로 발달할 것은 오직 문학밖에 없다고 생각합니다. 과거의 문학사를 보아도 문학 이외의 다른 문화적 활동으로 정치적 불안정이나 변동의 시기는 문학의 모태가 될 수 없으나, 이런 변혁의 리듬을 들을 전이나 안정한 후에는 문학활동이 활발하여지는 것을 봅니다.

이와 같이 홍명희는 정치적 변동이 가능한 시기에는 사회운동에 진력해야 하므로 문학에 큰 비중을 두기 어렵지만, 그러한 사회운동이 불

36) 홍명희, 「문학청년들의 갈 길」, 『조광』 1937년 1월호(『벽초자료』, 93~94쪽).

가능하거나 더 이상 불필요해진 정치적 침체기나 안정기에는 문학에 상대적으로 큰 의미를 둘 수 있다고 생각하였다.

그러므로 그는 당시 조선의 문학청년들 중에서 "이 현실을 꿰뚫고 빛날 만한 위대한 혼이 하루바삐 나기를 고대"한다고 하였다. 아울러 그 자신도 객관적인 상황이 달라져 다시 민족해방운동에 헌신할 수 있는 시기가 도래하기까지는 문인으로서의 삶에 진력하겠다는 각오를 간접적으로 내비친 셈이다.

1937년 12월 12일부터 『조선일보』에 세 번째로 『임꺽정』 연재가 시작되었다. 신병으로 인해 약 2년간 『임꺽정』 연재를 중단했던 홍명희는 그 무렵에야 연재소설 집필을 감당할 만큼 건강이 회복되었던 것이다.

연재 재개에 앞서 조선일보에서는 「『임꺽정』의 연재와 이 기대의 반향!」이라는 제하에, '학예특집'의 형식으로 대대적인 연재 예고를 실었다. 여기에는 신문사측의 작품 소개에 이어, 『임꺽정』에 대한 찬사와 연재에 대한 기대를 담은, 문인 한용운·이기영(李箕永)·박영희(朴英熙), 사학자 이선근(李瑄根), 국어학자 이극로(李克魯), 삽화가 안석영과 구본웅의 글이 실렸다.

이처럼 이례적일 정도로 큰 지면을 할애하여 대대적인 연재 예고를 실은 것을 보면, 당시 독자들 간에 『임꺽정』의 인기가 어느 정도였는지 충분히 실감할 수 있다.

세 번째로 연재된 부분은 책 3권이 조금 못 되는 분량으로, 「화적편」의 '송악산' '소굴' '피리' '평산쌈' 장과 미완성된 '자모산성' 장의 서두 부분이 이에 해당한다.

'송악산' 장은 청석골 두령들이 송도 송악산에 가족동반으로 단오굿 구경을 갔다가 겪게 되는 모험을 그린 내용이다. 이어지는 '소굴' 장은 임꺽정 일당이 가짜 금부도사 행세를 하는 등 갖가지로 관원들을 괴롭히는 이야기이다. '피리' 장은 청석골에 납치된 단천령(端川令)이 신기(神技)에 가까운 피리 솜씨로 화적패들을 감동시킨 일화를 묘사하고 있다.

그리고 '평산쌈' 장은 봉산군수를 살해하려고 출동한 청석골 화적패가 책사(策士) 서림의 배신으로 위기에 빠졌다가 탈출하는 이야기이다. 마지막의 '자모산성' 장은 화적패들이 관군의 대대적인 토벌을 피해 자모산성으로 일시 피난하는 내용으로 되어 있다.

연재 초기에는 '임꺽정전', 「화적편」 '청석골' 장 연재시에는 '화적 임꺽정'으로 되어 있던 작품의 표제는 이제 비로소 '임꺽정'으로 확정되었다. 그리고 삽화는 「의형제편」을 연재할 때 한동안 삽화를 그린 적이 있던 김규택이 맡았다.

세 번째 연재를 시작하면서 홍명희는 앞서 '청석골' 장을 연재할 때 보이던 다소의 지리멸렬함과 피로의 흔적을 씻고, 경쾌하고도 아기자기한 필치로 사건을 그려 나가고 있다.

소설가로서 홍명희의 가장 탁월한 재능은 등장인물의 개성을 살리는 생생한 대화와 우리말의 어감을 잘 살리는 자연스럽고도 유려한 문체에서 찾아 볼 수 있다. 그런데 『임꺽정』 중에서도 그 같은 홍명희의 작가적 기량이 가장 잘 발휘된 것은 바로 이 시기에 연재된 부분인 것이다.

한편 자료 면에서 보면 「봉단편」 「피장편」 「양반편」은 조선 중기의 시대 전반에 관한 야사의 기록에 많이 의거하였다. 「의형제편」은 허구적인 인물과 사건에 민담의 모티브를 부분적으로 끼워 넣어, 작가의 상상력이 가장 많이 개입한 셈이었다. 이와 달리 「화적편」은 사건의 골격이 대부분 정사인 『명종실록』과 임꺽정에 대한 야사의 기록에 의거하고 있다.

이처럼 가장 기본적인 사료인 실록에 의거한 흔적이 「화적편」에만 나타나는 것은 홍명희가 그 부분을 연재할 무렵에 비로소 『조선왕조실록』을 열람할 수 있었기 때문이다.

『조선왕조실록』은 왕실에서 편찬한 귀한 사료인 까닭에 조선시대는 물론 일제 식민지시기에 들어서서도 오랫동안 일반인은 접할 수 없는 문헌이었다. 그러던 중 1929년부터 1932년 사이에 원본을 약 2분의 1로 축쇄한 사진판 영인본이 제작되었다. 30부 한정판인데다 그나마 대부분 일본으로 가져가 국내에는 8부밖에 남아 있지 않았지만, 아는 사람들을 통하면 경성제국대학 등지에서 열람할 수 있었다.

홍명희가 『조선왕조실록』을 본 것은 『임꺽정』 두 번째 연재가 계속 중이던 1934년경이었으리라 짐작된다. 그에 따라 1934년 9월부터 연재되기 시작한 「화적편」 '청석골' 장은 그 핵심적인 사건의 골격이 서울의 장통방(長通坊)에서 임꺽정을 잡으려다 놓치고 처자와 부하 몇 명만 잡았다는 『명종실록』의 기사에 의거하여 구상된 것이다.

그런데 「화적편」에서 작가는 사건마다 몇 줄에 불과한 간단한 사료를 바탕으로 대단히 구체적이고 생생하며 빈틈없이 짜여진 이야기를 만들어 내는 탁월한 기량을 보여 준다. 딱딱한 사료들이 이질감을 주지 않고 소설 속에 완전히 녹아들어 있는 것이다.

그러나 앞서 연재된 '청석골' 장과 마찬가지로 『임꺽정』 연재 초반의 주제의식이 다소 약화된 것은 부인할 수 없으며, 임화(林和)가 '세태소설'에 가깝다고 보았을 정도로 디테일 묘사에 치우쳐 사건의 진행이 마냥 느려지는 폐단이 두드러진다.

한동안 착실히 연재되던 『임꺽정』은 1939년 들어 다시 휴재가 빈번해지기 시작하였다. 그러다가 260여 회가 실린 뒤인 1939년 7월 4일 '자모산성' 장의 서두 부분에서 연재가 중단되었다.

게다가 이듬해 8월에는 『조선일보』가 일제에 의해 강제 폐간되고 말았다. 그러자 『임꺽정』은 『조선일보』의 자매지인 잡지 『조광』으로 지면을 옮겨, 1940년 10월호에 「화적편」 '자모산성(하)'가 게재되었다. 그러나 잡지사측의 간절한 바람에도 불구하고 『조광』 지에 단 1회 발표되었을 뿐, 그 이후 『임꺽정』 연재는 영원히 중단되고 말았다.

세 번째 연재를 시작하며 이번에야말로 『임꺽정』을 완성하겠다는 '비장한 각오'로 붓을 들었다던 홍명희가 또다시 연재를 중단하고 만 직접적인 원인은 그의 건강이 여의치 못했기 때문이었다. 그가 『임꺽정』을 쓰다가 중단했다가 하는 것은 "정력이 부족한 탓"이라고 했다는 한용운의 농담처럼, 본래 몸이 약한 홍명희가 그처럼 유례없이 긴 대하소설을 쓴다는 것이 무리였다. 더욱이 그는 유달리 결벽이 심하여 퇴고에 퇴고를 거듭하면서 심혈을 기울여 창작에 임했으므로, 더욱 몸이 견디기 힘들었다.

그러나 그가 『조광』 지의 연재를 단 1회로 마감하고 만 데에는, 이 잡지가 1940년부터 점차 친일적인 논조로 기울어 갔던 사정과도 관련이 있었으리라 짐작된다. 게다가 홍명희가 어느 지면에든 『임꺽정』 연재를 계속했더라면, 그는 당시 저명한 인사들에게 저술이나 강연 등을 통한 적극적인 친일행위를 강요하던 일제 당국의 압박을 물리치기가 한층 더 어려웠을 것이다.

이러한 원인 이외에도, 홍명희가 그의 필생의 역작이라 할 『임꺽정』의 완성을 포기하고 만 또 하나의 중요한 원인은, 다름 아닌 당시의 엄혹한 현실에 대한 그의 비관과 절망에서 찾을 수 있으리라 본다.

『임꺽정』은 홍명희가 1930년대 들어 더 이상의 사회운동을 단념한 대신 문학을 통해 자신의 열정을 분출하려는 자세로 집필한 작품이었다. 그렇기에 당시 대부분의 역사소설들에서는 찾아 보기 힘든 투철한 민중성과, 민족적 정서의 완미(完美)한 표현, 그리고 우리 고유 언어의 풍부함과 아름다움을 유감없이 보여 주고 있는 것이다.

어떤 의미에서는 이러한 대작을 완성하는 것만으로도 민족해방운동에 직접 나서는 것에 못지않은 의의가 있다고 할 수도 있었다. 그러나 민족해방의 전망이 극히 암울해진 1940년대의 상황에 직면하자, 홍명희는 그러한 문학적 창작 행위에 대해 일체의 의의를 느끼지 못하게 되었던 듯하다.

더욱이 그 시기에 홍명희가 집필해야 했던 것은, 관군의 대대적인 토포작전을 피해 이리저리 쫓겨 다니던 임꺽정 일당이 결국 구월산성에서 최후의 저항을 하다가 마침내 궤멸되는 참담한 대목이었다. 극도로 암담해진 시대적 상황에서 하필 우리의 민중영웅이 그처럼 비참하게 패배하는 이야기를 써야 하게 되었으니, 그는 더욱 집필을 계속할 의욕이 나지 않았을 것이다.

그리하여 애석하게도 『임꺽정』 연재는 중단되고 말았지만, 때마침 책으로 출판되어 선풍을 일으킴으로써 독자들의 아쉬움을 조금은 달랠

수 있게 되었다. 1939년 10월 조선일보사출판부에서 전8권 예정으로 『임꺽정』 제1권이 출간되었다. 이어서 이듬해 2월까지 모두 4권이 간행되었는데, 제1·2권은 각각 「의형제편」 상·하, 제3·4권은 「화적편」 상·중에 해당하는 부분이었다.

조선일보사의 광고에서는 제5권은 「화적편」 하, 제 6·7·8권은 각각 「봉단편」 「갖바치편」 「양반편」으로서, 매월 20일에 한 권씩 간행될 예정이라고 했으나, 실제로는 더 이상 간행되지 못하고 말았다. 이는 작가 홍명희가 「화적편」의 마지막 권을 완성하고 「봉단편」 「갖바치편」(피장편) 「양반편」을 수정·보완하는 작업을 해내지 못했기 때문이다.

『임꺽정』 출간은 우선 그 규모 면에서 한국 근대소설 출판사상 획기적인 일이었다고 할 수 있다. 조선일보사출판부 간 『임꺽정』 초판은 네 권이 각각 600페이지가 넘는 두툼한 책이었다. 게다가 비록 완간되지는 못했지만 전8권 분량으로 한 작품을 출판하려 한 것은 식민지시기 국내 출판계의 실정으로 보아 상상하기 힘든 대규모의 기획이었던 것이다.

당시의 영세한 출판사들의 실정으로는 『임꺽정』과 같이 제작비가 많이 드는 대규모의 출판은 엄두를 내기도 어려웠거니와, 설령 출판한다 하더라도 여러 권에 달하는 장편소설을 오랜 시간을 들여 읽기 위해 거금을 내고 사 볼 독자들이 얼마나 될는지 의문이 아닐 수 없었다. 그러므로 한 잡지의 가십 기사에서는 『임꺽정』의 출간 소식을 전하면서 "출판계에 경이적 대모험이다"라고 평했을 정도였다.

『임꺽정』 출간과 함께 조선일보사에서는 당시로서는 유례가 드물 정도로 대대적인 광고 공세를 시작하였다. 예컨대 1939년 12월에는 네 차례 『조선일보』 하단에 반면이나 할애하여 작품 발간 사실을 알리고,

당시로서는 유례가 드물 정도로 대대적이었던 『임꺽정』 출판 광고(『조선일보』 1939년 12월 1일자)

문인 이기영·이효석(李孝石)·박영희·김상용(金尙鎔)·이광수·한설야(韓雪野)·김동환·김남천(金南天)·정인섭(鄭寅燮)·박종화(朴鍾和)와 국어학자 김윤경(金允經)의 추천사를 게재하였다.

이러한 몇 가지 점에서 『임꺽정』은 1980, 90년대 들어 출판시장의 확대와 함께 도래한 대하 장편소설 붐과 대규모 광고에 의한 베스트셀러 만들기의 선례를 이미 반 세기 전에 보여 준 사례로도 기억될 만하다. 그러나 물론 『임꺽정』은 그와 같은 대 출판사의 상업주의와 결합되기는 했으되, 우리 근대문학사상 최고 수준의 작품이라는 점에서 오늘날 대부분의 베스트셀러들과는 엄연한 차이를 지니고 있다.

『임꺽정』이 연재 초기부터 독자들의 열렬한 호응을 받았던 사실과도 무관하지 않겠지만, 조선일보사측에서는 시종일관 홍명희에게 각별한 대우를 하였다.

1933년 방응모가 경영권을 인수했을 때, 사내분규를 수습하고 재출범한 조선일보가 본 궤도에 올라서는 데 연재소설 『임꺽정』의 인기는 지대한 도움이 되었었다. 그런데다가 홍명희의 박학다식함에 매료된 방응모는 그를 각별히 예우하여 개인적으로 두터운 친분을 유지했을뿐더러 경제적으로도 종종 도움을 주었다고 한다.

『임꺽정』을 연재중이던 1934년 당시 홍명희는 조선일보사로부터 매월 100원씩을 받아, 당시 조선 문단에서 최고의 원고료를 받는 문인이자 드물게 원고료로 생활하는 문인으로 알려져 있었다. 그러나 『임꺽정』은 몇 차례나 연재가 중단되었을 뿐 아니라 연재되는 동안에도 휴재가 잦았으므로, 그 원고료로 제사 많은 종갓집 대가족의 생활비를 충당하기에는 턱없이 부족하였다.

그러한 형편에서 『임꺽정』이 출판되자, 홍명희는 일제 말의 궁핍한 생활을 버텨 나갈 수 있는 최소한의 경제적 기반을 얻을 수 있게 되었다. 한 잡지의 가십란에 의하면 출판 당시 그는 조선일보사에서 인세로 3000원을 받았는데, 후일 판매실적에 따라 추가로 더 받을 수도 있다는 조건이었다고 한다.

『임꺽정』 출판은 이 작품의 문학적 가치에 대한 문단의 인식을 결정적으로 달라지게 했다는 점에서 매우 중요한 의의를 지닌다. 우리 소설사에서 1920년대에는 단편소설이 주류를 이루고 있었으며, 몇몇 중요한 장편소설들이 발표되면서 장편소설과 리얼리즘에 대한 관심이 확산된 것은 1930년대 후반에 들어서였다.

특히 1938년경부터 장편소설론과 리얼리즘론이 평단의 중심 논제가 되자, 『임꺽정』은 뒤늦게나마 주목의 대상으로 떠오르게 되었다. 그러나 대부분의 문인들이 연재 당시 『임꺽정』을 통독하지 않았던데다가,

과거에 읽은 부분마저도 오래 되어 기억이 희미해진 실정이었다.

그러므로 『임꺽정』이 책으로 나와 그 전편을 읽을 수 있게 된 이후에야 비로소 문단에서는 이 작품의 문학적 가치를 새롭게 인식하게 되었다. 뿐만 아니라 많은 작가와 평론가들이 그로부터 장편소설 창작과 리얼리즘 이론, 그리고 우리말의 예술적 구사에 대한 풍부한 교시를 얻게 되었다.

예를 들어 「자화상 제1화」라는 부제가 달린 박태원(朴泰遠)의 신변소설 「음우(淫雨)」를 보면, 작가 자신에 해당하는 주인공이 그 무렵 홍명희의 『임꺽정』을 여러 차례 되풀이해 읽은 것으로 되어 있다. 이로 미루어 볼 때 원래 순수문학과 모더니즘 계열의 작가였던 박태원이 리얼리즘 계열의 역사소설가로 변모하여 후일 북에서 『갑오농민전쟁』과 같은 걸작을 남기게 된 데에는 『임꺽정』의 영향이 적잖이 작용했으리라 추측된다.

그런가 하면, 분단 이후 남한의 대표적인 역사소설가로 알려진 박종화는 홍명희의 『임꺽정』을 연재 당시부터 한 회도 빠짐없이 애독했다고 술회한 바 있다. 『임꺽정』이 출간되었을 때 『조선일보』에 실린 광고에서 그는 "선배 벽초 선생의 풍부한 소설적 어휘는 마치 바다와 같이 왕양(汪洋)하여 그의 문장을 읽을 때마다 항상 부러움을 금치 못"한다고 토로하면서 『임꺽정』을 격찬하였다.

이렇게 볼 때 원래 백조파 시인이던 박종화가 소설가로 전환하여 1930년대 후반부터는 역사소설을 주로 쓰게 된 데에도 홍명희의 『임꺽정』의 영향이 컸으리라 짐작된다. 특히 박종화의 출세작이자 첫 장편 역사소설인 『금삼(錦衫)의 피』는 바로 『임꺽정』 서두의 「봉단편」에 등장하는 연산군의 기구한 운명과 그로 인한 엽기적인 행각을 다룬 것이다.

뿐만 아니라 박종화가 일제 말에 집필한 역사소설 『전야(前夜)』와 『여명』은 이전의 그의 작품들에 비해 현저히 사실적인 묘사에 접근해 있거니와, 이는 작가가 책 출간 후 『임꺽정』을 누차 숙독하면서 그로부터 더욱 구체적으로 영향받은 결과가 아닐까 한다.

당시 작가이자 비평가인 김남천은 홍명희와 『임꺽정』의 문학사적 가치를 이렇게 평가하였다.

> 모모하는 대가들처럼 표면에 드러나지 않고 숨어서 30년 문학사의 첫 페이지에 공헌한 분은 벽초 홍명희씨다. 그것을 아는 이는 적다. 그리고 그것을 기록에 올릴 문학사가도 드물는지 알 수 없다. 그러나 그의 웅편(雄篇)은 씨(氏)의 50년을 일관하는 고고한 절개와 함께 우리 문학사상의 일만이천 봉이다.
>
> 사실주의 문학이 가지는 정밀한 세부묘사의 수법은 씨에 있어 처음이고 그리고 마지막이 되어도 무방할 것이다. 작은 논두렁길을 걷던 조선문학은 비로소 대수해(大樹海, 광활한 나무숲)를 경험하였다. 일방 『임꺽정』은 역사문학의 진품이 어떠한 것인지를 우리 속류 역사소설가들 앞에 제시하였다.[37]

이와 같이 책으로 출판된 후 많은 동시대 문인들이 『임꺽정』을 통독하고 그 예술적 진가를 확인하게 됨에 따라, 『임꺽정』은 비로소 확고한

37) 김남천, 「조선문학의 대수해」, 『조선일보』 1939년 12월 1일자(『벽초자료』, 283쪽).

명성과 문학사적 지위를 획득하기에 이르렀던 것이다.

조선학운동에 참여하다

홍명희는 사회운동가이자 문인으로서 널리 알려졌지만, 다른 한편 학자로서의 면모도 지니고 있었다. 1931년 한 잡지에 실린 인물평을 보면, "그는 학자이고 연구가 문학이며 현대 조선에서 재사(才士)로서 이름이 높다. 그의 명철한 뇌흉은 사색적이요, 그 위에 다독(多讀)이어서 학자로(서)의 기대가 높다"고 되어 있다.[38]

이처럼 홍명희는 인기 연재소설 『임꺽정』의 작가이자 신간회운동의 지도자로 유명해진 그 시기에도 일각에서는 학자로 간주되고 있었던 것이다.

홍명희는 평생 동안 동시대의 다른 작가들과 비교되지 않을 정도로 다방면에 걸쳐 많은 책을 읽은 박학다식한 인물이었다. 그런데 그 중에서도 특기할 만한 것은 그가 한적을 꾸준히 섭렵하여 조선사와 조선 문화에 대해 전문적인 학자 수준의 조예를 가지고 있었다는 사실이다.

물론 홍명희는 스스로 학자라 자처한 적도 없고 체계적인 연구 업적을 남기지도 않았다. 그러나 1930년대 이후 그는 신문·잡지를 통해 단편적이나마 학문적 통찰력이 번뜩이는 글들을 적잖이 남겼다. 또한 고전 간행 사업에 참여하여 『완당집(阮堂集)』 등을 교열하기도 했다. 이

38) 「옥중의 인물들 : 홍명희」, 『혜성』 1931년 9월호(『벽초자료』, 231쪽). 뇌흉(腦胸)은 머리와 가슴이라는 뜻.

러한 홍명희의 활동은 이 시기에 비타협적 민족주의 계열의 학자·지식인들 사이에서 일어나고 있던 이른바 조선학운동과 맥을 같이하는 것이라 볼 수 있다.

민족협동전선 신간회가 해소된 이후, 비타협적 민족주의 진영은 그 정치적 입지가 위축되자 문화운동으로 방향을 전환해 갔다. 1930, 40년대에 정인보·안재홍·문일평 등이 주도한 조선학운동은 바로 그러한 움직임의 일환이었다.

조선학운동에 가담한 인사들은 민족정신의 회복을 역사 연구의 제일의 목표로 삼고, 민족사에 대한 주체적 인식과 체계적 연구를 지향하였다. 따라서 '조선의 후진적 특수성'을 강조하는 식민주의 사학에 대항하는 한편, 세계사적 보편성을 강조하는 맑스주의 사학과도 명백한 거리를 두었다.

이들은 다산(茶山) 정약용(丁若鏞)의 『여유당전서(與猶堂全書)』 등 실학파를 중심한 조선 후기 사상가들의 저술을 교열·간행하는 한편, 해제나 서문을 통해 그 내용을 소개하고 해설하는 고전 정리 사업에 힘썼다. 또한 정인보와 안재홍은 신채호의 역사학에 깊은 영향을 받아 이를 계승하는 고대사 연구에 몰두했고, 문일평은 조선일보 편집고문으로 재직하면서 계몽적인 사론과 논설을 정력적으로 집필하였다.

홍명희가 조선학운동의 의의에 공감하고 그에 동조하여 활동한 흔적은 여러 면에서 나타난다. 우선 그는 조선학운동을 추진한 정인보·안재홍·문일평 등과 절친했을뿐더러 사상적으로도 매우 근접한 위치에 있었다. 게다가 조선학운동에 큰 영향을 미친 신채호의 사론들이 국내에서 발표되도록 적극 주선했던 만큼, 그에 대해 잘 알고 각별한 애

홍명희의 장남 홍기문. 부친의 학자적 기질을 이어받아 뛰어난 국학자가 되었다.

착을 지니고 있었다.

홍명희는 이 시기 조선학운동의 일환으로 추진된 고전 정리 사업에도 참여하였다. 1934년에 간행된 김정희의 『완당선생전집』, 1939년에 간행된 홍대용(洪大容)의 『담헌서(湛軒書)』, 그리고 1941년에 간행된 서유구(徐有榘)의 『누판고(鏤板考)』의 교열을 맡았던 것이다. 난해하기로 유명한 『완당집』의 교열을 맡은 것을 보면, 홍명희가 당시 지식인 사회에서 한학자로서 어떤 수준으로 인식되고 있었는지를 짐작할 수 있다.

또한 이 시기에 홍명희는 논설, 구술(口述), 대담, 칼럼 등 다양한 형식으로 조선사와 조선 문화에 대해 논한 글들을 종종 발표하였다. 그중 가장 대표적인 글이 고려 말의 충신 정몽주(鄭夢周)에 대해 논한 「정포은(鄭圃隱)과 역사성」이다. 구술 형식으로 발표한 글로는 「이조 정치제도와 양반사상의 전모」, 「언문소설과 명청(明淸) 소설의 관계」가 있다.

그리고 유진오(兪鎭午), 모윤숙(毛允淑), 현상윤(玄相允)과 차례로 가진 대담에서 우리 고전문학과 역사에 대해 논하였다. 또한 『조선일보』에 「양아잡록」과 「온고쇄록」이라는 제목의 칼럼을 연재하여 주로 우리의 전통적인 풍속과 제도를 소개하였다. 이처럼 대부분 단편적인 형태로 발표된 것이기는 하나, 조선사와 조선 문화에 대한 홍명희의 논의는 당시로서는 매우 선진적이어서 오늘날 학계에서도 주목할 만한 내용이 적지 않다.

조선사와 조선 문화에 대한 홍명희의 논의는 크게 보아 조선시대 양반계급에 대한 고찰, 우리 고전문학에 대한 논평, 그리고 전통시대 풍속사에 대한 해설로 나누어 볼 수 있다. 그중 조선시대 양반계급에 대해서는 후일 과학적으로 구명하여 『양반계급 사적 연구』라는 책을 집필하겠다는 의욕을 보일 정도로 뚜렷한 문제의식과 구체적인 논지를 가지고 있었다.

우선 홍명희는 조선시대 양반계급의 역사를 발달시기, 당쟁시기, 퇴패(退敗)시기, 말기의 4기로 나누고, 각 시기의 특징을 설명한다. 그리고 양반의 사상과 유자(儒者)의 사상을 동일시하기 쉽지만, 양반사상의 핵심은 관벌주의(官閥主義)에 있는 까닭에 유자의 교훈인 인(仁)을 떠나 허례(虛禮)와 허의(虛儀)에 기울어졌다고 비판하였다.

또한 양반계급의 생활이념을 소양(素養)·범절·행세·지조라 규정하고, 그러한 생활이념으로 인해 양반정치는 진취적이 아니라 퇴영적이 되었으며, 양반계급은 몰락의 길을 걷게 되었다고 보았다. 그러나 이와 같은 양반의 생활이념 중 '지조'에 대해서만은 자못 높이 평가하였다.

홍명희의 양반론에서 주목되는 것은, 양반계급의 생장과 소멸 과정에 대한 그의 논의가 다분히 현실주의적이고 사회사적인 시각을 보여 주고 있는 점이다. 예컨대 그는 양반들이 표면상 내세운 대의명분과 달리, 조선시대 당쟁의 원인은 관직수가 제한되어 있는 데 반해 양반 인구가 증가한 데에 있다고 본다.

또한 홍명희는 자신의 출신 계급인 양반에 대해 매우 객관적이고 비판적인 태도를 견지하고 있다. 양반계급이 관벌주의 때문에 유자 본연의 인(仁)에서 벗어나 허례와 허의에 치우쳤다고 비판한 것은, 계급적 편견 없이 현실을 직시하려는 리얼리스트다운 면모를 보여 주고 있다.

해방 후에 씌어진 한 인물평에서 이원조는 홍명희의 '반항정신'을 높이 평가하면서, "만약 우리가 일제의 침략을 안 받았다고 하면 그는 봉건 타도의 계몽가로 발전해 왔을 것"이라고 했거니와,[39] 이는 바로 홍명희의 이러한 반봉건의식을 지적한 것이라 하겠다.

끝으로 주목되는 것은 홍명희가 양반계급에 대해 비판적이면서도 양반의 생활이념의 하나인 '지조'에 대해서만은 높이 평가했다는 점이다. 이는 『정포은과 역사성』에서 더욱 잘 드러나거니와, 이 글에서 그는 탁월한 유학자이자 정치가이자 충신이었던 정몽주의 생애 사적 중 현대에도 계승할 만한 역사적 가치가 있는 요소는 다름 아닌 충신으로서의 '지조'라 보았다.

1938년 『조광』 지에서 『정포은 선생 탄생 600주년 기념지』라는 별책 부록을 간행한 것은 당시의 암울한 시국에서 일제에 대한 저항정신을 은연중 일깨우고자 한 의도에서였으리라 짐작된다. 그 일환으로 씌어진 『정포은과 역사성』에서 홍명희는 지조를 중히 여긴 양반 사대부

39) 이원조, 「벽초론」, 『신천지』 1946년 4월호(『벽초자료』, 249~250쪽).

의 정신이 일제와 타협하지 않고 민족적 양심을 지키려는 자세와 통한다고 보아, 정몽주를 특히 높이 평가한 것이다.

우리 고전문학에 대해서도 홍명희는 본격적인 저술을 남기지는 않았다. 하지만 그는 당시 지식인들 사이에서 누구보다도 그 분야에 조예가 깊은 인물로 알려져 있었다. 저명한 국문학자 김태준조차 모르는 것이 있으면 으레 그에게 묻곤 했다고 하거니와, 1930년대에 신문·잡지들에서 홍명희를 초빙하여 우리 전통문학에 대해 고견을 듣는 대담을 종종 기획한 것도 그 때문이었다.

우선 홍명희는 우리 고전문학의 유산이 빈약하다는 것을 어쩔 수 없는 사실로서 전제한다. 우리 고전문학이 제대로 전승되지 못하여 현재 남아 있는 유산이 양적으로 풍부하지 못할 뿐 아니라, 그 예술적 수준에서도 세계적인 고전에 미치지 못하는 경우가 대부분이라는 것이다.

동서고금의 명작을 널리 섭렵하여 까다로운 문학적 감식안을 지니고 있던 홍명희는 세계적인 고전의 수준에 육박하면서도 민족문학적 색채가 뚜렷한 작품만을 높이 평가하였다. 따라서 그는 대부분의 국문소설과 한문학에 대해 매우 인색한 평가를 내리고 있다.

조선시대 국문소설들은 중국 문학의 영향을 지나치게 많이 받아 독창성이 결여된데다가, 천편일률적으로 '저급한 이상주의'와 권선징악에 머물고 말았다고 본다. 그러한 전제 아래 그는 당시 국문소설 중 『구운몽』을 가장 높이 평가하며, 그 밖에 『춘향전』 『박씨전』 『금방울전』『장화홍련전』 『사씨남정기』 등도 "특색 있는 작품"으로 꼽고 있다.

한편 그는 우리 문학사를 쓴다면 민족문학적 특색을 갖춘 한문학은 국문문학과 마찬가지로 우리 문학의 일부로 간주해야 한다고 주장한다. 이러한 견지에서 그는 연암(燕巖) 박지원(朴趾源)은 고문(古文)의 법도에 얽매이지 않고 한문으로 "자기 할 말을 마음대로 다했"으며, 연암의 글에는 "조선 정조"가 있다고 높이 평가하였다. 연암의 작품들이 한문으로 씌어졌으면서도 민족문학적인 개성을 의식적으로 추구한 점을 높이 평가한 것이다.

조선 문화에 관한 이 시기 홍명희의 글들 중 또 한 가지 주목할 만한 것은 우리 고유의 풍속에 대한 논의이다. 『임꺽정』이 조선시대 풍속의 재현에서 우리 역사소설 중 타의 추종을 불허하는 작품이라는 것은 널리 인정된 사실이다. 이는 홍명희가 당시 작가들 가운데 유례가 드물 만큼 한학에 대해 깊은 조예를 갖추었음은 물론, 우리나라 전통 풍속에 대해서도 실로 해박한 지식의 소유자였던 덕분이다.

이러한 우리 전통문화에 대한 그의 관심과 조예는 1936년 『조선일보』에 연재된 「양아잡록」과 「온고쇄록」에 잘 드러나 있다. 이 칼럼들에서 홍명희는 「음력」 「적서(嫡庶)」 「양반」 「비밀계(秘密稧)」 등 주로 우리 전통문화를 소개하는 항목을 설정하여, 그 유래와 변천사를 소개하고 있다.

한편 당시 조선일보 학예부장으로 재직중이던 홍명희의 장남 홍기문은 『조선일보』에 부친의 「양아잡록」을 이어받아 「잡기장」과 「소문고」라는 제목으로 우리 전통문화를 소개하는 칼럼을 연재하였다. 이는 해방 후 『조선문화총화(叢話)』라는 제목의 단행본으로 출판되기도 했다.

그런데 「소문고」 중 상당 부분은 「추정록(趨庭錄)」이라는 부제를 달고 있다. '부친의 생전 언행을 기록한 책'이라는 의미의 부제에서 드러나듯이 이 글들은 그가 부친 홍명희로부터 들은 내용을 정리·소개한

홍명희의 쌍둥이 딸 홍수경과 홍무경. 숙명고녀 재학 시절 사진으로, 앞줄 오른쪽이 수경, 뒷줄 왼쪽이 무경이다.

것이다.

「추정록」의 내용 중 큰 비중을 차지하는 것은 「게다 신던 옛 관습」 「남자의 귀고리」 「직령(直領)·도포(道袍)·창의(氅衣)」 등 우리 고유의 의복제도에 대한 것과, 「독좌상(獨座床)과 남침(覽寢)」 「홰싸움·견마전(牽馬戰)」 「과부의 개가(改嫁)」 등 혼인제도에 관한 것이다. 그 밖에 음식·주거·형벌제도에 관한 항목 등이 눈에 띈다.

「추정록」의 주 내용을 이루고 있는 우리 고유의 의복과 혼인제도에 대한 논의는 홍명희의 딸이자 홍기문의 누이인 홍수경·홍무경 자매의 논문들에서 더욱 본격적으로 전개되고 있다. 쌍둥이인 홍수경과 홍무경은 1941년 말에 나란히 이화여대 전문부 선과(選科)를 졸업했는데, 부친의 자상한 지도를 받아 각각 「우리 의복제도 변천에 대한 연구」「조선 혼인제도의 역사적 고구(考究)」라는 제목의 졸업논문을 썼다. 이는 해방 후 『조선 의복·혼인 제도의 연구』라는 제목의 공저로 출판되었다.

이러한 칼럼과 논문들은 비록 홍명희 자신의 저술은 아니지만, 그 저자들도 밝히고 있는 바와 같이 우리 전통문화에 대한 홍명희의 해박한 지식에 크게 의존한 것이어서, 그의 업적의 일부로 간주될 수 있는 소지가 다분하다고 하겠다.

「우리 의복제도 변천에 대한 연구」는 『삼국사기』 『신당서(新唐書)』 『고려도경(高麗圖經)』 등 한적들을 광범하게 섭렵한 위에서 엄밀한 고증을 가하는 학구적 연구 태도와 수준을 보여 주고 있다. 「조선 혼인제도의 역사적 고구」는 사회사적 연구 태도를 보이고 있는 점이 특색이다. 즉 우리 고유의 혼인 풍속 중 어떤 풍습은 인류 역사상 보편적인 모권시대의 유습이라 보고, 어떤 풍습은 원시적 약탈혼이나 매매혼의 유습이라 보는 시각에서 사회사적 분석을 가하고 있는 것이다.

이와 같이 이 시기 홍명희는 조선사와 조선 문화에 대해 깊은 관심을 기울이고, 그와 관련한 업적을 적잖이 남겼다. 그런데 그는 이처럼 단편적인 논의에 만족하지 않고, 여건이 허락된다면 학술적 연구를 위한 본격적 자료수집과 정리작업에 착수하고 싶은 뜻을 지니고 있었다.

현상윤과 함께 한 대담에서 홍명희는 조선시대의 각종 제도와 풍속 가운데 음식·의복 등 100개 정도의 자잘한 항목을 설정하여, 여러 사람이 각기 한 항목씩 맡아 자료를 수집 정리했으면 좋겠다는 아이디어를 제시하였다. 자료에 대한 해석이나 완성된 연구는 후대의 학자들에게 맡기기로 하고, 그 대신 자료의 출처만은 분명하게 제시한 보고서를 만들자는 것이다.

이처럼 홍명희는 조선조 말에 태어나 한학에 조예를 갖추고 전통적인 문물과 풍속·제도를 몸소 체험한 자신들의 세대에 자료정리가 엄밀하게 이루어져야 후대에 국학 연구가 제대로 성장해 나갈 수 있으리라는 인식을 가지고 있었다. 이러한 그의 포부가 일제 말과 해방 후의 정치적 상황 때문에 무위로 그치고 만 것은, 후일의 학계를 위해 실로 애석한 일이라 하지 않을 수 없다.

일제 말의 은둔

『조선일보』에 『임꺽정』 연재를 중단한 뒤인 1939년 말 홍명희는 경기도 양주군 노해면 창동으로 이주하였다. 몇 년 전 서울의 사대문 안을 벗어나 마포 강변으로 이사할 때도 반쯤 은둔생활로 들어간 셈이었지만, 이번에는 아주 서울을 떠나 더욱 외진 곳에 은거하기로 한 것이다.

일제의 식민통치가 극악한 전시 파시즘 체제로 치달아 감에 따라, 홍명희처럼 사회적 명망이 높은 인사들은 지식인들을 친일활동에 동원하려는 일제의 협박과 회유를 피하기 어려운 위치에 있었다. 그러므로 그는 몸이 아프다는 핑계로 창작을 포함한 일체의 사회활동을 그만두고 아예 들어앉으려 작정하였다.

창동에는 그 이전부터 신간회 시절 동지이던 변호사 김병로가 살고 있었다. 인가 드문 데 널찍한 정원을 갖추고 깊숙이 자리잡은 김병로의 집은 뜻이 통하는 벗들끼리 만나 가슴속에 담아둔 이야기를 나누기에 아주 좋은 곳이었다. 그런데 아예 그 동네로 이사 오라는 김병로의 권유에 따라 은거지로 택하고 보니, 우연찮게도 거기가 바로 임꺽정의 고향인 양주군이었다.

당시 창동은 기차를 타고 서울을 내왕해야 하는 시골이었다. 홍명희가 이사한 집은 창동 역전에 있는 매우 작고 낡은 한옥이었다. 홍명희 일가에 뒤이어 이듬해 가을에는 정인보 일가가 같은 동네로 이주하였다. 이처럼 요시찰인(要視察人)들이 속속 이주해 오니, 일제 경무 당국에서는 양주경찰서에 고등계를 설치하고 창동주재소에 고등계 형사를 상주시켜 이들의 동향을 감시하게 하였다.

그 무렵 홍명희의 장남 홍기문도 부친의 집에서 멀지 않은 창동 역전 부근에 따로 집을 마련하여 이사하였다. 1940년 8월 일제에 의해 『조선일보』가 강제 폐간되자 실직하게 된 그는 창동 집에 칩거하여 평소의 관심 분야이던 조선어 연구에 몰두하였다. 그 성과는 해방 후 『정음발달사』와 『조선문법연구』라는 제목의 단행본으로 출판되었다.

홍명희의 쌍둥이 딸 홍수경과 홍무경이 부친의 지도를 받아 각각 우리 의복제도와 혼인제도에 관한 졸업논문을 쓴 것도 창동 시절이었다. 두 사람은 1941년 12월에 나란히 이화여대 전문부를 졸업했고, 그중 둘째딸 무경은 졸업 후 한때 교편을 잡기도 하였다.

1942년 3월 홍명희는 차남 기무를 자신의 절친한 벗 정인보의 차녀 경완(庚婉)과 혼인시켰다. 기무는 부모 슬하에서 오랫동안 미혼으로 지내다가, 당시로서는 매우 늦은 나이인 서른세 살에 비로소 열 살 연하인 신부를 맞아들이게 된 것이다. 정경완은 경기고녀를 졸업하고 소학교 교사로 근무하고 있던 재원으로서, 당시 고등교육을 받은 신여성으로서는 드물 만큼 전통적인 부덕을 갖춘 현숙한 여성이었다.

홍기무 내외는 신부 댁인 창동 정인보의 자택에서 혼례를 올린 후,

홍명희와 정인보가 사돈을 맺은 후 신혼여행에 동행하여 신랑 신부와 함께 찍은 기념사진. 앞줄 오른쪽이 홍명희, 그 뒤가 차남 기무이다.

괴산에 살고 있던 신랑의 조모에게 폐백을 드리고 온양온천으로 신혼여행을 갔다. 그런데 경제적으로 어렵던 양가의 처지에도 불구하고 정인보와 홍명희가 괴산은 물론 온양온천까지 동행하는 풍류를 누렸다고 한다. 신혼여행지에서 홍명희와 정인보가 아들딸 내외를 뒤에 세우고 벤치에 나란히 앉아 찍은 사진이 전하고 있어, 두 사람의 절친한 우정과 그로 인한 양가의 아름다운 인연을 말해 주고 있다.

홍기문이 재혼하여 분가한 후에도 시부모 밑에서 살고 있던 그의 전처 이씨는 시동생의 결혼을 계기로 친정으로 돌아가고, 홍기무 내외가 부모를 모시고 창동 집에서 살게 되었다.

따라서 그렇지 않아도 한 동리에 살면서 친하게 지내던 홍명희 일가와 정인보 일가는 더욱 우애가 자별하게 되었다. 정인보는 총명하고 학식이 뛰어난 사위 홍기무를 무던히도 사랑하여 수시로 불러들여 함께 고담준론을 하였다. 그리고 사돈이 된 홍명희의 부인 민씨와 정인보의 부인 조씨도 서로 벗처럼 친하게 지냈다.

홍명희 일가는 1920년대 이후 일상적인 가난 속에서 생활했지만, 특히 창동 시절에는 극도의 궁핍을 겪고 있었다. 둘째 며느리 정경완이 시집살이를 시작했을 무렵 홍씨 집안의 여자들은 좁쌀 대부분에 쌀을 조금 섞어 끓인 묽은 미음 한 끼로 하루를 지내는 형편이어서, 친정에서 가난하게 살다 온 그녀조차도 시댁 살림 형편에 놀라지 않을 수 없었다.

1942년 이후 홍명희는 모든 사회적 활동을 그만두었으므로, 본의 아니게 매우 한가로운 생활을 하게 되었다. 이 시절 그는 거의 매일을 독서로 소일하는 한편, 남달리 학구열이 강해 공부꾼으로 소문난 차남 기무에게 학문을 전수하는 데 힘을 기울였다. 그 밖에는 평소에 좋아하는 화초를 돌보거나, 집 근처 연못에서 낚시를 하기도 하였다.

그러나 물론 홍명희가 그와 같은 은자(隱者)의 생활을 즐기고 있었던 것은 결코 아니었다. 그 무렵 독립운동가 심산(心山) 김창숙(金昌淑)에게 보낸 한시에서 홍명희는 "관 뚜껑이 닫히기 전에는 항복도 하지 않고 모욕도 받지 않으리라(蓋棺前不降不辱)"고 하여, 죽을 때까지 일제에 굴하지 않겠다는 각오를 피력하였다. 그러나 그 대가는 혹독한 것이었다.

신간회 민중대회사건으로 옥고를 치르고 난 이후 홍명희는 일제 당국으로부터 계속 엄중한 감시를 받는 몸이어서, 치안을 강화해야 할 필요가 있을 때마다 으레 기무와 함께 부자가 며칠씩 예비 검속을 당하곤 하였다. 때로는 장남 기문까지 삼부자가 예비 검속되어 유치장에 들어가 있기도 하였다.

따라서 예전부터 알고 지내던 사람들 중에는 당국의 눈을 두려워하여 홍명희와 접촉하는 것조차 꺼려 하는 경우가 많았다. 한번은 생질이 입원한 병원에 문병을 갔다가 왕년에 신소설 작가로 이름 있던 사돈뻘 되는 이를 마주치게 되었는데, 먼저 와 있던 그는 홍명희가 들어서자 갑자기 어색해하며 황급히 자리를 떠서 가족들을 어리둥절하게 만들었다.

심지어 어떤 사람은 길에서 홍명희와 마주치게 되자 갑자기 전봇대 쪽으로 돌아서서 소피 보는 시늉을 하면서까지 대면을 피하는 것이었다. 세상 인심이 그러려니 하면서도, 그런 일을 당하면 참담한 기분이 되지 않을 수 없었다.

일제 말에는 어쩌다가 외출을 할 때에도 으레 고등계 형사가 따라붙었을 정도로 심한 감시를 받았다. 그러므로 그는 같은 동네에 사는 몇몇 동지를 제외하고는 거의 사람을 만나지 못하는 고적한 생활을 하였다. 조카들이 한 달에 한 번쯤 문안차 찾아 뵈면 홍명희는 오랜만에 '사람 구경'을 한다며 몹시 반가워하고, 갈 때는 창동역까지 전송을 나가 헤어지는 것을 아쉬워하곤 하였다.

이와 같이 사회활동은 물론 글 쓰는 일조차 중단하고 우울한 나날을 보내고 있던 홍명희에게 또다시 가까운 이들의 죽음이 잇달아 찾아왔다. 1939년 4월에는 도쿄 유학 시절 이래 절친한 벗이던 호암 문일평이 갑작스러운 병으로 세상을 떠났다.

장례일 다음날 『조선일보』에 실린 「곡(哭) 호암」에서 홍명희는 "슬프다. 아, 슬프다. 슬픔이 우러나와서 억제할 수 없구나. 우리는 좋은 친구를 여의어서 슬프지만 호암이야 요란한 세상을 떠나서 편안하려니, 답답한 세상을 떠나서 시원하려니, 무엇이 슬프랴" 라고 썼다.[40]

벗을 잃은 자신의 슬픈 심경을 토로하면서 그 자신도 때로는 암울한 이 현실을 저버리고 싶은 기분임을 내비친 것이다.

문일평이 사망한 후 조선일보사에서 『호암전집』과 『호암사화집』이 출판되자, 홍명희는 그의 1주기를 기념하는 논문 「호암의 유저에 대하여」를 발표하였다. 이 글에서 홍명희는 신채호에 뒤이어 조선사를 투철한 민족적 입장에서 올바로 연구한 드문 사학자라는 점에서 문일평을 높이 평가하였다. 그러면서도 갑작스러운 죽음으로 그 학문이 미완성에 그치고 만 것을 애석해하며, "나는 무애(無涯, 신채호) 저서에 뿌리던 쓰라린 눈물을 또다시 호암 유저에 뿌리지 아니치 못하였다"고 술회하였다.[41]

자신에게는 수십년래의 지기요, 조선 사학계의 인재인 문일평의 죽음은 홍명희에게 몇 년 전에 당한 신채호의 죽음에 비견할 정도로 비통한 일이었던 것이다.

일제 식민통치가 막바지에 달한 1944년 6월, 『님의 침묵』으로 유명한 시인이자 승려이며 민족운동가였던 만해(萬海) 한용운이 세상을 떠났다. 홍명희와 한용운은 신간회운동을 함께 한 동지였을 뿐 아니라, 직업적인 문인은 아니면서도 각각 장편소설과 서정시 분야에서 문학사에 뚜렷한 족적을 남긴 인물로서, 여러 모로 흥미로운 공통점을 보여 준다.

---

40) 홍명희, 「곡 호암」, 『조선일보』 1939년 4월 8일자(『벽초자료』, 57쪽).

41) 홍명희, 「호암의 유저에 대하여」, 『조선일보』 1940년 4월 16일자(『벽초자료』, 59쪽).

한용운은 홍명희보다 아홉 살 연상이었으나, 당시의 관례에 따라 서로 호형호제하며 지냈다. 신간회가 해소된 1930년대 이후 본의 아니게 예전보다 한가한 생활을 하게 된 두 사람은 간간이 만나 바둑을 함께 두기도 하는 등 친밀한 교분을 나누었다.

한용운의 유품 중에는 그 시절 홍명희가 한용운에게 보낸 편지가 한 통 전해 오고 있다. 홍명희의 서재 이름인 '사무사재(思無邪齋) 원고용지'라 인쇄되어 있는 원고지에 붓글씨로 씌어진 편지로, 책방에서 소자본(小字本) 『수호전』을 물어 보았으나 선본(善本)이 없다 하니 장차 구하게 되면 보내겠노라는 사연을 담고 있다. 말미에는 '난초 가격은 별지에 기록해 두었다'는 내용의 추신이 붙어 있다. 짤막하나마 이 한 장의 편지는 문학에 대한 관심과 취미를 함께하던 두 사람 간의 정분을 엿볼 수 있게 한다.

또한 『가람일기』에는 1939년 어느 날 방응모의 집에서 홍명희·한용운·문일평·이병기(李秉岐) 등 학자들이 친교 모임을 가졌다는 기록이 있다. 그 끝부분에서는 "제주에서 가져왔다는 풍란과 한란이 있다. 난화(蘭話, 난 이야기)를 한참 하였다. 만해의 광장설(廣長舌)과 벽초의 종용술(從容術)이 재미스러웠다"고 전하고 있다.

아마도 다혈질이었던 듯한 한용운이 광장설을 늘어놓아 좌중을 휘어잡은 것과 대조적으로, 홍명희는 평소 그의 성품답게 조용하면서도 은근히 웃음을 자아내는 이야기로 그날의 모임을 즐겁게 만들었던 모양이다.

1939년 한용운이 회갑을 맞았을 때, 홍명희는 이를 축하하여 칠언절구(七言絶句) 한 수를 짓고 친필로 써서 증정하였다.[42)]

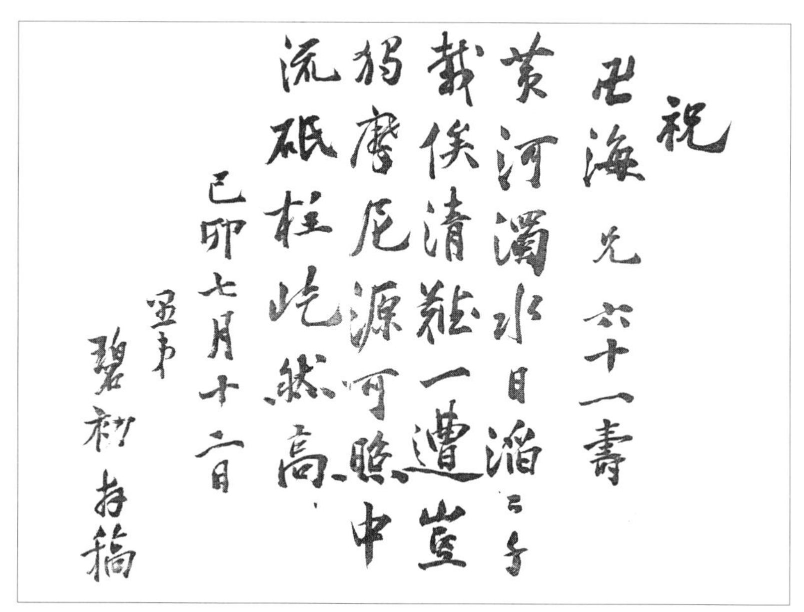

1939년 홍명희가 한용운의 회갑을 축하하여 증정한 친필 한시

황하(黃河)의 흐린 강물 날로 도도하여

천년을 기다려도 한 번 맑기 어렵구나

어찌 마니주(摩尼珠)로 수원(水源)을 비출 뿐이랴

격류 중의 지주(砥柱)처럼 우뚝 솟았어라

黃河濁水日滔滔

千載俟淸難一遭

豈獨摩尼源可照

中流砥柱屹然高

42) 홍명희, 「축 만해형 육십일수(六十一壽)」, 『벽초자료』, 62쪽.

여기에서 홍명희는 일제 말의 혼탁한 시류를 백년은커녕 천년을 기다려도 맑을 줄 모르는 황하의 도도한 탁류에 비유하고 있다. 그리고 한용운이 마니주로 탁류의 근원을 비추듯 불법(佛法)으로 세상을 밝히는 고승일 뿐 아니라, 황하의 격류 속에서도 우뚝 솟아 있는 지주산처럼 강인하고도 의연한 지사의 풍모를 지니고 있음을 칭송하고 있다.

한용운이 타계한 1944년에는 친일지를 제외한 대부분의 신문 · 잡지들이 폐간된 뒤여서, 홍명희가 그의 죽음을 애도하여 쓴 글은 찾아 볼 수 없다. 한용운의 부음을 듣고 홍명희는 그의 만년의 거처인 심우장(尋牛莊)으로 달려가 조문을 했으며, "7000 승려를 합하여도 만해 한 사람을 당하지 못한다. 만해 한 사람을 아는 것이 다른 사람 만 명을 아는 것보다 낫다"는 말을 남겼다고 한다.

해방을 불과 몇 달 앞둔 1945년 2월, 향리 괴산에서 홍명희의 고모이자 독립운동가 조완구(趙琬九)의 부인인 홍정식이 별세하였다. 홍명희의 조부 홍승목은 정실부인과의 사이에 범식과 정식 단 남매를 두었을 뿐, 그 밖의 자녀들은 모두 서계였다. 그러니 홍명희에게 홍정식은 부친의 유일한 친동기였을 뿐 아니라, 나이 차이가 일곱 살밖에 안 되어 어려서는 동기간처럼 함께 자란 사이였다.

게다가 홍정식의 남편 조완구는 경술국치 때 순국한 처남 홍범식의 영향을 받아 독립운동에 투신하고자 단신 만주로 망명하여, 임시정부의 여러 요직을 거치며 중국에서 활동하고 있었다. 그 바람에 집안이 몰락하자, 홍정식은 삯바느질로 생계를 이으며 두 딸을 교육시켰다. 그러다가 일제 말인 1944년 친정 올케인 홍명희의 계모 조씨가 살고 있던 괴산에 정착하고자 귀향했으나, 몇 달 만에 병사하고 만 것이다.

부친이 순국한 후 홍명희는 홍정식을 출가외인인 고모라기보다 삼촌으로 생각한다고 말하곤 했으며, 고모가 기뻐할 일이면 무엇이건 가리지 않고 하였다. 그러한 홍명희의 뜻에 따라, 사후 홍정식의 시신은 괴산 제월리 홍씨가의 선산에 안장되었다.

태평양전쟁이 본격화되면서 일제는 친일 지식인들을 동원하여 조선 민중들을 전시 총동원 체제로 몰아 가는 데 더욱 광분하였다. 그러한 상황에서 갖은 협박과 회유에도 불구하고 소위 시책에 협력하지 않고 지조를 지키고 있던 소수의 지식인들은 시시각각 신변의 위협을 느끼지 않을 수 없었다.

그리하여 홍명희는 1944년 봄 정인보와 상의한 끝에, 일제의 마수를 피하기 위해 솔가하여 충북 청원군 강정리로 내려가기로 하였다. 정인보 일가도 창동을 떠나 전북 익산군 황화면 중기리로 내려갈 작정이었다. 정인보가 홍명희의 딸들의 청을 받아 「벽초 딸 삼형제를 강정리로 보내면서」라는 시조를 써 준 것은 바로 그 무렵이었다.

괴산과 청주에서 멀지 않으면서도 외진 농촌인 청원군 옥산면 강정리(일명 사정리)에는 홍명희의 증조모 신씨의 친정 오라버니의 손자인 신지수 일가가 살고 있었다. 신지수는 홍명희에게 7촌 아저씨뻘이지만, 동갑내기인 두 사람은 어린 시절 괴산에서 같이 자라다시피 하며 함께 글을 배웠을 정도로 친밀한 사이였다.

그런데 홍명희가 일시 피신도 하고 사전 답사도 할 겸 우선 단신으로 강정리에 가 보니, 그곳도 적지 않은 가족을 이끌고 가서 얹혀 지내기는 여의치 않은 사정이었다. 강정리에서 며칠 머물다가 상경한 홍명희는 결국 그곳으로 솔가 이주하려던 계획은 포기하고 말았다.

그 대신 신변의 위협을 느낄 때면 종종 단식으로 금강산의 한 암자로 피신을 하기도 하고, 계모 조씨가 살고 있던 괴산 제월리에 내려가 있기도 하였다. 한편 정인보 일가는 이듬해인 1945년 봄, 애초의 계획대로 익산 중기리로 이주하여 해방이 될 때까지 그곳에서 살았다.

홍명희는 본래 조용한 가운데 퍽 유머러스한 성격의 소유자였다. 역사소설 『임꺽정』을 위시하여 그가 남긴 각종 글과 대담기들을 보면 구수하면서도 차원 높은 유머를 구사하는 홍명희의 인간적 풍모를 느낄 수 있는 대목이 적지 않다. 하지만 그러한 홍명희조차도 일제 식민통치가 막바지에 이르렀을 무렵에는 날로 악화되는 정국 속에서 우울하고 실의에 찬 나날을 보내는 동안 내심 초조하고 울적한 심사를 억제하기 어려웠던 듯하다.

『조광』 지에는 각계 명사들에게 장난조의 질문을 몇 개 던져 재치 있는 답변을 유도하는 '명사 만문만답(漫問漫答)'이라는 난이 있었는데, 홍명희는 편집자의 요청에 마지못한 듯 짤막한 답변을 한번 한 적이 있다. 그런데 그중 "세상에서 제일 예쁘다고 생각하는 것이 무엇입니까"라는 질문에 대해 홍명희는 "증오감이 머릿속에 가득 차서 예쁜 것이 눈에 보이지 않습니다"라고 답하고 있다.

평소에 그토록 유머가 풍부하던 홍명희가 독자들의 심심풀이를 위한 '만문만답란'에서 그 난의 성격을 모르는 양 엉뚱하게도 심술궂은 답변을 한 것이다. 이는 당시와 같은 시국에서 그런 하잘것없는 내용으로 잡지의 지면을 낭비하는 데 대한 질책의 의미와 함께, 울분에 찬 자신의 심경의 일단을 드러낸 것이라 하겠다.

홍기문의 아들로서 북한에서 소설가로 활동하면서 어린 학생들을 위해 『임꺽정』 함축본인 『청석골대장 림꺽정』을 쓴 홍석중도 자신이 유년 시절에 본 조부 홍명희의 그런 모습을 전하고 있다.

> 나의 머릿속에 박힌 할아버지의 첫 인상은 일제 말기의 불안한 정국 속에서 늘 좌불안석하시는 초조한 모습이었고 걸핏하면 짜증을 내시고 화를 내시는 집안의 무서운 어른이었다. (……)
> 나는 철이 든 이후에야 그 당시 할아버지의 어려운 처지를 알게 되었고 당신의 인격과 상반되는 그런 조폭한 감정의 폭발을 십분 이해할 수 있었었다.[43]

이와 같이 악화된 정국 속에서 일제의 패망을 간절히 기다리며 초조하고 불안한 심정으로 힘겨운 하루하루를 보내고 있던 홍명희는 드디어 1945년 8월 15일 일본의 무조건 항복 소식을 듣고 고대하던 해방의 그날을 맞게 된다.

43) 홍석중, 「벽초의 소설 『림꺽정』과 함축본 『청석골 대장 림꺽정』에 대하여」, 『노둣돌』 1993년 봄호, 325~326쪽.

해방 직후의 격동 속에서

진보적 문화운동의 지도자로 추대되다

1945년 8월 15일, 일제는 연합국에 대해 무조건 항복을 선언했다. 홍명희는 가족들을 창동 집에 남겨둔 채 계모 조씨가 살고 있던 괴산 제월리 집에 피신차 가 있다가, 꿈에도 그리던 해방의 날을 그곳에서 맞이하였다.

8·15해방은 온 민족에게 감격적이었지만, 홍명희가 느낀 감회는 남달랐다. 경술국치에 항의하여 부친이 순국한 이후 내내 가슴에 못박힌 심정으로 살아온 홍명희였다. "어떻게 하나 조선사람으로서의 의무를 다하여 잃어진 나라를 기어이 찾아야 한다"는 부친의 유언을 실천하지 못해 죄 지은 심정으로 살아온 세월이었다.

그런데 이제 드디어 그 원수 같던 일제가 물러가고 나라를 되찾게 된다니…… 그 감격을 홍명희는 「눈물 섞인 노래」[44]라는 시로 표출하였다.

독립 만세!

독립 만세!

천둥인 듯

산천이 다 울린다

지동인 듯

땅덩이가 흔들린다

이것이 꿈인가?

생시라도 꿈만 같다

아이도 뛰며 만세

어른도 뛰며 만세

개 짖는 소리 닭 우는 소리까지

만세 만세

산천도 빛이 나고

초목도 빛이 나고

해까지도 새 빛이 난 듯

유난히 명랑하다

이러한 큰 경사

생 외에 처음이라

마음 속속들이

44) 홍명희, 「눈물 섞인 노래」, 『해방기념시집』, 중앙문화협회, 1945(『벽초자료』, 95~99쪽).

기쁨이 가득한데
눈에서는
눈물이 쏟아진다
억제하려 하니
더욱 더욱 쏟아진다

천대 학대 속에
마음과 몸이 함께 늙어
조만한 슬픈 일엔
한 방울 안 나도록
눈물이 말랐더니
눈물에 보가 있어
오랫동안 막혔다가
갑자기 터졌는가?

우리들 적의 손에 잡혀갈 때
깨끗한 몸 더럽히지 않으시려
멀리 멀리 가신 님이
이젠 다시 오시려나
어느 곳에 가 계실지
이날을 아시는지
소식이나 통할 길이 있으면
이다지 애닮으랴

어제까지 두 손목에
매어 있던 쇠사슬이
가뭇없이 없어졌다
요술인 듯 신기하다
오래 묶여 야윈 손목
가볍게 높이 치어들고
우리님 하늘 우에 계시거든
쇠사슬 없어진 것 굽어보소서

님께 받은 귀한 피가
핏줄 속에 흐르므로
이 피를 더럽힐까
남에 없이 조심되고
남에 없이 근심되어
염통 한 조각이나마
적에게 빼앗기지 않으려고
구구이 애를 썼사외다

국민 의무 다하라고
분부하신 님의 말씀
해와 같고 달과 같이
내 앞길을 비쳐 준다
아름다운 님의 이름

홍명희가 해방을 맞은 괴산 제월리 집의 사랑채

더 거룩히는 못 할지라도
님을 찾아가 보입는 날
꾸중이나 듣지 않고저

「눈물 섞인 노래」는 소박하기는 하나 꾸밈없고 직정적인 표현을 통해 해방을 맞은 홍명희의 벅찬 심정을 여실하게 보여 준다. 이 시에서 그는 경술국치 때 순국한 부친 홍범식을 '님'이라 부르며 그에 대한 절절한 그리움과 흠모의 정을 표현하고 있다. 그리고 마지막 연에서는 "국민 의무 다하라고/분부하신 님의 발씀/해와 같고 달과 같이/내

앞길을 비쳐 준다"고 하여, 끝까지 부친의 유훈을 실천하려는 결의를 다지고 있다.

해방 이후 홍명희가 작가나 학자로서의 평온한 삶을 마다하고 정치적 소용돌이 한가운데에서 번민하고 고투하는 험난한 길을 걷게 된 내면적인 요인은, 바로 이처럼 부친의 유훈을 따르고자 한 데에서 찾을 수 있을 것이다.

8·15해방 이후에도 홍명희는 한동안 괴산에 머물러 있었다. 그해 양력 9월 2일은 부친 홍범식의 35주기였다. 일제가 물러가 부친의 한이 풀린 뜻깊은 해라, 제사를 크게 지내기로 하였다. 그래서 서울에서 둘째 아들 기무도 오고, 조카들도 여러 명 내려와 제월리 집이 오랜만에 북적대었다.

해방 직전에는 홍명희가 괴산에 와 있어도 가족들은 쉬쉬하며 소문을 내지 않았었다. 그가 내려와 있는 것을 알면 주재소에서 부르고 친일적인 강연을 종용하는 등 골치 아픈 일이 생길 것이 뻔했기 때문이다. 그런데 해방이 되자 자연히 그가 괴산에 와 있는 것이 알려지게 되었고, 그러다 보니 제월리 집에는 괴산 일대의 유지들이 연이어 찾아와 손님들로 들끓었다.

홍명희는 괴산군 치안유지회 회장으로 추대되기도 하였다. 괴산군 치안유지회는 그해 8월 20일에 결성되어 미군정이 실시될 때까지 지방 치안을 담당하였다. 9월 들어 괴산에 미군이 진주하자, 그는 형식적으로나마 지역 치안의 인수인계를 위해 미군측과 접촉하였다. 그 과정에서 홍명희는 일본 제국주의가 물러간 대신 한반도의 남반부를 점령한 미군의 오만한 자세를 일찌감치 목격하고 실감하게 되었다.

홍명희는 그해 가을 상경하여 서울신문사 고문직을 맡음으로써 본격적으로 사회활동을 재개하였다. 『서울신문』은 일제 총독부 기관지였던 『매일신보』의 사옥과 시설을 인수하고 그 지령을 계승하여 새출발한 일간지였다. 논조는 중립지에 해당했으며, 발행부수가 비교적 많은 영향력 있는 신문이었다.

본래 『매일신보』는 애국계몽기 한국의 지식인들 사이에 큰 영향을 미치고 있던 『대한매일신보』를 1910년 한일합병 직후 일제 총독부 당국에서 강제 매수하여 만든 신문이었다. 그러니 계통을 따지자면 『서울신문』은 홍명희가 도쿄 유학 시절 추도문을 헌정한 영국인 배설이 생전에 발행하던, 그리고 상하이 시절의 각별한 동지 박은식과 신채호가 망명 전 고국에서 필봉을 휘두르던 『대한매일신보』를 계승한 신문이라 할 수 있었다.

그러한 취지로 새출발한 신문이었던 만큼, 당시 서울신문사 간부진에는 과거 신간회에서 활동하던 인사들이 다수 기용되었다. 사장 오세창은 3·1운동 때 민족대표로서 독립선언서에 서명한 천도교계의 원로로, 82세의 고령이라 형식적으로 추대된 셈이었다. 홍명희와 함께 고문으로 추대된 권동진은 신간회 부회장을 지낸 홍명희의 오랜 동지로서, 역시 85세의 고령이었다.

편집국장직을 맡은 홍명희의 장남 홍기문, 상무 이원혁, 취체역 김무삼, 주필 이관구(李寬求) 등은 모두 신간회 경성지회에서 활동한 인물들이다. 그중 김무삼과 이원혁은 신간회 민중대회사건으로 홍명희와 함께 옥고를 치르기까지 한 동지였다. 홍명희의 차남 홍기무도 서울신문사에 입사하여, 출범 당시 문화부장직을 맡았다가 얼마 후 편집부국장이 되었다. 이렇게 볼 때 홍명희는 당시 58세였던 그 연배로 보나 사내(社內)의 인맥으로 보나 서울신문사의 실질적인 중심 인물이라 할 수 있었다.

홍명희가 『서울신문』에 거점을 두고 본격적인 사회활동을 재개한 것은 해방 후 그의 정치활동에 중요한 기반이 되었다. 비록 그가 서울신문사 고문으로 재직한 기간은 1945년 11월부터 이듬해 3월까지 만 4개월에 지나지 않았지만, 서울신문사 간부진에는 그의 장남 홍기문을 비롯하여 측근 인사들이 계속 포진하고 있었다. 이들 중 상당수는 후에 홍명희가 창당한 민주독립당에 참여했으며, 『서울신문』은 그의 중간파 정치노선에 계속 호의적인 보도를 해 주었다.

서울신문사 고문직은 그 무렵 홍명희가 명확한 의지를 가지고 맡은 직책이라는 점에서 오히려 예외적인 경우였다. 그해 8월부터 12월 사이에 홍명희는 자신의 의사와 무관하게 수없이 많은 좌·우익 정치·사회 단체들의 임원 명단에 이름이 오르게 되었다.

이는 그가 식민지시기에 일제와 타협하지 않고 끝까지 지조를 지켜 사회적 명망이 높은 인물이었기 때문이다. 게다가 그는 민족협동전선 신간회 결성을 주도한 인물로서 좌·우익 양측으로부터 모두 호감을 사고 있었다. 따라서 해방 후 서로 대립하고 있던 좌·우익 양 진영에서는 쟁탈전을 벌였다고 해도 과언이 아닐 만큼 홍명희를 자기 진영으로 끌어들이고자 하였다.

그 중에서도 더 재빠르고 적극적인 공세를 편 것은 좌익측이었다. 해방 직후 조선공산당은 박헌영의 이른바 '8월 테제'에 따라 부르주아민주주의혁명 노선을 내세우며 민족통일전선 결성을 주장하였다. 그런데 홍명희는 식민지시기에 사회주의운동에 참여한 경력이 있는데다가, 신간회 지도자로 널리 알려져 있어 민족통일전선 노선을 상징하기에 매우 적합한 인물이었다.

우선 좌익 진영에서는 홍명희를 여러 진보적인 문화단체의 상징적 지도자로 추대하고자 하였다. 널리 알려진 바와 같이 홍명희는 12월 13일에 결성된 조선문학가동맹의 중앙집행위원장으로 선임되었다. 12월 15일에는 에스페란토조선학회 위원장으로 선임되었으며, 12월 27일에는 조소(朝蘇)문화협회 결성대회에서 회장으로 추대되었다.

그 중에서 가장 중요한 문화단체는 조선문학가동맹[45]이다. 조선문학가동맹은 당시 임화·김남천 등 좌파 문인들이 주도하기는 했지만, 식민지시기에 '순수문학파'나 모더니스트로 불리던 이태준(李泰俊)·김기림(金起林)·정지용(鄭芝溶) 등을 포함해서 중도파로 간주되던 문인들도 대거 가담하여, 당시 최대의 문인단체로 떠오른 조직이었다.

조선문학가동맹은 '민족문학의 건설'이라는 기치를 내걸고, 좌·우익 문인들을 망라한 거대한 문인단체를 결성함으로써 문단의 헤게모니를 장악하고자 하였다. 그러므로 최남선·이광수와 함께 신문학 건설에 기여한 인물로 알려진데다가 『임꺽정』의 작가로서 좌·우로부터 높이 평가받고 두루 호감을 얻고 있던 홍명희를 대표로 추대한 것이다.

홍명희는 해방을 맞은 시점에서 좌·우익 문인들이 단결하여 '민족문학의 건설'에 매진한다는 조선문학가동맹의 취지에 공감하여 일단

---

45) 이 단체는 1945년 12월 결성 당시의 명칭은 '조선문학동맹'이었으나, 이듬해 2월 전국문학자대회에서 토의 끝에 '조선문학가동맹'으로 그 명칭이 바뀌었다. 여기에서는 편의상 그 시기에 관계 없이 일반적으로 알려진 '조선문학가동맹'이라는 명칭을 사용한다.

그 대표직을 수락했다. 따라서 그 무렵 『대조』 지에 실린 「벽초 홍명희 선생을 둘러싼 문학담의(談議)」에서 보듯이 조선문학가동맹의 핵심 세력인 이태준 · 이원조 · 김남천과 함께 우리 문학의 진로에 대해 진지하고 유쾌한 대담의 자리를 갖기도 하였다.

그러나 공교롭게도 조선문학가동맹 중앙집행위원장직을 수락한 지 얼마 안 되어 신탁통치 파동이 일어나면서 좌 · 우익의 대립이 선명해지자, 홍명희는 조선문학가동맹측과 일정한 거리를 두게 되었던 것 같다.

이듬해 2월 조선문학가동맹은 전국적인 집회에서 그 존재를 추인받으려는 의도로 제1회 전국문학자대회를 개최하였다. 당시 중앙집행위원장 홍명희는 대회장에 직접 참석하지 않고 그가 보낸 의례적인 내용의 「인사 말씀」을 부위원장 이태준이 대신 낭독했는데, 이는 바로 신탁통치 파동을 계기로 한 홍명희의 그 같은 태도 변화 때문이었던 것이다.

1946년 4월에는 우파 문인들이 조선문학가동맹에 맞서 전조선문필가협회(회장 정인보)를 결성함으로써 문단에서도 좌 · 우 대립의 양상이 전면화되고 말았다. 뿐만 아니라 신탁통치 파동을 겪고 난 후 홍명희는 중간파 정당활동을 통한 민족통일정부수립운동에 투신하게 된 반면, 조선문학가동맹은 조선공산당의 노선 변화에 따라 그 외곽 단체로서 좌익적인 성향을 더욱 노골화해 갔다.

그러므로 홍명희는 월북 이전까지 형식적으로 조선문학가동맹 중앙집행위원장 직함을 계속 지니고 있기는 했지만, 실제로는 조선문학가동맹의 활동에 거의 관여하지 않는 유명무실한 대표로 남아 있게 되었다.

에스페란토조선학회는 "인류 평화와 세계어 선전 보급"을 목적으로 한 학회로서, 일제 말 탄압으로 활동을 금지당했던 국내 에스페란티스토들이 해방을 맞아 활동을 재개하면서 조직한 단체였다. 그런데 창립 대회 당시 발표된 '에스페란토 정치선언'과 '결의'에서 드러나듯이, 민족통일전선을 표방하던 시기의 좌익 문화단체들과 일정한 연계하에 결성된 단체였다.

홍명희는 조선 최초의 에스페란티스토로서 에스페란토의 의의와 필요성을 누구보다 먼저 인식하고 활동한 선구자의 한 사람이었다. 게다가 역시 민족통일전선 노선을 상징하기에 적합한 인물이었으므로, 조선문학가동맹의 경우와 유사한 이유에서 에스페란토조선학회 위원장으로 추대된 것이라 짐작된다.

그러나 홍명희는 그후 정계에 투신하여 민족통일정부수립운동에 매진하면서 자연 에스페란토운동과 같은 주변적인 학술운동과는 소원해져 갔던 것 같다. 반면에 에스페란토조선학회는 점차 중립성을 표방하는 탈정치적 학술단체로 굳어져 갔다. 따라서 1946년 8월에는 이극로(李克魯)로 위원장이 교체되었으며, 그 이듬해 8월에는 김창숙이 제3대 위원장으로 취임하였다.

조소문화협회는 그 명칭에서도 알 수 있듯이 소련과의 문화교류와 국제친선을 표방한 단체였다. 그러나 당시 북한에 군대를 진주시켜 강력한 영향력을 행사하던 사회주의 국가 소련의 위세를 고려한다면 상당히 강한 정치적 색채를 띤 단체였음을 짐작할 수 있다.

남한의 조소문화협회보다 먼저 결성된 북한의 조쏘문화협회는 북조선예술총연맹 및 그 산하의 북조선문학동맹과 함께 해방 후 북한 문화예술계를 주도한 단체였다. 그리고 소련과의 문화교류라는 본래의 목적에 한정하지 않고 정치적인 기능까지 수행하는 대규모의 조직이었다.

남한에서 조소문화협회의 결성을 주도한 세력이 홍명희를 회장으로 추대한 것은 그를 조선문학가동맹 중앙집행위원장으로 추대한 것과 같은 이유에서였을 것이다. 게다가 홍명희는 도쿄 유학 시절 이래 러시아 문학과 문화에 관심이 깊고 남다른 식견을 갖춘 인물로 알려져 있었다.

홍명희가 조소문화협회의 정치적 함의를 어느 정도 알고 있었는지는 가늠하기 어렵다. 그러나 어쨌든 그는 학계와 문화계를 망라하여 200여 명의 발기인이 참석한 조소문화협회 창립총회에 직접 참석하여 "의미심장한 회장 취임사"로 "만장에 큰 감명을 주었"다고 보도되었다.

그후 조소문화협회는 조선문학가동맹과 공동 주최로 막심 고리키(M. Gorki) 서거 10주년 기념제를 거행하기도 하고, 소(蘇)·독(獨) 개전 기념 강연회를 개최하기도 했다.

그러나 북한의 조쏘문화협회와는 달리 남한에서 조소문화협회는 좌익이 탄압을 받으면서 갈수록 유명무실화되었고, 따라서 홍명희 역시 그 회장으로서 이렇다 할 활동을 한 흔적을 찾아 보기 어렵다. 그런데도 해방 후 홍명희의 이력을 소개할 때면 늘 조소문화협회 회장 역임 사실이 거론되니, 아이러니컬하게도 조소문화협회는 홍명희의 명성에 힘입어 그 존재를 세상에 전할 수 있게 되었다고 하겠다.

신탁통치 파동에 휘말려

이처럼 홍명희는 해방 직후 각종 문화단체의 대표로 추대되면서 당시의 진보적 문화운동에 관여하게 되었다. 그러나 어지러운 해방정국은 홍명희를 단순히 문화계의 원로인사에 머무르도록 놓아두지 않았다. 그와 동시에 그를 정치적 조직을 대표하는 상징적인 인물로 내세우려는 움직임이 부단히 이어졌던 것이다.

1945년 9월 6일 좌익이 주도한 건국준비위원회는 정국의 헤게모니를 선취하기 위해 전국인민대표자대회를 개최하고 조선인민공화국(약칭 인민공화국)을 선포하였다. 그와 동시에 인민공화국의 중앙인민위원 55명, 후보위원 20명, 고문 12명을 선출했는데, 홍명희는 그중 고문의 한 사람으로 발표되었다.

반면에 송진우·김성수 등이 중심이 되어 창당한 보수 우익정당 한국민주당에서는 「창당 선언」을 통해 충칭〔重慶〕의 대한민국임시정부(약칭 임시정부)를 '정식 정부'로서 맞이할 것을 결의하였다. 좌익이 정국을 주도하고 친일파 숙청이 당면과제로 떠오른 상황에서 친일 경력을 지닌 인물들을 주축으로 한 한국민주당이 상황을 반전시키기 위해 선택한 방안인 셈이었다.

창당에 앞서 9월 4일 발기회를 가진 한국민주당은 '임시정부급(及)연합군환영준비회'를 개최하여 임시정부 요인들과 연합군을 환영하자는 내용의 전단을 살포했다. 그런데 환영준비회의 고문 50여 명의 명단에는 홍명희도 포함되어 있었다.

해방 이후의 정치적 행적이나 평소 소신으로 보아, 홍명희가 한국민주당의 노선에 동조하지 않았을 것임은 분명하다. 그러나 그는 한국민주당의 노선과는 무관하게, 해외에서 독립운동을 계속해 온 임시정부 요인들의 공로를 높이 평가하고 그들의 귀국을 충심으로 환영하는 입장이었다.

임시정부 요인들이 귀국했을 때 홍명희는 『서울신문』에 "이생에서는 다시 서로 만나지 못하리라고 나도 단념하고 그분들도 단념한 존경하는 선배라든지 친한 친구라든지를 저생이 아니요 이생에서 다시 만나게 된다니 아무리 생각하여도 꿈 같습니다"[46]라고 남다른 감회를 피력하였다.

1945년 12월에 결성된 '대한민국 임시정부 개선 전국 환영대회'에서 홍명희는 3인의 부회장의 한 사람으로 추대되었다. 12월 19일에 서울운동장에서 개최된 환영대회에서 홍명희는 회장 권동진을 대신하여 환영사를 낭독하였다.

앞서 조선인민공화국과 '임시정부급 연합국 환영준비회'는 홍명희의 의사와 무관하게 일방적으로 그의 이름을 명단에 포함시킨 것이었다. 당시 홍명희는 괴산에 있었으므로, 그런 일이 진행중이라는 사실을 알지도 못했을 공산이 크다. 반면에 '대한민국 임시정부 개선 전국 환영대회'의 경우는 그가 환영대회에 참석하여 환영사를 낭독한 사실로 미루어 보아, 사전에 동의를 얻은 것이 분명하다.

그러나 그 무렵 홍명희의 언행을 살펴보면 그는 결코 좌익세력을 배제하자는 것은 아니고, 어디까지나 좌·우익의 협동을 전제한 위에서, 임시정부 세력을 존중하는 가운데 정치적 대단결이 이루어지기를 기대한 것이었다.

한편 1945년 12월 15일 여러 좌익계 단체 대표들이 모인 가운데 '김일성(金日成)장군 무정(武亭)장군 독립동맹 환영준비회'(약칭 독립동맹 환영준비회)가 결성되었는데, 뜻밖에도 홍명희가 그 위원장으로 추대

46) 『서울신문』 1945년 11월 25일자.

되었다.

이 단체는 당시 북조선의 실력자였던 김일성과 무정 등의 서울 방문 환영행사를 준비하기 위한 기구였다. 하지만 동시에 남한의 민중에게 그들의 존재를 대대적으로 알리면서 좌익의 정치적 영향력을 확대하려는 목적을 띤 조직이기도 했다.

홍명희는 이듬해 초 『서울신문』에 「성명」을 발표하여 좌·우익의 여러 단체에서 사전동의를 구하지 않은 채 자신을 핵심 임원으로 선임한 데 대해 항의하는 성명을 발표하였다. 따라서 이 단체의 위원장직에 대해서도 거부 의사를 밝힌 셈이었으나, 김일성 등의 서울 방문 계획이 취소됨에 따라 그의 사임 사실은 유야무야 묻히고 말았던 것 같다.

어쨌든 홍명희가 '김일성 장군 무정 장군 독립동맹 환영준비회'의 위원장으로 선임·발표되었던 사실은 그에 대한 김일성의 남다른 관심과 호감을 유발하는 계기가 되었다. 그리하여 이 일은 후일 홍명희가 북을 택하고 북에서 일약 중용되는 과정에서 그의 정치적 운명을 좌우한 배경의 하나로 절묘하게 작용하게 된다.

1945년 12월 모스크바에서는 미국·영국·소련의 3개국 외상회의가 열렸다. 이 모스크바삼상회의에서는 한반도에 민주주의적 임시정부를 수립하고 최장 5개년의 신탁통치를 실시할 것을 결의하였다. 이 결의는 12월 28일에 발표되었고, 다음날에는 국내의 신문에도 일제히 보도되었다.

그러나 당시 국내 신문에는 신탁통치를 실시한다는 내용만 크게 부각되었고, 더욱 중요한 임시정부를 수립한다는 내용은 별반 강조되지 않았다. 더욱이 이 결의가 발표되기 며칠 전부터 『동아일보』를 위시한

국내 우익계 신문들은 소련이 조선의 영토에 대한 야욕을 품고 있다든가, 신탁통치안을 소련이 주창했다는 등 왜곡 보도를 하면서, 이를 반소(反蘇) 반공 선전의 기회로 이용하고 있었다.

모스크바삼상회의의 결의가 국내에 보도되자마자 즉각 반탁을 주장하고 나선 것은 대한민국임시정부 세력이었다. 임시정부를 주축으로 한 우익측에서는 12월 28일 비상대책회의를 열고, 반탁운동 기구로 '신탁통치반대국민총동원위원회'(위원장 권동진)를 결성하였다. 그런데 그 위원회의 핵심인 상무위원 21명의 명단에는 맨 앞에 홍명희의 이름이 들어 있었다.

12월 31일에는 신탁통치 반대 국민총동원위원회 주관으로 대규모의 반탁시위대회를 개최하고, "대한민국임시정부를 우리의 정부로서 세계에 선포"한다는 내용의 결의문을 낭독하였다.

이와 같이 임시정부를 중심으로 한 우익세력이 반탁운동을 통해 정국의 헤게모니를 장악해 가자, 좌익계 단체들은 그에 대응하여 12월 30일 '반(反)팟쇼공동투쟁위원회'를 결성하였다. 신탁통치를 피하기 위해서는 '진보적 민주주의에 입각한 통일전선' 즉 좌익이 주도하는 민족통일전선을 결성해야 하며, 그러기 위해서는 친일파를 옹호하는 '완고한 팟쇼분자' 즉 우익측에 대항하여 투쟁하지 않으면 안 된다는 것이다.

그런데 여기에서도 위원장에는 홍명희가 선임되었다고 발표되었다. 부위원장은 조선공산당계 인사인 김태준[47]과 이현상(李鉉相)이었다.

---

47) 김태준은 1930년대에 국문학자로서 왕성한 저술활동을 하면서 홍명희를 종유(從遊)하여 수시로 가르침을 받던 인물이다. 그는 일제 말 옌안(延安)으로 탈출했다가 해방 직후 귀국하자마자 조선공산당에 중용되어 특히 문화운동 부문에서 막강한 영향력을 행사했다. 홍

공교롭게도 그날은 바로 홍명희가 우익측이 주도하는 신탁통치반대국민총동원위원회의 상무위원으로 선임된 날이기도 하였다.

그런데 곧이어 신탁통치 문제에 대한 좌익측의 태도가 돌변하였다. 따라서 좌익측의 반탁운동단체로 출범한 반팟쇼공동투쟁위원회는 결성된 지 불과 며칠 후에 '모스크바삼상회의 결정 지지'로 노선을 선회하였다. 한반도에 민주주의적 임시정부를 수립하고 신탁통치를 실시하는 데 찬성하고 그 결정을 지지한다는 것이다.

1946년 1월 3일 반팟쇼공동투쟁위원회는 몇몇 좌익단체와 공동 주최로 서울운동장에서 모스크바삼상회의 결의를 지지하는 '민족통일 자주독립 촉성 시민대회'를 개최하였다. 그러나 대다수의 참석자들은 이 시민대회가 반탁대회인 것으로 알고 왔다가 '반탁을 반대하는 대회'임을 알게 되어 적잖은 혼란이 야기되었다.

앞서 모스크바삼상회의 결의가 보도된 직후 『서울신문』 기자와 가진 대담에서 홍명희는 신탁통치안에 대해 명백한 반대 의사를 표명했었다. 심지어 "탁치는 전 민족이 절대 반대하는 것이다. 우리는 빵을 주리라고 믿었는데 돌을 던진 것이 곧 탁치이다"라고 표현하기까지 하였다. 그리고 신탁통치안에 대한 대응방안으로서, 연합국의 도움으로 쉽사리 독립국가 건설이 이루어지리라 기대하던 종래의 안이한 시국관에서 벗어나, 우리 민족의 단결된 힘으로 진정한 독립을 쟁취하지 않으면 안 된다고 역설하였다.[48]

명희가 조선문학가동맹이나 조소문화협회, 독립동맹환영준비회, 반팟쇼공동투쟁위원회 위원장으로 추대된 데에는 김태준의 역할이 컸으리라 본다.

48) 「대중적 힘을 조직화—힘찬 반대운동을 전개하라」, 『서울신문』 1945년 12월 30일자.

그러므로 홍명희는 신탁통치안의 등장을 계기로 우익세력이 민중의 반탁 감정을 자극하여 반소 반공 분위기를 조성하면서 정국의 헤게모니를 장악하려 하는 행태가 영 마음에 들지 않았다. 그런가 하면 좌익측은 일방적으로 그를 반팟쇼공동투쟁위원회 위원장으로 발표하고, 더욱이 그 반팟쇼공동투쟁위원회 주최로 민족통일자주독립촉성시민대회를 개최하여 '찬탁운동'에 나섰으니, 도저히 그냥 지나칠 수 없게 되었다.

그리하여 홍명희는 1946년 1월 5일자 『서울신문』에 좌·우익 양 진영에 대해 항의하는 「성명」을 발표하기에 이르렀다. 거물 정치인도 아닌 홍명희의 개인적인 입장을 밝힌 성명서가 당시 유수한 일간지이던 『서울신문』 1면에 실릴 수 있었던 것은 당시 그가 서울신문사 고문으로 재직중인 덕분이었다. 스스로 밝힌 것처럼 "개인 성명이 주제넘은 생각이 들"었던 듯, 홍명희는 글의 제목도 「성명서」가 아닌 「성명」으로 하고, 딱딱한 성명서와는 전혀 다른 수필에 가까운 문체를 구사하고 있다.

> 홍명희 성명 3자가 나 자신과 관계 없이 나도는 일이 8·15 이전에도 간혹 더러 있었지만 8·15 이후에 자못 잦아서 나는 고소도 하고 개탄도 하고 동성명의 타인이지 나는 아니라고 농담도 하였다. 내 성명을 내돌리는 사람이 대개 나의 친구요 또 내돌리는 일이 대개 나에 대한 호의인 줄은 짐작하지만 나는 그 친구의 그 호의를 고맙게 여기지 아니한다. (……) 근자에 와서 성명 3자가 나와 관계 없이 나도는 정도가 좀 심하여졌다.

이 글은 제목이 「성명」인데다가, 성명서를 뜻하는 '성명'과 '홍명희 성명 3자'의 '성명'이라는 단어를 짤막한 글 안에서 여러 차례 반복하는 언어유희의 수범을 보여 주고 있다. 이처럼 평소 그의 기질대로 다분히 해학적인 필치를 보여 주는 글의 서두와는 달리, 말미에서 홍명희는 자못 격앙된 어조로 자신의 의사를 분명하게 표현하고 있다.

> 나는 지금 우리나라의 파쇼 정체가 무엇인지 모르는 사람인데 성명 3자가 반팟쇼의 위원장이 되고 나는 총동원조직을 마음에 합당하게 여기지 않는 사람인데 성명 3자가 위원회의 상무가 되(어) 있다. 그러나 이만 정도는 참을 수 있지만 나는 신탁통치에 대하여 열렬한 반대자의 한 사람으로 자처하는데 성명 3자가 삼국회의를 지지한다는 시민대회의 회장이 되었다니 이것은 그대로 참고 묵과할 수가 없다. (……)
>
> 내가 이번 시민대회의 교훈을 톡톡히 받아서 일후에는 홍명희 성명 3자가 나도는 것을 금지하여 필부의 의지도 권위 있는 것을 보이려고 결심하였다. 이렇게 공개적으로 금지한 뒤에도 여전히 나돌면 그것은 나의 친구의 호의가 아니고 적의 악의인 것을 미리 단언하여 두겠다.

여기에서 홍명희는 그간 좌·우익 양측에서 자신을 반팟쇼공동투쟁위원회 위원장·신탁통치반대국민총동원위원회 상무위원을 비롯한 여러 직책에 일방적으로 선임한 데 대해 분노를 표시하고 있다. 그리고 신탁통치 파동을 계기로 좌우 대립이 분명해진 마당에, 당리당략에 따라 개인의 명망을 멋대로 이용해 먹는 좌·우익 양측에 대해 분명히 선을 긋겠다는 의지를 보이고 있다.

그 무렵 한 잡지에 실린 홍명희에 대한 인물평[49]은 「성명」에 담긴 그의 고심을 이해하려는 우호적인 견지에서 씌어진 글이다. 이 글에 의하면 왕년에 나란히 '조선 삼재'로 불리던 세 사람 중 최남선·이광수가 일제 말 친일한 탓에 해방이 되자 세상에서 버림받다시피 한 반면, 홍명희는 "여기저기서 고문이라 위원장이라 홍씨 자신이 원치 않는 명예직이 소낙비 쏟아지듯 쏟아진다"고 할 정도이다.

평자는 이처럼 홍명희가 본인의 의사와는 무관하게 좌·우 양측으로부터 각종 단체의 대표로 추대된 이유를, 그가 "좌도 아니요 우도 아닌 중간적인 존재로서 좌·우에서 다 이용(?)하려는 그런 심산을 가졌기 때문"이라고 본다. 그리고 홍명희를 당시 조선의 대표적인 '민족통일자'요, '민족주의 좌파의 좌파'라 규정하였다.

이처럼 홍명희는 중간파가 좌·우익 양측으로부터 분화되어 독립적인 세력을 형성하기 이전인 당시의 시점에서 가장 확고하게 중간파적 노선을 지향한 독특한 존재였다. 이러한 그의 정치적 성향과 신간회 활동 경력, 그리고 개인적 명망 때문에 해방 직후 좌·우익에서는 다투어 그를 자파로 견인하려 한 것이다.

그동안 홍명희는 어찌 됐건 자신이 그러한 직함들을 달고 있으면 좌·우익의 대동단결을 추동하는 데 도움이 될 수 있지 않을까 하는 기대를 한켠으로 지니고 있었던 것 같다. 그러기에 자신의 명망을 이용하려는 양측의 행태를 알면서도 어느 정도 용인하는 태도를 취했던 것이다.

그러나 신탁통치 문제에 대한 좌익의 노선 변화로 인해 자신이 기대했던 좌·우익의 합작이 불가능해졌다고 판단되자, 그는 「성명」을 통해

49) 박학보, 「인물월단(月旦)—홍명희」, 『신세대』 1946년 3월호(『벽초자료』, 241~247쪽).

앞으로 좌우 대립의 혼탁한 정치판으로부터 자신을 지키겠다는 단호한 결의를 밝힌 것이다.

중간파 정당활동에 나서다

홍명희가 항의성 성명을 발표한 이후에는 공식적인 단체에 그의 이름이 내걸리는 일이 전에 비해 현저히 줄어들었다. 「성명」을 발표한 사실이 널리 알려지기도 했을뿐더러, 참여 요청을 받을 때마다 그가 거취를 분명히 했기 때문이다. 그는 한동안 대외활동을 자제하고 암중모색에 들어갔다.

그 사이 모스크바삼상회의 결정에 따라 미소공동위원회가 개최되었으나, 난항을 겪다가 결렬되고 말았다. 이승만(李承萬)을 중심으로 한 일부 우익세력은 통일정부 수립을 포기하고 남한 단독정부 수립을 주장하기 시작하였다. 좌익세력은 미군정의 탄압을 받아 지하화하면서 과격한 투쟁 노선으로 선회하였다. 그에 따라 좌·우 양 진영의 대립은 더욱 날카로워져 갔다. 한편 미군정의 지지하에 중간파 정치지도자 여운형과 김규식을 양측 주석으로 한 좌우합작위원회가 구성되어 그해 7월부터 활동에 들어갔다.

그러한 가운데 1946년 8월 홍명희는 자신을 추종하는 인사들과 함께 중간파 정당을 창당하고자 제1회 발기준비회를 개최하였다. 당명을 민주통일당으로 정하고, 유석현·이원혁·이갑섭·신진우 등 20명의 발기준비위원을 선정했다고 보도되었다.

해방 직후의 홍명희

홍명희는 태평로 조선일보사 사옥 2층에 사무실을 두고 민주통일당 창당을 계속 추진하였다. 그러나 홍명희와 그 추종세력의 정치적 영향력이 미약한데다가 자금난 등 여러 가지 현실적인 문제에 부딪쳐, 창당 작업은 순조롭게 진척되지 못하였다.

민주통일당 창당을 준비하면서 홍명희는 『서울신문』에 「나의 정치노선」을 기고하여 자신의 정치적 소신을 밝혔다.[50] 이 글은 긴 논설문을 기피하던 홍명희로서는 드물게도 힘들여 쓴 장문(長文)으로서, 여느 정치가들의 글과는 달리 문호의 글답게 유려한 표현으로 자신의 생각을 호소력 있게 전하고 있다.

50) 홍명희, 「나의 정치노선」, 『서울신문』 1946년 12월 17~19일자.

서두에서 그는 그동안 우리는 일제 식민지 지배에서 해방되는 것은 곧 독립국가를 이루는 것이라 믿어 왔으나, 현실적으로 해방이 곧 독립을 보장하는 것은 아님이 드러났다는 사실을 환기시킨다.

'미·소 양국의 군사점령시기'인 지금 미·소 양국은 조선의 독립을 공약하지만, 실은 한반도를 자기 세력권에 넣고 싶어한다. 그러니 우리 민족의 역량으로 독립을 완수하지 못하고 외세에 일방적으로 의존하면 장차 강대국의 '부속국이나 괴뢰국'이 되고 말 것이며, 한반도에서 미·소 양국이 충돌하는 전쟁이 발발할 것이라고 예언하고 있다.

그러므로 완전한 독립국가 건설을 위해서는 좌·우 대립을 지양하고 공동투쟁해야 하며, 미·소 양국에 다같이 우호적인 태도를 취해야 한다고 주장한다. 그리고 이와 같이 "우리들이 가장 정당하다고 믿는 노선으로" 민족을 인도하기 위해 새로 한 정당을 발기한다고 선언하고 있다.

요컨대 홍명희는 우리 민족의 당면과제인 통일된 독립국가 건설을 위해 좌·우 세력이 공동투쟁해야 한다고 역설하고 있다. 이는 그가 해방 후에도 식민지시기의 민족협동전선 신간회의 노선을 일관되게 고수하고 있음을 말해 준다.

당시 정계에는 극좌에서부터 극우에 이르는 각양각색의 정당들이 난립했지만, 확고한 중간파 정당은 아직 출현하지 못한 상태였다. 그런데다가 어지러운 해방정국에서 정치적 영향력을 발휘하려면 부득불 정당의 형식을 갖추어야 했으므로, 홍명희는 독자적인 정당을 창당하기로 결심한 것이다.

그러나 홍명희는 대중에게 정치가로 널리 알려진 인물이 아니었을 뿐더러, 무엇보다도 정당 당수에 어울리지 않는 성품의 소유자였다.

식민지시기 신간회 활동 당시에 드러났듯이 그는 대표로 전면에 나서기보다는 막후에서 실질적으로 일을 추진하는 역할을 선호했고, 또 그러한 역할에 적합한 성품이었다. 따라서 그는 독자적인 정당의 대표로 행세할 생각이 아니라, 가능하다면 중간파의 거물급 정치지도자들을 망라하여 크고 강력한 중간파 정당을 건설하는 데 헌신하고자 했던 것 같다.

그 무렵 신문에는 김규식·김구(金九)·안재홍·홍명희 등을 중심으로 한 '거대한 중간정당'이 태동중이라고 보도되기도 했고, 이듬해 주한미군 정보참모부에는 여운형이 김규식·안재홍·홍명희 등과 함께 '강력한 중간파 신당'을 결성하려 한다는 정보가 입수되기도 했다. 이러한 풍문들은 곧 공식적으로 부인되었지만, 어쨌든 중간파 정당의 출현을 대망하는 일각의 여론을 반영한 것이라 볼 수 있다.

중간파를 결집한 '거대정당'은 아니지만, 협의체 수준의 단체가 일단 결성되었다. 1947년 7월 김규식·여운형·안재홍·홍명희·원세훈·이극로 등 정당 사회단체 관계자 100여 명이 시국대책협의회를 결성하였다. 시국대책협의회는 김규식과 여운형을 임시주석으로 추대하고, 좌우합작을 통한 임시정부 수립을 지원하고자 하였다.

미소공동위원회가 재개되고 시국대책위원회가 결성됨으로써 중간파의 정치활동은 아연 활기를 띠는 듯하였다. 그러나 얼마 안 가 제2차 미소공동위원회가 결렬되었을 뿐 아니라, 좌우합작위원회와 시국대책협의회를 이끌던 중도 좌파 정치지도자 여운형이 암살되었다.

서울운동장에서 수만 군중이 운집한 가운데 치러진 여운형의 인민장에서 홍명희는 장의위원회를 대표하여 봉도문(奉悼文)을 낭독하였다. 그리고 『서울신문』에 여운형을 추도하는 한시 「곡 몽양」을 발표하였다.[51]

길고 짧음 재면서 서로 낫네 다투지만
풀숲에 솟은 나무처럼 그대는 우뚝했어라
얼굴은 가슴에서 우러난 봄바람 띠었고
웅변은 혀끝에서 강물이 쏟아지는 듯했지

명성은 우레같이 삼천리를 흔들었으되
세상살이는 물거품처럼 떠돈 육십 년이라
이런 분을 마침내 어쩌자고 죽인단 말고
애닯도다 좌익 우익 다투다가 함께 망하는 꼴

較長差短互爭先　如木出林君卓然
面帶春風胸次起　辯傾河水舌端懸
名聲雷振三千里　世路漚浮六十年
戕賊斯人竟何事　可哀蠻觸兩難全

이 시에서 홍명희는 "풀숲에 솟은 나무"에 비유하여 여운형이 해방 정국의 정치지도자들 가운데 남달리 출중한 인물이었음을 예찬하고 있다. 그리고 온화한 인품과 탁월한 웅변력의 소유자로서, 정치적인 명망이 드높았으나 개인적으로는 고난에 찬 삶을 살았던 애국적인 민족지도자였다고 칭송하고 있다.

이 시의 마지막 대목에서 홍명희는 『장자(莊子)』에 나오는 고사를 절묘하게 인용하여 여운형의 암살을 개탄하고 있다. 즉 달팽이 오른쪽 뿔

51) 『서울신문』 1947년 8월 5일자(『벽조자료』, 65쪽).

에 자리잡은 소국(小國) 만씨(蠻氏)와 왼쪽 뿔에 자리잡은 소국 촉씨(觸氏)가 영토를 다투다가 수만 명이 죽었다는 고사에 빗대어, 해방 후 좌익과 우익이 대국을 보지 못하고 서로 다투다가 민족의 앞날을 그르치고 있는 현실을 안타까워한 것이다.

미소공동위원회의 결렬과 여운형의 서거로 더욱 어려워진 여건 속에서도 중간파 정치세력을 광범하게 결집하려는 노력은 꾸준히 지속되었다. 그리하여 중도 우파 정당인 민주통일당·민중동맹·신진당·신한국민당·건민회의 주류 세력이 통합하여 그해 10월 19~20일 민주독립당을 창당하기에 이르렀다.

민주독립당 상무중앙집행위원으로는 애초의 소속 정당을 감안하여 홍명희·이극로·김호·김원용·박용희·오하영·이순탁의 7인이 선임되었다. 그리고 홍명희가 당 대표로 추대되었다.

민주독립당 상무위원을 지낸 송남헌(宋南憲)의 증언에 의하면 홍명희가 민주독립당 대표를 맡게 된 것은 김규식이 '삼고초려(三顧草廬)'한 결과였다고 한다. 홍명희를 포함한 중간파 정치지도자들은 애초에 통합신당의 대표로 김규식을 추대하고 싶어했었다. 김규식은 양심적인 중간파 지도자이면서도 미군정의 지지를 받고 있어 정치적 영향력이 컸기 때문이다. 그러나 자신은 결코 정당활동에는 참여하지 않겠다는 소신을 고집한 김규식이 홍명희에게 당 대표직을 맡도록 여러 차례 간곡히 권유한 결과, 마침내 그의 수락을 받아 냈다는 것이다.

민주독립당 창당 직전 『새한민보』에 실린 대담[52]에서 홍명희는 신당

52) 「홍명희 · 설의식 대담기」, 『새한민보』 1947년 9월 중순호(『벽초자료』, 205~210쪽).

의 '당지(黨旨, 당의 취지)'에 대해 질문을 받고, "현 단계의 조선에서는 이념의 차이라는 게 있을 수 없고 오직 독립의 전취에 목적이 있는 게니까 오직 이 길로 매진할 뿐"이라고 답하였다. 공산주의자의 궁극적인 목적은 '무계급사회의 건설'에 있으나, 통일독립이라는 당면과제를 앞둔 당시 조선의 현실을 감안할 때 공산주의사회 건설을 향해 무작정 내닫는 것은 '비과학적'이라고 본다. 그러므로 현 단계 조선에서 가장 정당한 노선을 실천하기 위해 '노동자당'도 '자본가당'도 아닌 '중립당'을 창당한다는 것이다.

민주독립당은 "민주국가로서의 완전 독립"을 창당 이념으로 제시하고, 22개조에 이르는 '정책'을 발표하였다. 당의 이념과 정책은 그 시기 민족의 앞날을 진심으로 우려하는 양심적인 지식인과 민중들의 공감을 자아내기에 충분할 만큼 호소력 있는 내용으로 되어 있다. 그러나 당시의 최대 현안이던 토지개혁 문제 등 구체적인 부분에서는 모호한 데가 적지 않았다. 조금씩 사상적 편향을 달리하는 잡다한 세력을 결집한 중간파 정당의 성격상 참여 세력들 간에 더 이상 구체적인 합의를 보기 어려웠기 때문일 것이다.

민주독립당의 정책에서 두드러지는 특징은 계몽적 성격이 강하다는 점이다. 문맹 타파, 과학사상 보급, 여성의 지위 향상과 같은 계몽적인 성격의 정책들을 다수 제시하고 있는 것이다. 나아가 여성을 가사노동에서 해방시키기 위해 공동식당·공동세탁소 설치와 같은 구체적인 방안까지 나열하고 있다. 이러한 항목들은 민주독립당 이전에 홍명희가 주도하던 민주통일당의 '중요한 정치적 주장'에도 거의 유사한 형태로 포함되어 있던 것들이다.

홍명희는 해방 후 우리 민족의 낙후한 현실을 감안할 때 무지한 민중을 계몽하는 작업이 중요하다는 것을 절감하고 있었고, 남녀평등 문제에 대해서는 일찍부터 뚜렷한 인식과 관심을 지니고 있었다. 그러므로 당의 정책에 이러한 항목들이 추가된 것은 민중계몽과 미신타파, 여성해방 등에 대한 홍명희의 지론이 반영된 결과라 짐작된다. 아울러 민주독립당 창당 추진 세력이 주로 민중에 대한 계몽을 중시하는 지식인들로 구성되었기 때문이기도 할 것이다.

『새한민보』와의 대담을 보면, "세상에서는 '신선당'이니 '선비당'이니 하던데…… 그 무슨 뜻입니까?"라는 짓궂은 질문을 받고 홍명희가 농담으로 받아넘긴 대목이 있다. 그처럼 세간에서 민주독립당에 대해 '신선당'이니 '선비당'이니 하는 별명을 붙인 것은, 창당을 주도한 인사들 가운데 현실정치에 때묻지 않은 학자 출신이 다수였던 사정을 풍자적으로 표현한 것이다. 해방정국의 헤게모니를 다투어 온 좌·우 양대 정치세력의 견지에서 볼 때 민주독립당은 대중적 정치기반이 결여된 지식인 정당이요, 비현실적인 이상과 명분만을 좇는 순진한 책상물림들의 집단으로 비쳤던 모양이다.

민주독립당의 창당에 대해 당시 중도적 성향의 신문들은 "해방 이후 국내 정계의 거대한 숙제가 실현되었다"며 큰 기대를 표명하였다. 그러나 애초에 홍명희가 기대했던 것은 중도우파는 물론 중도좌파까지도 총망라한 '거대한 중간정당'이었다. 그에 비할 때 민주독립당은 중도좌파는커녕 중도우파조차도 전체를 포괄하지는 못했으며, 규모 면에서도 '거대정당'과는 거리가 먼 중소정당에 불과하였다.

그 대신 민주독립당을 창당한 지 두 달 후인 1947년 12월에는 이를 기반으로 중간파 정치세력을 망라한 일종의 연맹체인 민족자주연맹이 결성되었다. 여기에는 민주독립당·근로인민당·사회민주당·좌우합작위원회·시국대책협의회 등 수십 개의 중간파 정당·사회단체가 참여하였다.

민족자주연맹은 통일독립을 달성하기 위해 연합국과 친선을 유지하면서 중도적인 정치이념을 온건한 방법으로 실천하는 것을 그 정치적 노선으로 제시하였다. 연맹의 주석에는 김규식이 추대되었으며, 정치위원으로 홍명희·원세훈·이극로 등 7인이 선임되었다.

홍명희는 민족자주연맹 내에서 중추적인 기구인 정치위원회 위원장으로서, 김규식에 버금가는 중요한 위치에 있었다. 그는 남한 단독정부 수립과 남북연석회의 문제와 같은 중요 현안에서 소극적이고 때로는 흔들리던 주석 김규식을 설득하여, 민족자주연맹을 애초의 이념대로 확고한 통일독립 노선으로 끌어 가고자 노력하였다.

남북연석회의를 추진하다

민주독립당 창당과 민족자주연맹 결성을 전후한 시기는 한반도 문제의 유엔 이관과 남한 단독정부 수립안, 남북연석회의 추진 등, 향후 우리 민족의 장래를 좌우할 중대 문제들이 속출하던 정치적 고비였다.

미국은 이미 남한에 단독정부를 수립하는 것을 염두에 두고, 이를 위한 수순을 밟아 가고 있었다. 그 일환으로 모스크바삼상회의 결의안의 이행을 포기하고 한반도 문제를 유엔에 이관하였다. 그리하여 우여곡절 끝에 1948년 5월 10일 유엔 감시하에 남한 단독선거를 실시하기로 결정되었다.

남한 단독선거(단선)와 단독정부(단정) 수립은 오래 전부터 홍명희가 가장 우려하고 그 위험성을 경고해 온 바였다. 1947년 11월 『조선중앙일보』와의 인터뷰에서 그는 "단독정부보다는 차라리 군정 연장이 낫다고 본다. 군정은 단기 내에 언제든지 철폐할 수 있지마는 일단 소위 단정이라는 것이 서 놓는다면 이거야말로 영구한 고질이 될 것이다"라며 단정 노선에 결사반대한다는 의사를 표명하였다.

홍명희는 민족주의 진영에 속하는 정치지도자들 중 가장 먼저 단독선거 불참을 공식 선언하였다. 곧이어 민주독립당도 남한 단독선거에 불참한다는 당의 방침을 정식 결의하였다.

남한 단독선거와 남북연석회의를 앞둔 시점에서 발표된 홍명희의 논설 「통일이냐 분열이냐」[53]는 단선 단정 반대론을 논리적이고 설득력 있게 개진한 명문으로 주목된다.

이 글의 서두에서 홍명희는 "우리는 지금 통일이냐 분열이냐 하는 민족적 일대 위기에 도달한 것입니다"라고 하여, 민족사적 기로에 있는 현 시국에 대한 경각심을 촉구한다. 그리고 남한 단선안을 관철시킴으로써 이러한 위기를 초래한 미국을 비판하고, 미국의 정책에 환상을 품지 말고 우리 민족의 이해에 따라 행동해야 한다고 역설한다.

특히 그는 남·북한에 각각 단독정부가 수립되면 전쟁이 발발하게 될 가능성이 있다고 경고한다.

53) 홍명희, 「통일이냐 분열이냐」, 『개벽』, 1948년 3월호(『벽초자료』, 152~156쪽).

1993년 북한에서 발행된 '조국통일상' 수상자들의 초상 우표. 왼쪽부터 여운형, 홍명희, 김구

대체에 있어 단선에 의한 단정을 주장하는 사람은 미·소전쟁에서 독립을 주워 보려는 것인데 우리 민족의 운명을 개척하는 방법에 있어 이보다 더 위험한 것은 없는 것입니다. 우리 부자 형제의 살육전이 먼저 일어난다는 사실도 억울한 일이거니와 미·소전쟁의 결과에서 오는 소득이 대체 무엇이겠는가를 생각한다면 실로 그 결과로 오는 우리 운명을 다시 생각지 않을 수 없습니다. (……) 가능하다면 세계 문제의 평화적 해결에 전력을 다해야 할 것입니다. 여기서만 우리의 완전 자주 통일 독립이 가능하기 때문입니다.

이 글의 결론 부분에서 그는 한반도를 세력대결의 장으로 삼으려는 미·소 양대국으로 하여금 "민족자결원칙"에 따라 우리의 독립을 보장하도록 하기 위해서 "강력한 민족통일운동"을 전개할 것을 주장하고 있다.

여기에서 홍명희가 남북연석회의와 남한 단독선거를 앞둔 당시 시점을 통일을 지향하느냐 분단 고착화를 용인하느냐 하는 민족사적 기로에 있다고 보고, 단선 단정 노선으로 가면 결국 한반도에서 미·소 양국이 충돌하는 전쟁이 일어날 것이라고 한 것은, 그 이후 전개된 역사를 생각할 때 실로 무서운 통찰이라 하지 않을 수 없다. 이 글은 중간파 정당활동기 홍명희의 정치사상을 집약한 글로서, 그의 확고한 통일독립 노선을 확인할 수 있게 해 준다.

남·북한에 각각 단독정부가 수립되는 것을 저지하기 위한 한 방도로서 중간파 정치세력은 남·북 정치지도자들의 회합을 구상하고 이를 적극적으로 추진하기로 했다. 1948년 2월 민족자주연맹은 북측에 남·북요인회담의 개최를 요망하는 서한을 보내기로 결정했다. 이에 따라 김규식은 한국독립당의 김구와 공동 명의로 북의 실권자인 김일성·김두봉(金枓奉)에게 남북 정치지도자들 간의 정치협상을 제안하는 서한을 보냈다. 얼마 후에 북측은 이를 수락하고 남북연석회의를 공식 제안하는 답신을 보내 왔다.

이처럼 김구·김규식과 같은 거물급 정치지도자들이 남·북요인회담을 추진하게 된 이면에는 홍명희의 역할이 크게 작용하였다. 후일 여러 증언들에 의하면 홍명희는 남북회담을 위해 북측에서 비밀리에 보내온 성시백·백남운·임해 등과 만나 협의한 후, 그 결과를 가지고 김규식과 김구를 설득하기도 하고 그 측근들과 북의 밀사들과의 접촉을 주선하기도 했다.

또한 남북회담을 위해 홍명희가 그해 2월 비밀리에 평양을 방문했다는 설도 있다. 전 조선노동당 고위 간부 서용규(가명)는 후일 홍명희가 1946년 3월부터 네 차례 비밀리에 방북하여 김일성을 비롯한 북의 지도자들을 만났다고 증언하였다.[54] 남한의 좌익세력이 민족통일전선 노선을 포기했다고 보이던 당시 시점에서 그는 북의 실권자들이 민족통일전선에 대한 의지를 가지고 있는지, 그들과 협력할 수 있는 여지가 있는지 타진해 보고 싶었던 듯하다.

그런데 그중 네 번째 방북이 남북연석회의 직전인 1948년 2월에 이루어졌다는 것이다. 평양에서 그는 북의 지도자들과 직접 만나 통일정부 수립을 위한 남북연석회의의 원칙과 구체적인 사항들에 대해 협의했다고 한다.

그리하여 남한 단독선거를 코앞에 둔 시점인 1948년 4월 평양에서 남북연석회의를 개최하기로 결정되었다. 우여곡절 끝에 남측에서는 좌익계는 물론, 김구·김규식·홍명희 등 단독정부 수립에 반대하는 민족주의 계열의 정치지도자들까지 포함하여 수백 명의 인원이 남북연석회의에 참가하기 위해 북행 길에 올랐다.

홍명희는 4월 19일 저녁 차남 기무를 대동하고 평양으로 향했다. 북행에 앞서 그는 다음과 같은 짤막한 담화를 발표하였다.

> 나는 민족과 강토의 분열을 차마 앉아 보지 못하여 남북회담에 참가코자 평양으로 향한다. 땅의 남북으로써 민족적 이해(利害)를 달리하는 것이 아니라, 피차간 백지로 만나 이 회담을 진행시키고자 한다. 나는 남에서 고집하던 나의 주장을 북에 가서도 고집할 작정이다. 이번의 남북회담이 성공되고 실패될 것은 예단(豫斷)치 못하지마는 우리 민족의 역사

54) 중앙일보 특별취재반, 『조선민주주의인민공화국』 하권, 중앙일보사, 1993, 212~223쪽.

로는 한 단계의 진전을 이룰 것을 확신한다.[55)]

남북연석회의 이후 홍명희는 북에 잔류했으므로, 이는 그가 남한에서 남긴 마지막 담화가 되고 말았다.

1948년 4월 18일부터 30일까지 평양에서 역사적인 남북연석회의가 개최되었다. 그중 먼저 500여 명의 대표가 참석한 '남북 조선 제(諸)정당 사회단체 대표자 연석회의'(약칭 대표자연석회의)가 4월 19일부터 23일까지 4일간 열렸다.

홍명희는 대표자연석회의가 이미 시작된 후인 4월 20일 밤 평양에 도착하였다. 그 전날 회의에서 김구·김규식·홍명희 등 남측 우익계 지도자들이 뒤늦게 북행 길에 올랐다는 소식을 접하고 하루 휴회하기로 결정한 참이었다. 도착한 다음날 홍명희는 대표자연석회의에 참가하지 않고, 그 대신 북의 제2인자이자 개인적으로도 오래 전부터의 지인인 김두봉과 단독회담을 가졌다.

대표자연석회의 셋째 날인 22일에야 홍명희는 김구 등과 함께 회의에 참석하여, 주석단에 보선되고 축사를 했다. 축사에서 그는 남한에서 행한 각종 연설에서와 별로 다름없이 단선 단정 노선을 비판하고, 통일정부 수립을 위한 민족자결의 도정에서 남북연석회의가 지니는 의의를 역설하였다.

그날 홍명희는 대표자연석회의 결정서 기초위원으로 보선되었다. 그리고 다음날 열린 대표자연석회의 마지막 날 회의에서는 기초위원을

55) 『조선일보』 1948년 4월 21일자.

대표하여 「조선 정치정세에 관한 결정서」(약칭 결정서)를 낭독하였다.

그런데 이 「결정서」는 북측과 남의 좌익계의 주도 아래 작성된 탓에 미국과 남한 단정 세력을 규탄하는 과격한 내용과 표현으로 되어 있어, 남측 우익 참가자들의 불만을 샀다고 한다. 당시 김구·김규식은 기초위원으로 보선된 홍명희에게 기초위원회에서 수정을 요청하도록 당부했으나, 홍명희가 소극적인 태도를 취한 가운데 통과되고 말았다는 것이다.

4월 24일 남북연석회의에 참가한 남측 대표들은 북측이 자랑하는 산업시설인 황해제철소를 시찰했다. 이튿날에는 30여만 명의 군중이 참가한 '남북연석회의 지지 평양 시민대회'를 참관했는데, 그 자리에서 홍명희는 박헌영·최용건(崔庸健)·이영(李英)과 함께 축사를 하였다.

4월 27일과 30일에는 남·북의 정치지도자 15인으로 구성된 '남북조선 제정당 사회단체 지도자협의회'(약칭 지도자협의회)가 열렸다. 홍명희는 지도자협의회에서도 공동성명서 초안 작성자의 한 사람으로 선정되어 문안 작성에 참여하였다. 이 문건은 「남북조선 제정당 사회단체 공동성명서」(약칭 공동성명서)라는 이름으로 발표되었다.

이 「공동성명서」는 남한 단독선거를 반대하고 남북 총선거에 의한 통일정부 수립을 주장하는 등, 그동안 남한 민족주의자들이 줄곧 주장해 온 내용과 크게 다르지 않은 것이라 할 수 있다. 앞서 발표된 「결정서」가 좌익계의 주도 아래 작성된 데 반해, 「공동성명서」는 작성 과정에서 남측 우익계 인사들의 견해가 상당히 반영되었기 때문이다.

남북연석회의 공식 일정이 모두 끝난 뒤인 5월 1일 남북연석회의 참가자들은 5·1절 경축 시민대회에 참석하여 인민군 열병식과 30여만 명의 시위행진을 관람했다. 마지막 날인 5월 2일에는 지도자협의회 참가자들을 중심으로 송별회를 겸한 야유회가 대동강 쑥섬에서 열렸다. 이와 같은 각종 행사들은 남북연석회의의 참가자들 간의 친목을 돈독히 하고, 서로간에 신뢰를 쌓는 데 도움이 되었다.

남북연석회의는 분단상황에서 남북의 정치지도자들이 민족문제를 주체적이고 평화적으로 해결하기 위해 회동했다는 점에서 한국 현대사에서 지울 수 없는 역사적 의의를 지닌다고 평가된다. 이러한 남북연석회의를 성사시키고 회의에서 구체적인 성과를 도출하는 데 홍명희는 남측 참가자들 중 누구보다도 적극적인 기여를 했다고 볼 수 있다.

홍명희가 남북연석회의에 깊이 관여한 것은 비밀 방북 등 북측과의 연계에 의한 행동이라는 설도 있다. 그러나 그것이 사실이라 하더라도, 남북연석회의를 적극 추진한 것은 무엇보다 신간회 활동기부터 민족통일전선 노선을 일관되게 견지해 왔던 홍명희의 정치적 소신과 애국충정의 발로였음이 인정되어야 하리라 본다.

해방 후의 청빈한 생활

일제 말 창동에서 고적한 은둔생활을 하던 홍명희는 해방이 되자 그와 정반대로 정신없이 분주한 나날을 보내게 되었다. 매일 밖에 나가 사람을 만나고 집으로 손님들을 맞이해야 하니, 우선 출입하기 좋은 곳에 거처를 마련하지 않으면 안 되었다. 해방되던 해 가을 괴산에서 올라와 한동안 관훈동 친지의 집에 유숙하고 있던 홍명희는 그해 말에야 서울의 사대문 안에 집을 마련하여 가족들과 함께 지내게 되었다.

1948년 무렵의 홍명희

당시에는 미군정 당국과 잘 통하면 일본인들이 두고 간 크고 번듯한 적산가옥을 어렵지 않게 차지할 수 있었다. 하지만 순국열사 홍범식의 아들이요, 일제 말 혹독한 여건에서도 지조를 지키며 버텨 온 홍명희가 그런 유혹에 빠질 수는 없었다. 그러니 식민지시기에 셋집을 전전하며 궁핍한 생활을 하던 홍씨 일가는 해방이 되어서도 여전히 제 집을 마련하지 못하였다. 차이가 있다면 해방 후에는 셋집이 아니라 지인들이 거저 빌려준 집에서 살게 되었다는 것이다.

그래도 한 집에 오래 살 형편이 못 되어서, 홍씨 일가는 월북하기까지 3년이 채 못 되는 기간 동안에 사직동·내수동·가회동·인사동 등을 전전하며 비좁은 집에서 안정되지 못한 생활을 하였다.

해방이 되자 홍명희는 독립운동의 가능성을 모색하고자 남양으로 떠났던 아우 홍성희의 귀국을 고대하였다. 계모 조씨의 소생이라 이복동생이기는 하나, 남들이 부러워할 정도로 우애가 깊고 의기가 통하는 아우였다.

홍성희는 이듬해 5월에야 말레이시아 페낭으로부터 미군 선박편으로 귀국하였다. 그날 홍명희는 서울신문사 주최로 창경원에서 열리고 있던 '독자 위안 추천(鞦韆, 그네) 연예대회'에 참석중이었는데, 때마침 귀국한 홍성희가 그곳으로 찾아와 형제가 극적인 상봉을 하였다.

홍성희는 귀국 후 가진 인터뷰에서 일제가 그곳을 점령했던 제2차 세계대전 당시와 종전 후의 동포들의 상황을 생생하게 전하였다. 그러나 독립운동에 관한 언급이 전혀 없는 것으로 보아, 애초의 의도대로 독립운동을 하지는 못했던 듯하다.

14년 전 부인과 자녀들을 두고 단신으로 출국했던 그는 말레이시아에서 중국계 여인과 동거하여 귀국할 때 우리말을 전혀 못 하는 새 부인과 어린아이 삼남매를 데리고 왔다. 그는 식민지시기 형을 따라 괴산 만세시위를 주도하고 화요회와 신간회에 가담했던 만큼, 해방 후에도 홍명희가 주도한 민주독립당에 가담 활동하였다.

홍명희의 장남 홍기문은 해방 후 주로 언론계에 몸담고 있으면서 학자로서 활동하는 한편 부친의 정당활동을 도왔다. 과거 오랫동안 조선일보사에 재직한 경력으로 중견 언론인이 된 그는 월북 직전까지 서울신문사 주필 겸 편집국장, 합동통신사 전무취체역 등을 역임하였다.

또한 홍기문은 유수한 국어학자로서 서울대학교 사범대학 등 대학에 출강하면서 국어학 관련 저서들을 잇달아 출간하였다. 그는 3·1운동 직후 부친의 투옥을 계기로 투철한 민족주의적 동기에서 조선어 연구에 착수하여 그 방면의 선구적인 연구를 계속해 왔었다. 해방이 되자 그는 그동안의 연구 성과를 정리하여 『정음발달사』와 『조선문법연구』를 잇달아 출간하였다.

홍기문의 『조선문법연구』가 출판될 때 홍명희는 이례적으로 아들의 저서에 서문을 써 주었다. 그 서문에서 홍명희는 옛날에 기문이 공책 가득히 적은 국문법 연구를 보여 주어 자신이 대견해했던 일을 회상하였다. 그리고 "기문이 20세 후에도 세고(世故)와 가루(家累)에 부대끼고 쪼들리지 않고 20세 전과 같이 학문길에 온전히 정력을 경주하였던들 그 성취가 오늘 보는 바에 그치지 아니하였을 것"이라고 애석해하면서, 앞으로의 분발과 학문적 대성을 기원하였다.[56)]

홍명희의 차남 홍기무는 서울신문사 출범 당시 문화부장직을 맡았다. 그는 형 기문 못지 않게 학식이 뛰어났으며 일제 말 한때 대동출판사에 근무한 것을 제외하고는 주로 학업에만 정진했는데, 해방 후 서울신문사에 입사하여 활발한 사회활동을 하게 된 것이다.

사상적인 면에서 홍기무는 부친이나 형보다 더 급진적인 인물이었다. 해방 후 그는 방에 레닌의 사진을 걸어 놓고 지냈을 정도로 레닌을 숭배하는가 하면, 어린 조카에게 공산주의운동가인 「적기가(赤旗歌)」를 가르쳐 주기도 했다고 한다. 그는 공식적으로는 민주독립당원으로 되어 있었으나 실은 남조선노동당 비밀당원이었다. 그리고 월북한 이후에는 조선노동당원이 되었다.

56) 홍명희, 「서」, 『조선문법연구』, 홍기문 저, 서울신문사, 1947(『벽초자료』, 63~64쪽). '세고와 가루'는 세상 일과 집안 걱정이라는 뜻.

장남 기문이 재혼하면서 분가한 관계로 홍명희는 내내 차남 기무 가족과 함께 살았다. 그런데 해방 후에는 부자가 모두 서울신문사에 재직하게 된데다가 홍명희가 정치활동을 하면서부터는 재정적인 후원자들도 없지 않았으므로, 홍씨 일가는 경제적으로 어느 정도 안정된 생활을 하게 되었다.

정인보가 홍씨가에 시집간 딸 경완의 생일에 지어 준 시조를 보면 그러한 당시의 형편을 엿볼 수 있다.

만장봉 나리부는 그 흉악한 눈보라에
서투른 물지게로 삐걱삐걱 왔다갔다
넘어져 멍든 흔적도 전거린① 줄 알거라

수도에 물 나오고 거기다가 동잣어미②
웃음은 번대 가득 애 재롱에 더들레리
시아배 잘 받들거라 독립운동이니라

공부꾼 마누라란 책 시중도 구실③이요
시부모 시뉘 조카 정성 끝엔 복이로다
내년엔 강산과 함께 뛰고 놀까 하노라[57)]

---

57) 「둘째 딸 경완 생일에 인절미 대신으로 보냈다」, 『담원 정인보 전집』 제1권, 연세대학교출판부, 1983, 71~74쪽. 이 시조는 전체가 11수이다.
원주 : ① 傳記의 재료 ② 밥하는 사람 ③ 직분

정인보의 차녀 경완은 부잣집과의 혼담을 모두 물리치고 부친의 뜻에 따라 홍기무와 혼인한 뒤, 일제 말 창동 시절에는 물지게를 지는 등 고달프기 짝이 없는 시집살이를 하여 친정 식구들이 무척 가슴 아파 했었다. 그런데 해방 후에는 사대문 안에 살며 수돗물을 쓰고 밥하는 사람까지 둔 한결 나은 생활을 하게 되었다는 것이다.

여기에서 정인보는 딸에게 "시아배 잘 받들거라 독립운동이니라"라고 하여, 정치활동에 나선 시아버지 홍명희를 잘 받드는 것이 곧 통일 독립운동의 일환인 셈이라고 타이른다. 또한 "공부꾼 마누라란 책 시중도 구실이요"라고 한 대목은 사위 홍기무를 장차 학자로서 대성할 인물로 기대하고 그 내조를 잘 하라고 당부한 것이다.

해방 후에도 홍명희는 오랜 벗이자 사돈인 정인보와 돈독한 우정을 유지하였다. 물론 두 사람의 정치노선과 사회적 활동의 장(場)은 해방 이후 상당히 멀어진 것이 사실이다. 홍명희는 좌익계 문인단체인 조선문학가동맹 중앙집행위원장으로 추대된 반면, 정인보는 우익계 문인들이 그에 맞서 결성한 전조선문필가협회 회장으로 추대되었다.

또한 홍명희가 중간파 정치지도자로 활동한 것과 달리, 정인보는 우익계의 남조선국민대표민주의원과 대한독립촉성국민회 부위원장을 지냈다. 그러나 두 사람은 문단에서의 위치나 정치적인 노선에서 서로간의 거리를 그다지 심각하게 여기지 않았던 듯, 예전과 변함없는 우의를 나누고 있었다.

1948년 초 정인보가 시조집 『담원시조』를 간행할 때 홍명희는 그 표지 제자(題字)를 맡았을 뿐 아니라, 「담원시조를 읽고」라는 시조 형식의 서문을 써 주었다. 이 서문은 홍명희가 손수 쓴 독특한 한글 서예체

글씨 그대로 시조집에 수록되어 있다.

시조의 맛 있으면 아깃자깃할 뿐이고
시조의 빛 있으면 아롱다롱할 뿐인 듯
아득한 옛날 향기를 풍기는 건 좋아라

뼈마디 힘줄덩이 틈 있어도 좁으련만
포정(庖丁)의 칼날만은 회회(恢恢)하게 놀더라지
갸륵다 그대의 솜씨 이에 비겨 위이리

반문(班門)에 도채(도끼) 장난 자랑으로 알지 마소
그대의 재주 보고 시늉 한번 내었노라
법수(法手)에 틀림없는가 가르침을 받고저[58)]

홍명희는 일찍이 최남선의 『백팔번뇌』 발문에서 육당과 달리 자신은 그 "악착(齷齪)"한 시형(詩形) 때문에 "시조를 숭상하지 아니한다"고 부정적인 시조관을 피력한 바 있다. 이처럼 엄격한 정형율 때문에 시조를 즐기지 않는다는 그가 『담원시조』에는 굳이 시조로 된 서문을 쓰고 이를 통해 정인보의 시조 솜씨를 극찬한 것은 각별한 우정의 발로라 하겠다.

여기에서 홍명희는 『장자(莊子)』에 나오는 '포정해우(庖丁解牛)'의

58) 홍명희, 「담원시조를 읽고」, 『담원시조』, 정인보 저, 을유문화사, 1948, 7쪽.

고사에 빗대어 정인보의 기량을 칭송하고 있다. 즉 옛날 요리의 명인인 포정은 소를 잡을 때 뼈마디나 힘줄덩이에 있는 미세한 틈에 정확히 칼날을 집어 넣어 칼을 여유롭게 휘두를 수 있었다는데, 정인보의 솜씨는 그보다 윗길이라는 것이다.

또한 홍명희는 '반문농부(班門弄斧)'의 고사를 끌어와, 자신이 정인보에게 이 시조를 지어 주는 것은 기계의 명인인 반수(班輸) 앞에서 그를 모방하여 도끼로 기계를 만들려고 한 짓이나 다름없다고 자못 겸양의 뜻을 표하고 있다.

이러한 홍명희의 시조에 답하여 정인보는 「벽초가 써 보낸 것을 보고」라는 시조를 지어 역시 『담원시조』의 서두에 실었다. 그런데 이와 비교해 보아도 홍명희의 시조는 순수한 우리말의 음감을 잘 살리면서 한문 고사를 적절히 활용한 솜씨가 돋보여, 결코 뒤지지 않는다고 하겠다.

『새한민보』에 실린 「홍명희·설의식 대담기」[59]를 보면 1947년 9월 민주독립당 창당 직전의 홍명희의 풍모가 해학적이면서도 실감나게 묘사되어 있다.

『새한민보』 사장 설의식(薛義植)과 기자가 조선일보사 건물 2층 민주통일당 사무실을 방문하자 "몹시 시원 깨끗하게 된 분"이 또박또박 걸어 나왔는데, 그가 곧 홍명희였다고 한다. 여기에서 '몹시 시원 깨끗하게 된 분'이란 표현은 해방 후 거의 완전히 대머리가 된 홍명희의 모습을 풍자한 것이다. 이어서 기자는 홍명희의 지극히 선비다운 풍모를 이

---

59) 「홍명희 · 설의식 대담기」, 『벽초자료』, 205~210쪽.

렇게 묘사하고 있다.

> 벽초 홍선생의 차림차림은 '선비' 그대로다. 눈길같이 새하얀 조선옷에 조끼를 입으시고 옥색 대님을 얌전하게 매시고…… 기자의 얼굴이 비칠까 싶게 빛나는 갸름한 구두가 항상 고요히 테이블 밑에서 기자를 감시하듯 쳐다본다.

그런데 대담에 임한 홍명희는 "어느 틈엔가 말쑥한 럭키 스트라이크 한 갑"을 꺼내 "썩 비쌀 듯한 상아 파이프"로 담배를 피우는가 하면, "어느 모로나 조선적"인 그의 풍모와는 어울리지 않게 "진한 연두 빛깔의 미제 양말"을 신고 있었다고 한다. 이처럼 부조화스러운 모습은 물자가 몹시 귀하던 미군정기에 궁핍한 가운데서도 일부 물건만은 턱없이 고급인 미제를 얻어 썼던 세태를 반영한 것이라 하겠다.

홍명희가 남북연석회의 참가차 북행하기 직전인 1948년 봄에는 공교롭게도 설의식의 동생인 시인 설정식(薛貞植)이 홍명희를 방문하여 문학에 관해 장시간 대담을 나누었다. 『홍명희·설정식 대담기』[60]라는 제목으로 발표된 이 대담기의 서두에서는 당시 인사동에 살고 있던 홍명희의 생활의 한 단면을 다음과 같이 그리고 있다.

> 간반이나 될까 병풍으로 둘러 막은 이 안채 협실은 주인을 제하고 객이 세 사람만 앉고 보면 서로 숙친한 사이가 아니라도 무릎에 무릎을 포

60) 「홍명희 · 설정식 대담기」, 『신세대』 1948년 5월호(『벽초자료』, 211~218쪽).

갈 수밖에 도리가 없으리만큼 협착한 방이다.

대당수(大黨首)의 거처로는 실로 내객이 도리어 민망할 지경이나 두루 한 번 다시 안두(案頭)에 한서·양서며 그 위에 놓인 확대경하며, 한매(寒梅, 겨울 매화) 이미 꽃을 지운 향긋한 구석마다 고루 티끌 하나 없이 깨끗한 것을 보면, 역시 가난한 나라의 선비의 살림살이로는 이만하면 족하다고도 하겠다.

문호(文豪)의 안하(案下)라 미리 섭복(慴服, 두려워 복종함)한 것은 꼭 아니로되 두루 좁기도 하여 한 구석에 국궁(鞠躬, 몸을 굽힘)하고 있노라니 환력(還曆, 환갑)을 금년에 맞이하신다는 선생이 늦은 조반을 치르시고 들어오시는데 대당수로는 너무도 범연하고 대문호로는 너무도 평범하시다.

여기에서는 당시 민주독립당 대표이자 『임꺽정』의 작가로 명망이 드높았던 홍명희답지 않게 선비다운 청빈한 살림살이와 서재 분위기, 그리고 겸허하고 소탈한 인품이 잘 드러나 있다.

『임꺽정』을 재간하다

홍명희는 조선문학가동맹 중앙집행위원장으로 추대되어 '통(通)조선 문단의 거두'라 일컬어졌지만, 기실 해방 후 그는 정치활동으로 분주하여 문인으로서의 활동은 거의 하지 못한 셈이었다. 그러나 『임꺽정』 재판이 간행되어 널리 읽힘으로써 그는 다시금 독서계의 주목받는 작가로 부상했으며, 특히 해방 후 세대에게 문호로서 깊은 인상을 남기게 되었다.

1948년 2월부터 11월까지 을유문화사에서 『임꺽정』 전6권이 차례로 간행되었다. 이는 일제 말 조선일보사출판부에서 나온 초판 『임꺽정』의 「의형제편」 2권과 「화적편」 2권을 각각 3권씩으로 나누어 출판한 것이었다.

이처럼 을유문화사판 『임꺽정』은 더욱 읽기 좋게 재편되었을 뿐 아니라, 선부(善夫) 김용준(金瑢俊) 화백에 의한 고풍스러운 장정과 속표지 등으로 보아 초판보다 책 디자인에 더욱 신경을 쓴 흔적이 역력하다.

그런데 당시의 광고들을 보면, 앞의 6권에 뒤이어 신문 연재 당시 중단되었던 「화적편」 제4권과 「봉단편」 「피장편」 「양반편」이 차례로 나와 '『임꺽정』의 결정판' 전10권이 간행될 예정이라 되어 있다. 그리고 그 중 2권은 새로 집필하는 것이라 덧붙여져 있다.

이로 미루어 보면 홍명희는 해방을 맞이하여 『임꺽정』을 완결하고 「봉단편」 「피장편」 「양반편」을 수정하려는 의욕을 재차 품었던 것 같다. 즉 그는 1929년 말 투옥으로 인해 신문 연재가 중단된 「양반편」의 말미와, 일제 말에 중단된 「화적편」 종결부를 추가로 집필할 계획이었다. 그리고 초기작다운 미숙성을 안고 있는 「봉단편」 「피장편」 「양반편」에 대해 수정할 뜻을 오래 전부터 품고 있던 그는 이 기회에 구성을 재편하고 크게 손질을 가하고자 한 것이다.

그러나 이와 같은 계획은 『임꺽정』 재판이 차례로 출간되던 1948년 홍명희가 남북연석회의 참가차 북에 갔다가 그곳에 잔류하게 됨에 따라 무산되고 만다.

해방 직후 이태준·이원조·김남천과의 문학대담[61]에서 홍명희는

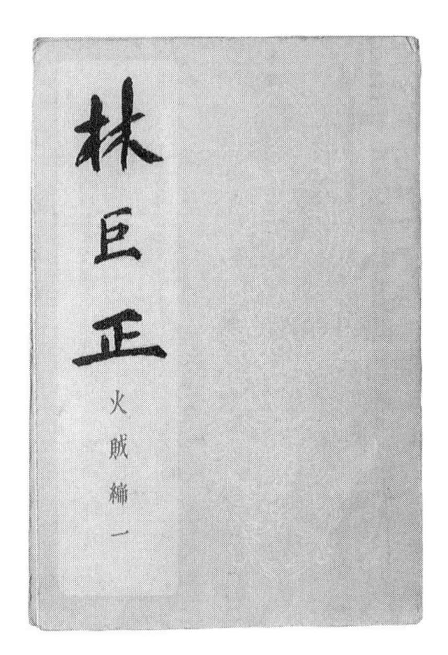

1948년 을유문화사에서 간행된 홍명희의 『임꺽정』 재판

"이러나 저러나 방응모 씨와 홍순필 씨가 자꾸만 『임꺽정』을 끝내라 조르지만 임꺽정이가 독립 후인 오늘날도 내 뒤를 따라다닌대서야. 슈베르트의 미완성 교향악처럼 『임꺽정』도 그만하고 미완성인 대로 내버려 두었으면 좋겠어!"라고 농담조로 말하여 일동의 웃음을 자아냈다.

그리고 거작 『임꺽정』을 완결하지 않는 데 대해 이태준이 거듭 안타까움을 표했음에도 불구하고, 홍명희는 민족사의 새 시대를 맞이하여 더욱 중요한 과업에 힘써야 하는 만큼 『임꺽정』의 완성에 힘을 기울일 뜻이 없음을 내비쳤다.

설의식과의 대담에서도 설의식이 "지금쯤 임꺽정이가 나왔으면 좋

61) 「벽초 홍명희 선생을 둘러싼 문학담의」, 『대조』 1946년 1월호(『벽초자료』, 188~210쪽).

겠는데"라며 『임꺽정』 집필 재개를 은근히 권유하자, 홍명희는 "지금 나오면 파쇼게"라는 재치 있는 농담으로 받아넘기고 말았다.

당시 정계에서 '파쇼'란 좌익 진영에서 국수주의적 민족주의를 표방한 우익 진영을 공격할 때 쓰던 말이었다. 따라서 홍명희는 '조선 정조에 일관된 작품'인 『임꺽정』이 해방 이후에도 계속 집필된다면 우익 진영의 국수주의에 호응하는 '파쇼적' 작품으로 비난받을지도 모른다고 풍자적으로 말한 것이다.

이어서 "내 평소에 조선 삼국지가 꼭 하나 생겨지기를 바라는데…… 이걸 쓸 사람은 선생밖에는 없다고 생각해 왔는데……" 하며 『임꺽정』의 완성을 거듭 권유하는 설의식에게 홍명희는 "『삼국지』 없어 낭패될 거 없지"라고 잘라 말하고 있다. 이는 통일독립국가 수립이라는 막중한 민족사적 과제에 비할 때 그 같은 역사소설을 완성하는 것은 시급하지 않다는 뜻이라 해석된다.

홍명희는 본래 지극히 겸허하면서도 남달리 눈이 높아 자신이 심혈을 기울여 집필한 『임꺽정』조차 스스로 대단치 않게 여기고 있었다. 후배 문인들이 『임꺽정』을 예찬해도, "『임꺽정』에야 묘사다운 묘사가 있나 어디", "문학작품으로는 저급이지" 하는 식으로 스스로 폄하하는 발언을 서슴지 않았다. 그런데다가 그는 여느 문인들과 달리 작품을 기어코 완성시켜 불후의 명작을 남기겠다는 작가적 공명심조차 전혀 없었던 것 같다.

『임꺽정』은 연재 당시부터 워낙 널리 알려져 있었고 독자 대중에게 인기 있는 작품이었으므로, 해방 후 다시 출판되자 독서계에 크게 주목받는 읽을거리로 재등장하게 되었다. 따라서 출간 무렵 잡지들에는 또

다시 대대적인 광고가 게재되었다. 『학풍』 창간호에 실린 광고문에서 작가 박태원은 『임꺽정』에 대해 다음과 같이 찬사를 보내고 있다.

> 벽초 선생의 『임꺽정』은 이제는 이미 고전이다. 이는 실로 일대(一代)의 거장이 그 심혈을 기울이어 비로소 이루어진 대작이다. 앞으로는 모르겠다. 그러나 아직까지는 『임꺽정』과 그 빛을 다툴 작품은 어느 역량 있는 작가의 손으로도 제작되지 않았다. 꺽정이, 이봉학이, 박유복이, 배돌석이, 황천왕동이, 곽오주, 길막봉이의 이른바 7형제패를 위시하여 여기에는 무수한 등장인물이 있거니와 그 인물의 하나하나가 모두 살아 약동한다. 서림이는 서림이로 살았고 노밤이는 노밤이로 살았고 심지어 이름 없는 포교나 사령 따위도 다들 거장의 영묘한 붓 끝에 생명을 얻어서 또 저들은 저들대로 놀아난다. 나는 구태여 이 거장의 거장인 소이연(所以然, 까닭)을 이곳에서 일일이 조목대어 말하지 않겠다. 전편에 횡일(橫溢)하는 그 시대 그 제도에 대한 울발(鬱勃)한 반역정신만으로도 이 작품은 조선문학사상에 좀처럼은 흔들리지 않는 지위를 주장할 것이다. 거듭 말하거니와 『임꺽정』은 이미 고전이다.

물론 이는 광고문이기는 하나, 상투적인 찬사라고는 생각되지 않는다. 그 자신 뛰어난 소설가로서 남달리 탁월한 묘사력의 소유자였던 박태원은 진심으로 『임꺽정』을 한국 소설사상 최고 수준의 고전적 작품으로 높이 평가한 것이다.

당시 을유문화사판 『임꺽정』을 읽은 독자 가운데는 해방 전에 일본어로만 교육을 받다가 해방 후 한글을 처음 깨친 학생층이 많았던 듯하다. 감격스러운 해방을 맞이하여 우리 글을 읽는 재미를 붙이기 시작하던 청소년 학생들에게 『임꺽정』은 말할 수 없이 매력적인 읽을거리였다. 먼 훗날 교육학자 김인회는 그 무렵 『임꺽정』을 읽고 깊은 감명을 받은 추억을 이렇게 술회하였다.

> 내가 홍명희의 『임꺽정』을 처음 만난 것은 국민학교 3학년 때였을 게다. 을유문화사판으로 나온 「의형제편」을 읽느라 밤을 새웠는데 아마 그 통에 한글을 완전히 깨치게 된 것 같다. 그 전까지만 해도 우리 또래 아이들은 일본말과 일본글자에 더 익숙해 있었다. 광복과 동시에 집에서 종아리 맞아 가며 익힌 한글을 더듬더듬 읽는 수준이던 내 읽기 속도가 이 책을 만난 덕분에 하룻밤 사이에 같은 반 아이들 중 발군의 실력으로 자란 것이다.
>
> (……) 매연 짙은 서울 북쪽 혜음령 고갯길을 차를 타고 지날 때마다 박유복이에게 혼이 났던 착한 산적 신불출이가 생각나고, 어머니 산소가 있는 일산 가는 길에 교하면 입구를 지날 때마다 이봉학이의 본처가 살던 그의 외갓집 마을 생각을 하게 될 만큼 임꺽정은 나의 정신문화의 한 부분이 된 지 오래다. 그리고 나로 하여금 스스로 한국사람임을 절감하도록 만든 최초의 책이다.[62]

원래 인기작이었던 『임꺽정』은 해방 후 각색되어 연극으로 공연되었는가 하면, 라디오 드라마로 제작되어 연속 방송되기도 했다. 당시에는

62) 김인회, 「다시 보고 싶은 책–『임꺽정』」, 『한국일보』 1993년 5월 11일자.

라디오 드라마가 오늘날 텔레비전 드라마처럼 인기가 있었으므로, 이를 통해 더욱 폭넓은 대중들이 『임꺽정』을 접하게 되었음은 물론이다. 라디오 드라마를 즐겨 듣다가 『임꺽정』의 재미에 빠져 소설 『임꺽정』의 열렬한 독자가 된 경우도 흔히 있었다.

한편 일제 말 『임꺽정』 초판을 간행했던 조선일보사 산하 조광사에서는 을유문화사와 별도로 『임꺽정』 재판 간행을 시도하였다. 그리하여 을유문화사판이 제3권까지 나온 시점인 1948년 6월 조광사의 『임꺽정전』 제1권이 출간되었다. 초판 때의 지형을 그대로 이용하여 「의형제편」의 서두에 해당하는 '박유복이' 장을 212쪽의 단행본 1권으로 찍어 낸 것이다.

일제 말 조선일보사출판부에서 나온 초판에서는 제1권이 '박유복이' '곽오주' '길막봉이' '황천왕동이' 장과 '배돌석이' 장의 제1절까지 포함하여, 686쪽에 달하는 두툼한 책자로 되어 있었다. 그와 달리 해방 후 조광사에서는 '박유복이' 장만을 따로 떼어 한 권의 얄팍한 책자로 내놓은 것이다. 따라서 『임꺽정』 전체를 몇 권으로 간행할 예정이었는지는 가늠하기 어렵다.

어쨌든 일종의 해적판이라 할 수 있는 조광사의 『임꺽정전』은 제1권이 나온 이후 더 이상 간행되지 못했다. 아마도 작가와 정식으로 출판계약을 맺고 책 제작과 홍보에 총력을 기울인 을유문화사측에 밀려 판매가 부진했기 때문일 것이다. 게다가 작가 홍명희가 북에 남은 것이 확실해짐에 따라, 출판을 계속할 경우 판매에 더 큰 지장이 생길 것이 분명하였다.

홍명희의 『임꺽정』은 작가의 정치적 행적으로 인해 남한에서는 6·25

전쟁 이후 금서가 되어 1985년 사계절출판사에서 또다시 간행될 때까지 오랫동안 절판이 되어 버렸다. 그러나 『임꺽정』 재판이 해방 후에 등장한 새로운 세대의 독자들에게 널리 보급되어 읽힘으로써, 분단시대 남한에서도 홍명희의 존재는 완전히 잊혀지지 않고 걸작을 남긴 전설적인 문호로 그 명성이 희미하게나마 이어지게 된 것이다.

해방 후 홍명희는 문학에 관한 글을 따로 쓸 겨를이 없었지만, 이태준·이원조·김남천과 가진 「벽초 홍명희 선생을 둘러싼 문학담의」, 시인 설정식과 가진 「홍명희·설정식 대담기」와 같은 중요한 대담기록을 남겼다. 조선문학가동맹의 핵심 인물인 이들과의 대담을 통해 홍명희는 자신의 문학관과 우리 문학의 당면과제에 대한 견해를 진지하게 피력하였다.

우선 홍명희는 문학을 정치에 예속된 것으로 보는 속류 좌익 문학관에 대해 비판하는 한편, 우익측 문인들이 주장하는 이른바 '순수문학'에 대해서는 더욱 부정적인 견해를 취하였다. 그는 문학이 '인생'과 '정치'를 떠나서는 존재할 수 없다고 보면서도, 문학은 어디까지나 '문학을 통해서' 그에 기여하는 것이며 그 나름의 '독자성'을 상실하면 예술로서의 존재 가치가 없다고 보았다.

또한 그는 일관되게 리얼리즘 문학을 주장하였다. 문학에 있어서 '사실'을 가장 중시하고 시류에 굴종하지 않는 '반항정신'을 예찬하며, 작품을 통해 제시하려는 주제나 사상을 자신의 절실한 문제로 충분히 내면화하는 작가적 성실성을 강조하였다.

한편 홍명희는 해방 직후의 낙후된 현실을 고려할 때 "조선 작가의 당면과제는 봉건적 잔재를 제거하는 새로운 아동문학과 농민문학을 수립하는 것"이라고 하여, 계몽문학의 중요성을 역설하였다. 당시 현실에서는 현학적이고 유희적인 성격의 지식인문학을 창작하는 것보다 대중을 계몽하여 전체적인 문화 수준을 끌어올리는 것이 더 시급하다고 본 때문이다.

끝으로 홍명희는 역사소설은 궁중비화를 배격하고 민중의 사회사를 지향해야 한다는 견해를 피력하였다. 즉 지배층 중심의 사건 나열에 그치지 말고, 각 사건의 시대적 배경을 살리면서 그 원인을 광범한 사회적 인과관계에서 찾는 방식으로 그려야 한다는 것이다.

이러한 그의 역사소설관은 루카치(G. Lukács)가 『역사소설』에서 개진한 이론과 상통하는 것으로, 식민지시기와 해방 직후의 문단을 통틀어 가장 독창적이고 선진적인 견해를 제시한 것이라 할 수 있다.

설정식과의 대담에서 홍명희는 새로운 창작 구상을 밝히기도 하였다. 앞으로 소설을 쓴다면 조선조 말부터 식민지시기를 거쳐 해방 후에 이르는 한국의 근현대사를 대하 장편소설로 작품화해 보고 싶다는 것이다. 홍명희는 이러한 구상을 밝히면서도 "지금 같아서는 다 꿈 같은 이야기지요"라고 서글프게 말했는데, 바로 이 대담 직후 그는 남북연석회의 참가차 평양에 갔다가 북에 남았고 그 이후 북에서는 일체 창작을 하지 않았으므로, 그의 구상은 끝내 실현되지 못하였다.

그런데 여기에서 그가 말한 류의 소설이 남한에서 출현한 것은 1970년대 이후 박경리의 『토지』나 조정래의 『태백산맥』 『아리랑』 등에 이르러서였다. 그 점을 감안하면 해방 직후에 이미 홍명희가 한국 근현대사를 무대로 한 대하 장편소설을 구상했다는 것은 그의 남다른 문학적 안목과 포부를 보여 주는 것이라 하겠다.

북에서의 만년

남북연석회의 일정이 모두 끝나자 김구·김규식 일행은 5월 4일 평양을 출발하여 다음날 38선을 넘어 남으로 귀환하였다. 그러나 홍명희는 '개인 사정'으로 남아 평남 맹산으로 갔다고 보도되었다.

당시 맹산의 이웃 고을인 성천에는 홍명희의 서조모(庶祖母)가 살고 있었다. 홍승목의 소실인 신씨부인은 일찍 분가하여 서울에서 살다가, 일제 말에 생계가 막연하자 막내아들 태식 등과 함께 광산의 인부들 밥해 주는 일자리를 구해 성천으로 갔었다. 그러므로 홍명희가 남북연석회의 끝에 그곳을 방문한 것은 서조모 신씨와 서숙(庶叔) 홍태식을 만나 보기 위해서였을 것이다.

그러나 물론 홍명희가 김구·김규식 일행과 함께 귀환하지 않고 북에 남은 것은 성천의 친척들과 상봉하려는 목적에서만은 아니었다. 그 무렵의 가장 중요한 사건은 5월 6일 그가 김일성과 단독회담을 가진 것이다.

훗날 북한에서 그때의 이야기를 전하는 글들을 보면, 그날 김일성이 홍명희를 자택으로 초대했다고 하기도 하고 김일성이 몸소 그의 숙소를 방문했다고 하기도 하여, 구체적인 정황에서는 다소 차이가 있다. 그러나 그날의 회담 내용은 김일성이 일방적으로 한 담화의 형태로 윤색되어 김일성 저작집에 수록되어 있으므로, 두 사람 간에 어떠한 대화가 오갔는지를 대강 짐작할 수 있다.

저작집 중 「홍명희와 한 담화」[63]에 의하면 그날 회담의 서두에서 김일성은 홍명희가 식민지시기에 일제와 타협하지 않고 양심적인 지식인으로서 살아온 데 대해 높이 평가하였다. 아울러 해방 후에도 미국의 회유를 물리치고 애국적인 활동을 한 것을 칭송하면서, 특히 그가 '김일성장군 무정장군 독립동맹 환영준비회' 위원장이었던 사실을 특별히 언급하며 감사를 표하였다.

이어서 김일성은 남한 단정을 저지하고 민주적인 통일정부를 수립할 것을 역설한 끝에 그에게 앞으로의 거취를 물었고, 그에 답하여 홍명희는 북한 잔류 의사를 밝혔던 듯하다.

김일성은 홍명희에게 이제 남으로 귀환하면 정치활동을 자유로이 할 수 없을 뿐 아니라 신변이 위태로울 수 있다고 염려하면서 "여기서 우리와 함께 손잡고 일합시다"라고 북한 잔류를 권유하였다. 그리고 "우리는 선생에 대하여 큰 기대를 가지고 있습니다. 나는 선생께서 우리 조국과 인민을 위하여 훌륭한 일을 많이 하여 주리라고 믿습니다"라며 그에 대한 기대를 표명하였다.

이와 같은 김일성의 담화 내용을 분석해 보면, 당시 홍명희가 어떠한

63) 『김일성전집』 제8권, 평양: 조선로동당출판사, 1994, 12~21쪽.

생각으로 북에 남을 것을 결심했는지 짐작해 볼 수 있다.

북측이 남한 단독정부 수립에 대비하여 별도의 단독정부 수립을 추진하고 있던 사실을 홍명희가 어느 정도 알고 있었는지는 판단하기 어렵다. 다만 그는 설령 북측이 단독정부를 수립하더라도 장차 분단을 극복하고 통일정부를 추구하는 방향으로 나아가리라고 믿었던 것이 아닌가 한다. 그러므로 일단 남과 북에 각각 단독정부가 수립되는 것을 막을 수는 없다 해도, 북측의 통일정부 수립 의지가 분명하다면 자신도 그곳에 남는 것이 민족통일을 위해 기여할 여지가 더욱 크다고 본 것 같다.

또한 홍명희는 해방 후 북의 발전상과 이를 이루어 낸 그곳 지도부의 역량을 매우 높이 평가했던 것 같다. 앞서 남북연석회의 참가자들이 '남북연석회의 지지 평양 시민대회'를 참관하고 북한의 산업시설을 시찰하고 난 뒤 가진 기자회견에서 홍명희는 다음과 같이 소감을 피력했다고 한다.

> 나는 북조선에 대하여 퍽 좋은 인상을 가지고 있다. 입북하기까지는 표면적으로 듣고 좋다는 것만 알았으나 황해제철소를 시찰하고는 북조선의 모든 건설사업이 잘 되어가고 있다는 것을 실제로 보았다. (……) 나는 25일에 평양 시민들을 보았는데 남조선의 군중대회와는 비율(比率)할 수 없을 만큼 굉장하게 생색(生色)이 있다. 이것은 잘 되어가는 집안과 못 되어가는 집안을 비교하면 족할 것이다.[64]

64) 박광 편, 『진통의 기록—전조선 제정당 사회단체 대표자 연석회의 문헌집』, 평화도서주식회사, 1948, 266~267쪽.

홍명희가 평양 시민대회에 대해 그토록 호의적으로 말한 것은 당시 평양 시민들이 강제로 동원된 것이 아니라 남북연석회의를 진심으로 지지하여 자발적으로 적극 참여한 것으로 보았기 때문이라 짐작된다.

황해제철소를 시찰하고 북한의 산업 건설에 대해 높이 평가한 것은 김구·김규식 등 남북연석회의에 참가했던 남측 인사들의 공통된 반응이었다. 해방 후 산업 전반이 마비되다시피 했던 남한의 실정에 비추어 볼 때 황해제철소가 가동하고 있는 장면은 그들에게 깊은 감명을 주었던 모양이다. 또한 이는 홍명희에게 북의 지도부의 역량을 높이 평가하고 북한의 장래에 대해 낙관하게 된 중요한 계기가 되었던 것 같다.

그리고 김일성과 김두봉을 위시한 당시 북의 지도자들은 대부분 항일운동 경력의 소유자로서, 북한 사회의 발전을 위한 진정한 열의를 지닌 인물들이라는 느낌을 주었다. 게다가 그들은 남북연석회의에 참가한 남측 지도자들을 극진하게 환대하였다. 그리하여 북의 지도자들에 대해 신뢰와 호감을 갖게 된 점도 홍명희가 북에 남을 결심을 하게 된 요인의 하나였을 것이다.

남북연석회의 참가차 북행한 남측 인사 400여 명 중 홍명희처럼 북에 잔류한 사람은 70명가량이었다. 그 중에는 홍명희 외에도 허헌·백남운·이극로 등 거물급 인사들이 다수 포함되어 있었다.

김일성과의 단독회담 끝에 북에 남을 것을 결심한 홍명희는 곧 장남 기문에게 편지를 썼다. 자신이 여생을 북에서 보낼 결심을 하기에 이른 사연을 밝히고, 비밀리에 준비하여 일가족을 이끌고 평양으로 오라고 지시한 것이다.

가족들이 38선을 넘어오기 전까지 몇 달 동안 홍명희는 평양에서 혼

북한 시절의 홍명희

자 생활하지 않을 수 없었다. 특히 그해 음력 5월 23일은 그의 환갑이었는데, 공교롭게도 그 뜻깊은 날을 북에서 홀로 맞게 된 것이다. 그런데 뜻밖에도 김일성이 홍명희의 환갑날을 기억하고 자신의 전용차를 보내 그를 자택으로 초청하여 환갑상을 차려 주었을 뿐 아니라, 새 양복 한 벌을 선물하여 그를 감격케 했다는 이야기가 전한다.[65)]

1948년 8월 중순 홍명희의 일가족은 38선을 넘어 평양에 도착하였다. 월북한 홍명희 일가는 부인 민순영과 세 딸, 장남 기문 일가, 차남 기무 일가, 그리고 아우 홍성희 일가 등이 포함되어 20명이 넘는 대식구였다. 계모 조씨는 선산이 있는 괴산을 떠나지 않겠다는 의사를 고집하여, 둘째 며느리인 홍성희의 본처 김씨와 함께 제월리 집에 남았다.

65) 홍기문, 「불멸의 사랑을 추억하며」, 『조선신보』, 1977년 6월 10 · 11일자. 1948년 음력 5월 23일은 양력 6월 29일이었다. 그런데 이 글에 "그해 7월 초 어느 날"이라고 한 것으로 보아, 김일성이 홍명희를 초대한 것은 양력으로 60회 생일이 되던 날이었던 듯하다.

평양에 도착한 홍명희 일가에게 김일성은 자기가 살던 집과 그에 딸린 가장집물을 고스란히 내주는 등 파격적인 대우를 했다고 한다. 가족들이 새로 살 집에 들어가 보니 널찍한 가옥에 살림살이가 모두 갖추어져 있는 것은 물론, 홍명희의 손자들을 위해 김일성의 어린 아들 김정일이 타던 세발자전거까지 남겨져 있었다는 것이다.

몇 달 동안 평양에서 혼자 생활하다가 가족을 맞은 홍명희는 몹시 반갑고 기뻤을 것이다. 이제 일가족이 모두 평양에 안착함으로써 홍명희는 북한에서 새 삶을 시작하려는 강한 의욕을 느끼게 되었던 듯하다.

한편 남에서는 김구·김규식을 위시한 단정 반대세력의 불참에도 불구하고 1948년 5월 10일 제헌국회의원 선거가 실시되었다. 7월에는 헌법이 공포되었고, 국회에서의 간접선거를 통해 이승만이 대통령으로 선출되었다. 8월 15일에는 드디어 대한민국 정부가 수립되었다.

이에 맞서 북에서는 조선민주주의인민공화국(약칭 인공) 창건을 서두르게 되었다. 그 일환으로 북의 지도부는 남북연석회의 이후 서울로 귀환한 남측 우익 인사들이 불참한 가운데 6월 29일부터 7월 5일까지 평양에서 '남북조선 제정당 사회단체 지도자협의회'(약칭 제2차 남북지도자협의회)를 개최하였다.

제2차 남북지도자협의회에서는 남한 단독정부 수립이 임박한 상황에서 종전과 같은 소극적인 투쟁만으로는 그에 대처할 수 없으므로, 남·북조선 대표자들로 구성된 '조선최고인민회의'를 창설하고, '조선중앙정부'를 수립할 것을 주요 내용으로 하는 결정서를 채택했다.

조선최고인민회의 선거일은 1948년 8월 25일로 결정되었다. 그 일환으로 남한에서 지하선거를 통해 뽑힌 대표 1000여 명이 참석한 가운데 8월 21일부터 26일까지 해주에서 '조선최고인민회의 남조선 대의원선거를 위한 남조선 인민대표자대회'(약칭 인민대표자대회)가 열렸다.

인민대표자대회에서는 조선최고인민회의 남조선 대의원 입후보자를 추천 · 통과시키고 일괄 투표를 실시하였다. 같은 날 북조선 대의원 선거도 실시되어, 남조선 대의원 360명, 북조선 대의원 212명으로 이루어진 조선최고인민회의가 구성되었다.

북조선 대의원 중에는 비밀당원을 포함하여 북조선노동당이 압도적 다수를 차지하였다. 반면에 남조선 대의원에는 남한의 좌익계와 중간파 정당이 고루 안배되어 있었다. 민주독립당에서는 홍명희를 비롯한 20명의 당원들이 대의원에 당선되었다. 남한에서의 당세로 보든 좌익이 아닌 중간파라는 당의 성격으로 보든 의외일 만큼 의석수를 많이 차지한 셈이었다.

1948년 9월 9일 조선민주주의인민공화국 수립과 함께 홍명희는 일약 부수상에 임명되었다. 조선최고인민회의 상임위원장에는 김두봉이, 수상에는 김일성이 선임되었다. 부수상에는 박헌영 · 홍명희 · 김책(金策) 3인이 임명되었다. 그중 박헌영은 외무상을, 김책은 산업상을 겸했으며, 홍명희는 교육 · 문화 부문을 지도하는 역할을 맡았다.

북에 잔류하기 이전 남에서는 중간파에 속하는 군소정당인 민주독립당의 대표로서 정치적 영향력이 별로 크지 않았던 홍명희가 인공 부수상에 임명된 사실은 그를 아는 모든 사람들을 깜짝 놀라게 했을 것이다. 홍명희 자신도 북한 잔류를 결심할 때 그토록 중용되리라고는 기대하지 않았을 것이다.

홍명희가 일약 인공 부수상으로 발탁된 이유는 무엇보다도 북측이 정권의 정통성을 위해 '통일중앙정부'를 표방했기 때문이었다. 홍명희는 식민지시기 신간회 지도자로서 민족통일전선을 상징하는 인물이며, 투철한 민족주의자로 알려져 있으면서도 공산주의에 대해 우호적이었다. 그러므로 홍명희를 고위직에 등용한 것은 남·북한과 좌·우를 아우른 거국내각을 표방하려는 북측의 의도에 매우 적합한 조치였을 것이다.

뿐만 아니라 홍명희를 부수상으로 발탁한 데에는 남한 출신 인사를 등용하되 북조선노동당과 경쟁관계에 있는 남조선노동당을 약화시키려는 김일성의 계산도 작용하였다. 정치적 영향력은 미약하지만 박헌영보다 연배가 훨씬 위일뿐더러 명망이 드높은 홍명희를 박헌영과 나란히 부수상으로 임명함으로써 남조선노동당을 견제하는 효과를 거두고자 한 것이다.

게다가 홍명희가 부수상에 임명되고 나아가 그 이후 몇 차례에 걸친 숙청 바람에도 불구하고 끝까지 정치적 생명을 유지한 데에는 그와 김일성 간의 개인적인 호감도 어느 정도 작용하지 않았나 한다. 홍명희 일가가 월북했을 때 김일성이 자기 집과 가재도구를 고스란히 내주었다는 일화를 포함하여, 김일성이 한결같이 홍명희를 극진하게 보살피고 홍명희는 김일성을 굳게 믿고 의지했음을 말해 주는 일화들이 북에서는 전설처럼 전해 오고 있다.

홍기문의 회고에 의하면 김일성은 부수상 중 홍명희의 집무실을 자신의 바로 옆방에 배치해 놓고 수시로 그와 정사를 의논하면서 당의 새로운 방침과 결정들을 알려 주곤 했다고 한다.

그리고 1948년 초겨울 어느 날 두 사람이 동승하여 만경대학원을 향하던 중, 김일성은 맨외투만 입고 있던 홍명희의 건강을 염려하여 손수 자신의 목도리를 풀어 둘러 주고 꼭꼭 여며 주기까지 했다고 한다.

또한 한국전쟁 때인 1950년 가을, 홍명희가 후방으로 떠나게 되었을 때 김일성은 그를 가까이 불러 노정에서 주의해야 할 점들을 세세히 일러 준 뒤, 자신이 아끼던 권총 한 자루를 손에 쥐어주기까지 했다는 일화도 전한다. 이러한 김일성의 남다른 배려에 감격한 홍명희가 그해 11월 고산진에서 김일성을 만나고 돌아오는 길에 그를 예찬하여 지었다는 시도 전하고 있다.

이로 미루어 볼 때, 김일성은 진보적이고 양심적인 민족주의자이며 학식과 기품을 갖춘 홍명희에 대해 남다른 호감을 가지고 있었고, 홍명희 또한 일찍이 항일무장투쟁에서 혁혁한 공로를 세웠다는 청년 지도자 김일성이 자신을 극진하게 대우함에 따라 깊은 신뢰를 갖게 되었던 것 같다.[66)]

홍명희는 병약한 체질에도 불구하고 팔순이 넘도록 장수했으며, 북에서 사망할 때까지 고위직에 남아 있었다.

북한 정권에서 홍명희가 역임한 직책들 중 가장 굵직한 것은 1948년부터 1962년까지 연임한 내각 부수상직과, 이어서 1968년 사망시까지 연임한 조선최고인민회의 상임위원회 부위원장직이다. 이러한 주요 직책 이외에도 그는 과학원장, 북조선 올림픽위원회 위원장, 조국평화통

66) 항간에는 홍명희의 딸이 '김일성의 첩' 이었다든가, 홍명희가 '김일성의 장인' 이었던 관계로 그의 정치생명이 오래 지속되었다는 풍문이 있었다. 그러나 인척으로서 당시 북한에서도 홍명희 일가와 내왕이 있던 이구영(李九榮) 선생은 이것이 전혀 사실무근한 일이라고 증언하였다. 단, 김일성의 첫부인이 사망한 1949년 이후 한동안 홍명희의 딸이 그 집안의 가사를 돌보아 주었다는 것은 사실인 듯하다.

일위원회 위원장 등 여러 직책들을 겸임하였다.

그러나 북한에서 홍명희는 외견상 화려한 직책을 지냈을 따름으로 실제 권력과는 거리가 멀었다. 북한 문제 전문가들에 의하면, 그는 "단지 공산주의자들의 통일전선 이론에 부합되면서 김일성과 개인적인 관계를 맺고 있던 명목상의 지도자였을 뿐"이었다고 한다.

어쨌든 그는 그후 몇 차례의 숙청 바람에도 불구하고 건재하여 사망시까지 고위직에 있었을 뿐 아니라, 그의 사후에는 장남 홍기문이 조국평화통일위원회 부위원장, 조선최고인민회의 상설회의 부의장 등의 중책을 계승했으며, 그 뒤에도 손자 홍석형이 부총리 겸 국가계획위원장에 발탁되는 등 후손들에게까지 고위직이 이어졌다.

또한 민주독립당은 북한에서 하부조직도 지방조직도 없는 '머리만 있는 당'이었음에도 불구하고, 홍명희를 따라 월북한 60여 명의 당원들은 그의 후광으로 상당한 직위에 기용되었으며, 남조선노동당 계열이 숙청될 때도 건재할 수 있었다.

말년에 북에서 지낸 20년 동안 홍명희는 작가로서의 활동은 거의 하지 않은 셈이었다. 오랫동안 남한에서는 홍명희가 북에서 『임꺽정』의 말미 부분을 집필하여 작품을 완성시켰다는 풍문이 떠돌았으나, 사실이 아닌 것으로 밝혀졌다. 북한에서 홍명희는 여러 가지 이유로 『임꺽정』 집필을 재개하기 어려운 형편이었던 것 같다.

다만 1948년 남한의 을유문화사에서 『임꺽정』 재판이 간행되어 인기를 모았듯이, 북한에서도 1950년대에 『임꺽정』이 재간되어 널리 읽힘으로써 다시금 그의 작가로서의 명성을 확인하게 해 주었다.

1954년 12월부터 이듬해 4월까지 평양 국립출판사에서 『임꺽정』

1980년대 북한에서 간행된 홍명희의 『림꺽정』과 손자 홍석중에 의해 한 권으로 축약된 함축본 『청석골 대장 림꺽정』

「의형제편」 상·중·하, 「화적편」 상·중·하 전6권이 간행되었다. 국립출판사판 『임꺽정』은 을유문화사판과 마찬가지로 일제 말 조선일보사 출판부에서 간행되었던 초판의 4권을 6권으로 나누었을 뿐, 내용 면에서나 표현상으로나 원작과 크게 다름이 없는 상태로 출판되었다.

그동안 구하기 어렵던 『임꺽정』이 북한에서 다시 간행되어 널리 보급되자, 많은 독자들이 기뻐했음은 물론이다. 그러나 일각에서는 이 작품이 북한에서 중시하는 계급투쟁적 성격이 미약하다는 등의 이유로 시비가 일기도 했으므로, 얼마 후 홍명희가 자진해서 『임꺽정』을 절판시켰다고 한다.

북한에서도 『임꺽정』은 1950년대 후반에 절판되어 잊혀지다시피 했다가, 정치적·문화적 분위기가 달라진 1980년대에야 다시 출판되었다. 1982년부터 1985년까지 평양 문예출판사에서 『임꺽정』 전4권이 차례로 간행되었다. 이는 일제 말 조선일보사출판부에서 나온 초판처럼 두툼한 책자 네 권으로 제작되었으나, 「의형제편」「화적편」 등 편 구분은 없이 장 구분만 되어 있다. 그리고 북에서 작가로 활동중인 홍명희의 손자 홍석중에 의해 부분적으로 손질이 가해졌다.

홍명희가 생전에 북한에서 쓴 글은 극히 드물게 발견된다. 그것도 소설과 같은 창작은 물론, 자신의 사적인 체취를 풍기는 글은 거의 남기지 않았다고 해도 과언이 아니다. 부수상 취임 이후 홍명희의 이름으로 발표된 각종 연설문과 기고문을 보면 대체로 공식적인 내용과 표현으로 일관해 있어, 그 자신의 개인적인 생각이나 독특한 문체가 느껴지는 경우는 극히 드물다.

말년에 북한에서 공직생활을 하는 동안 홍명희는 문필활동을 할 시간적·정신적 여유가 별로 없었던 것 같다. 뿐만 아니라 본래 문학에서 '사실'을 중시하고 '반항정신'을 예찬하는 리얼리스트였던 그는 창작의 자유가 보장되지 않는 북한 체제에서 자유롭게 글을 쓰지 못할 바에는 아예 집필을 하지 않는 쪽을 택했던 것 같다.

홍명희는 81세 되던 해인 1968년 3월 5일 마침내 노환으로 별세하였다. 그의 마지막 모습을 손자 홍석중은 이렇게 전하고 있다.

> 1968년 초봄, 아직 음달에 흰 눈이 그대로 눈에 띄우던 어느 날 나는 아버지와 함께 할아버지를 뵈우러 갔었다. 무슨 예감을 느끼셨던지 그날따라 할아버지의 표정은 전에 없이 침중하셨다. 이윽히 아버지를 쳐다보시다가 조용하게 말씀하셨다.

평양 신미동 애국열사릉 내에 있는 홍명희의 묘

"난 못 가보는가 부다. 너나 가 봐라."

물론 두고 떠나 온 고향을 그리시는 말씀일 것이다.

그때로부터 며칠이 지난 3월 5일, 창 밖에서 쏟아지는 진눈깨비를 내다보시며 세상을 떠나셨다.[67]

---

67) 홍석중, 「벽초의 소설 『림꺽정』과 『청석골 대장 림꺽정』에 대하여」, 『노둣돌』 1993년 봄호, 328~329쪽.

홍명희가 사망한 다음날 『로동신문』에는 조선민주주의인민공화국 최고인민회의 상임위원회 명의로 큼지막한 부고가 실렸으며, 상임위원장 최용건을 위원장으로 하는 장의위원회가 구성되어 성대한 장례식을 치렀다.

현재 홍명희는 평양시 형제산구역 신미동에 위치한 애국열사릉에 부인 민순영과 함께 안장되어 있다.

| 홍명희 연보 |

1888년(1세) 음력 5월 23일, 충북 괴산에서 홍범식과 은진 송씨 간의 장남으로 태어나다. 본관은 풍산. 호는 가인(假人, 可人)·벽초(碧初).

1890년(3세) 모친 은진 송씨 별세하다.

1892년(5세) 한문을 배우기 시작하다.

1900년(13세) 여흥 민씨가의 규수 민순영과 조혼하다.

1902년(15세) 서울 중교의숙에 입학하다.

1903년(16세) 장남 홍기문 태어나다.

1906년(19세) 일본 도쿄에 유학하여 도요(東洋) 상업학교 예과에 편입하다.

1907년(20세) 도쿄 다이세이(大成) 중학교에 편입해 다니면서 서양 문학을 비롯한 다양한 분야의 독서에 탐닉하다.

1910년(23세) 다이세이 중학교를 졸업하고 귀국한 후 『소년』지에 번역시 「사랑」 등을 발표하여 신문학운동에 동참하다.

8월 29일, 금산군수로 재직중이던 부친 홍범식이 경술국치에 항거하여 순국하다.

1912년(25세) 해외 독립운동에 투신하고자 중국으로 떠나다.

1913년(26세) 상하이에서 독립운동단체 동제사에 가담 활동하다.

1914년(27세) 독립운동을 위한 재정적 기반을 구축하고자 남양(南洋)으로 향하다.

1918년(31세) 남양으로부터 중국을 거쳐 귀국하다.

1919년(32세) 3·1운동 당시 괴산 만세시위를 주도하여 투옥되다.

1920년(33세) 출옥하다.

1923년(36세) 서울에서 조선도서주식회사 전무로 근무하고, 사회주의 사상단체 신사상연구회에 창립회원으로 가담하다.

1924년(37세) 동아일보 주필 겸 편집국장으로 취임하다. 신사상연구회의 후신인 화요회에 가담하다.

1925년(38세) 시대일보사로 옮겨 편집국장, 부사장을 지내다.

1926년(39세) 시대일보 사장이 되고, 칼럼집 『학창산화』를 간행하다. 비타협적 민족주의자들을 중심으로 한 연구단체 조선사정조사연구회 결성에 참여하다. 평북 정주의 오산학교 교장으로 부임하다.

1927년(40세) 민족협동전선 신간회가 결성될 때 주도적인 역할을 하고, 결성 후 신간회 조직부 총무간사로 활동하다. 오산학교 교장직을 사임하다.

1928년(41세) 11월 21일, 『조선일보』에 『임꺽정』을 연재하기 시작하다.

1929년(42세) 12월, 신간회 민중대회사건으로 투옥되다. 그로 인해 『임꺽정』 연재를 중단하다.

1932년(45세) 가출옥으로 출감하다. 12월, 『조선일보』에 『임꺽정』 연재를 재개하다. (「의형제편」부터)

1935년(48세) 12월, 병으로 인해 『임꺽정』 연재를 중단하다.

1937년(50세) 12월, 『조선일보』에 『임꺽정』 연재를 재개하다. (「화적편」 '송악산' 장부터)

1939년(52세) 7월, 『임꺽정』 연재를 중단하다. 조선일보사출판부에서 『임꺽정』 4권이 간행되다.(~1940년) 경기도 양주 창동으로 이주하여 은둔생활을 하다.

1940년(53세) 10월, 『조광』 지에 『임꺽정』 연재를 재개하다. 그러나 단 1회 게재 후 『임꺽정』 연재는 영구히 중단되다.

1945년(58세) 서울신문사 고문으로 취임하고, 조선문학가동맹 중앙집행위원장에 추대되다.

1947년(60세) 중간파 정당인 민주독립당을 창당하고 당 대표에 취임하다.

1948년(61세) 을유문화사에서 『임꺽정』 6권이 간행되다.

4월, 김구·김규식 등과 함께 평양에서 열린 남북연석회의에 참가하다. 그후 북에 남아 조선민주주의인민공화국 부수상으로 임명되다.

1952년(65세) 과학원 원장이 되다.

1954년(67세) 평양 국립출판사에서 『림꺽정』 6권이 간행되다. (~1955년)

1961년(74세) 조국평화통일위원회 초대 위원장이 되다.

1962년(75세) 부수상직을 사임하고 조선최고인민회의 상임위원회 부위원장으로 선임되다.

1968년(81세) 3월 5일, 노환으로 별세하다.

벽초 홍명희 평전

2004년 10월 25일 1판 1쇄
2018년 9월 7일 1판 3쇄

지은이 | 강영주

편집 | 류형식, 강창훈, 강변구
디자인 | MAYA
제작 | 박홍기
마케팅 | 이병규, 양현범, 이장열

출력 | 블루엔
인쇄 | 코리아피앤피
제책 | 청우바인텍

펴낸이 | 강맑실
펴낸곳 | (주)사계절출판사
주소 | (우)10881 경기도 파주시 회동길 252
등록 | 제 406-2003-034호
전화 | 마케팅부 031)955-8588 편집부 031)955-8558
전송 | 마케팅부 031)955-8595 편집부 031)955-8596
홈페이지 | www.sakyejul.net 전자우편 | skj@sakyejul.co.kr

값은 뒤표지에 적혀 있습니다.
잘못 만든 책은 구입하신 서점에서 바꾸어 드립니다.

사계절출판사는 성장의 의미를 생각합니다.
사계절출판사는 독자 여러분의 의견에 늘 귀기울이고 있습니다.

ISBN 89-5828-041-7 03990